Sondra Ray

Was Liebe vermag

Eine bessere Partnerschaft führen

VERLAG PETER ERD · MÜNCHEN

Die amerikanische Originalausgabe erschien 1992
unter dem Titel *Loving Relationships II*
bei Celestial Arts Publishing, Berkeley, California

Abdruck der Zitate mit freundlicher Genehmigung
der Greuthof Verlag und Vertrieb GmbH, D 79261 Gutach i.Br.
aus *Ein Kurs in Wundern* © 1994
Originalausgabe *A Course in Miracles* © 1975, 1985, 1992
Foundation for Inner Peace, Inc.
P. O. Box 1104, Glen Ellen, CA 95442, USA

Die Deutsche Bibliothek – CIP-Einheitsaufnahme

Ray, Sondra:
Was Liebe vermag: Eine bessere Partnerschaft führen/Sondra Ray. [Übers. aus dem Amerikan. von Tatjana Kruse]. – München: Erd, 1994
ISBN 3-8138-0316-3

Umwelthinweis:
Alle bedruckten Materialien dieses Taschenbuches
sind chlorfrei und umweltfreundlich

Umschlaggestaltung: Atelier Nittner, München
Titelbild: Rainer Binder photo conceptions international
Aus dem Amerikanischen von Tatjana Kruse

Satz: Utesch Satztechnik GmbH, Hamburg
Druck und Verarbeitung:
Schauenburg Graphische Betriebe, Schwanau
Printed in Germany
ISBN 3-8138-0316-3

Ich widme dieses Buch jedem Menschen, den ich kenne.
Danke, daß Du Teil meines Lebens bist.

Ich widme dieses Buch allen Menschen,
die ich in der Zukunft kennenlernen werde.
Danke, daß du in mein Leben trittst.

Sondra Ray

Gebet für dieses Buch

Geliebter Babaji,
Möge alles, was ich schreibe, vor Gott schön sein.
Möge dieses Buch uns zu heiligen Beziehungen inspirieren.
Möge es ein Beitrag zu immerwährender Freude
und immerwährendem
Frieden auf der ganzen Welt sein.

In Liebe,
Sondra!

»Die in diesem Buch enthaltenen Gedanken stellen die persönliche Meinung und das persönliche Verständnis der Autorin dar und nicht die des Rechteinhabers für *Ein Kurs in Wundern*.«

Inhalt

* *Ein Kurs in Wundern*, Greuthof Verlag, Gutach i. Br., 1994

Einführung

Die Mutter aller Seminare zum persönlichen Wachstum bleibt auch weiterhin die optimale Gelegenheit für ein strahlendes neues Leben. Das Loving Relationships Training LRT (Training für Liebevolle Beziehungen) ist so tief in den zeitlosen Wahrheiten uralter Weisheit verwurzelt, daß es auch weiterhin seiner Zeit weit voraus ist, selbst in dieser, der dritten Dekade unseres Dienstes am New Age. Heute, mehr denn je, da wir uns auf die Jahrhundertwende und die bedeutendste Wandlungsphase in zweitausend Jahren zubewegen, verbindet die Botschaft von Sondra Ray auf bemerkenswerte Weise spirituelle Psychologie, ganzheitliche Heilung und gesunden Menschenverstand und ist sowohl herausragend praktisch als auch unerhört inspirierend.

Sondra und ich trafen uns das erste Mal 1977, als sie, meine Frau Mallie und ich uns zusammentaten und gemeinsam das Ziel verfolgten, bei der Aufdeckung eines leidenschaftlichen Friedensplanes für den Planeten mittels individueller liebevoller Beziehungen zu helfen. Mallie und ich lebten an der Ostküste der USA, Sondra weit im Westen. Sie kam aus Iowa, Mallie aus Vermont und ich aus New York City – alle so unterschiedlich wie Tag und Nacht. Wir wurden von Sondras erstem Buch *I Deserve Love* inspiriert; sie war eng mit unserer einzigartigen Partnerschaft verbunden. Wir waren alle drei tief verwurzelt in *A Course in Miracles*; dieses Buch entstand gleich um die Ecke von uns in New York. Darüber hinaus besaß Sondra dieses erstaunliche spirituelle Funkeln; Mallie war diese unglaubliche Umwelt-Erdmutter; und ich, dieses Relikt der sechziger Jahre, wollte das Living Theatre – das lebende Theater, Selbstverbesserung und politische Umwälzung zusammenführen.

Wir wußten alle drei, daß etwas Außerordentliches geschehen würde. Wir spürten, wenn wir ein kollektives Bewußtsein des Friedens mitten in diesen vor uns liegenden, wilden Umwälzungen finden könnten, wenn wir liebevolle Beziehungen erhalten könnten, unserem Ziel verpflichtet blieben, die Unruhe überstanden, dann wäre alles möglich. Wir fühlten uns alle tief verpflichtet, so leidenschaftlich und hingebungsvoll, so unschuldig, ehrlich, verletzlich und letztendlich weise.

Die Jahre vergingen, und wir teilten die Vision mit Hunderten, Tausenden von Schülern. Sondra besaß diese nie endende Energie, die es ihr ermöglichte, die Saat der Unsterblichkeit überall dort zu pflanzen, wohin sie reiste. Mallie und ich brachten das Gefühl für Familie ein und das Versprechen eines Gartens, der Frucht und Erfüllung trägt. Zusammen pflügten und säten wir den Planeten: die neue Welt und die alte, den mittleren Osten und Australien.

Wir machten Rebirthing und wurden wieder zu Kindern. In New York City, Los Angeles, Seattle, San Francisco; in London, Madrid, Stockholm, Paris und Moskau; in Jerusalem, Auckland, Sidney und Melbourne; in Mexiko, Indien, Ägypten, Griechenland und auf Bali. Wir umkreisten den Globus mit unserer unaufhörlichen Botschaft der Liebe, Wahrheit und Einfachheit; Sondra mit der Botschaft von Babaji, Mallie und ich mit genau derselben Botschaft von Familie, Hingabe, göttlicher Mutterliebe, obwohl es manchmal schien, wir würden zur selben Schlußfolgerung aus ganz unterschiedlichen Richtungen gelangen. Dennoch beharrten wir trotz unserer Unterschiede auf unserer Vision der süßen Einheit, gewürzt mit der Verschiedenheit der Individualität.

Auf unsere Weise waren wir alle Rebellen, dennoch verpflichtet, unsere Trennung zu transzendieren und einen Bereich der Einheit zu finden, jenseits von Konkurrenz und Trennung. Auch in den besten Familien gibt es Unterschiede. Jetzt ist die Zeit, diese Unterschiede zu feiern, die Unterschiedlichkeit anzuerkennen und die Vereinigung unserer vereinten Ziele – der liebevollen Beziehungen – einzuatmen. Wir müssen lernen, wie man nicht nur mit diesen Unterschieden lebt, sondern durch sie blüht und gedeiht, indem man die Wahrheit schnell sagt und langsam zuhört, nicht so sehr darauf aus ist zu reagieren, die Wahrheit von jedem Teil des Ganzen respektiert, und dennoch den höchsten Gedanken anstrebt, denjenigen, der dem Lebenswillen am meisten dient.

Die Todessehnsucht aufgeben, das Geschenk des Lebens feiern, im Meer der Liebe baden, die Angst loslassen – Sondra Ray ist eine führende Kraft, ein Vollmond, der so vielen anderen führenden Kräften den Weg weist. Sie ist die ungesehene Hand, ein magischer

Stab des Gebets, des Glaubens und der schlichten Weisheit. Als sie in mein Leben wirbelte, wußte ich, daß ich in der richtigen Richtung webte. Ich denke, das werden Sie auch.

Lassen Sie sich nicht dadurch täuschen, daß dies der zweite Band einer Reihe ist. *Loving Relationships II* ist dennoch ein Speerkopf der Zukunft, der kaum wahrnehmbare Geschmack der Süße.

Im 21. Jahrhundert werden Bücher wie dieses anerkannte Handbücher des Überlebens sein, immerwährende Fackeln, die an zukünftige Generationen weitergegeben werden.

Die Liebe ist eine mächtige, lebensbejahende Kraft, die durch Sie hindurchströmt, wenn Sie sich ihr ergeben. Dieses Buch ist wie ein riesiger spiritueller Damm. Es verbreitet Energie, ohne die Quelle zu entleeren; tatsächlich lädt es die Quelle weiter auf, indem es so viele Geheimnisse der Liebe teilt. Bitte, behalten Sie diese Geheimnisse nicht für sich, geben Sie sie weiter. Sie verdienen es, auf ewig ungehindert zu lieben!

Bob Mandel
Direktor von LRT International
Washington, Connecticut, USA
15. Juli 1992

Teil I

Das Wesen einer Beziehung

Der Sinn des Lebens und der Beziehungen

Als Kind war ich mir über den Sinn des Lebens überhaupt nicht sicher. Ich suchte die Antwort in den Predigten in der Kirche, im Schulunterricht und in den Gesprächen, die die Erwachsenen spät nachts führten – alles mit nur begrenztem Erfolg. Am Schluß mutmaßte ich, daß der Sinn des Lebens darin bestehen müsse, eine romantische Partnerschaft mit einem anderen Menschen einzugehen. Ich mußte einen Mann finden, ihm allein meine Liebe schenken, eine Familie gründen und meine Aufgabe damit als erfüllt betrachten. Diese Beschäftigungen hätten mir möglicherweise eine zufriedenstellende Antwort gegeben. Aber so befriedigt ich auch war, konnte ich den Gedanken nicht loswerden, daß der Sinn unserer Existenz jenseits dieser Rahmenbedingungen lag. Und insgeheim träumte ich davon, Missionarin zu werden.

Schließlich war ich erwachsen und wurde Krankenschwester. Ich heiratete unmittelbar nach Abschluß der Oberschule. Das Leben schien sich planmäßig zu entwickeln. Sieben Jahre später endete meine Ehe jedoch in einer Scheidung. Ich war völlig am Boden und verwirrt, meine Sicht der Welt war bis in die Grundfesten erschüttert. Ich hatte, wie vorgeschrieben, für die Kirche und für Wohltätigkeitsorganisationen gearbeitet, aber irgendwie hatte die Formel versagt. Ich war wieder ein Kind, ohne irgendeine Vorstellung vom Sinn des Lebens.

Es dauerte Jahre, bis ich ein tiefes Verständnis für diese Frage entwickelte – und meine Beziehungen funktionierten erst dann wirklich, als ich dieses Verständnis entwickelt hatte.

Jeder von uns ist mit einem höheren Selbst gesegnet, das einen besonderen Lebensplan hat. Wenn wir eine persönliche Bindung zum Ziel unseres Lebens machen, kann sich unser heiliger Lebensplan vielleicht niemals verwirklichen. Wenn dieser vitale Impuls unterdrückt oder abgelenkt wird, fühlen wir uns möglicherweise verloren, unzufrieden und machtlos. Und es ist hart, Beziehungsarbeit zu leisten, wenn wir uns entmutigt fühlen.

An unser Ziel zu denken wird Teil der magischen Selbstentdeckung. Allmählich verleiht uns die Klarheit, die wir erlangen, die Fähigkeit:

○ uns an uns selbst und am Leben zu erfreuen
○ unsere Kreativität zu vergrößern
○ unser Karma zu klären
○ uns selbst zu vervollkommnen und zu heilen
○ einen Beitrag zu leisten
○ erleuchtet zu werden
○ herauszufinden, wer wir sind, und unsere Göttlichkeit auszudrücken

Wenn wir Glück haben, wird unsere Suche nach Erleuchtung durch eine Vielzahl von Hilfsmitteln und Lehrern begünstigt, von Büchern, die wir entdecken bis hin zu beflügelnden Gesprächen mit einem Freund, von den gewöhnlichsten Erfahrungen bis hin zur Anleitung durch einen lebenden Meister.

Im ganzen Buch weise ich häufig auf *Ein Kurs in Wundern* hin, ohne Zweifel das wichtigste Hilfsmittel, dem ich jemals begegnet bin. Der Kurs besteht aus drei Büchern. Er ist ein außergewöhnliches Handbuch, das geschrieben wurde, um unsere Wahrnehmungen über Spiritualität und die Welt, in der wir leben, zu verändern. Das Buch erforscht die Macht der Liebe als eine führende Kraft in menschlichen Handlungen und Interaktionen. *Ein Kurs in Wundern* wurde über einen Zeitraum von sieben Jahren von Dr. Helen Schucman, einer hoch angesehenen Psychologietheoretikerin an der medizinischen und chirurgischen Fakultät der Columbia University, geschrieben. Schucman hörte eine Stimme, die ihr den Text diktierte – selbst als sie gegen deren Existenz ankämpfte. Obwohl Schucman selbst nicht religiös ist, glaubt sie, daß es sich dabei um die Stimme von Jesus Christus handelte. Sie verpflichtete sich, diese fundamentalen Lehren aufzuschreiben, und erhielt während des ganzen Projekts Hilfe und Unterstützung von Dr. William N. Thetford, dem Leiter der psychologischen Fakultät an derselben Universität. *Ein Kurs in Wundern* hat mir auf meiner persönlichen Reise wirklich sehr geholfen. Dennoch stimmen einige der Ideen in diesem Buch nicht mit der Lehre des Kurses überein. Die Prinzipien aus dem Kurs, die ich benutzt habe, sind deutlich gekennzeichnet und mit Verweisen versehen.

Ein Kurs in Wundern nennt die Welt eine *Lehreinrichtung (1)*, und der Kurs sagt uns auch, daß *die Heilung des* GOTTESSOHNES *das einzige ist, wozu die Welt dient (2).* Dies ist der einzige Sinn der Existenz dieser Welt und »daher der einzige, den sie besitzt«. Wenn wir diese Wahrheit erkennen, sollte dann nicht jeder Augenblick, den wir leben, auf dieses Ziel Ihrer Heilung und Ihrer Vervollkommnung gerichtet sein, anstatt darauf, ziel- und gedankenlos Ihre Alltagsaktivitäten durchzuführen? Der indische spirituelle Lehrer Krishnamurti formuliert es so: »Nur diejenigen leben, die wirklich ernsthaft sind, doch die anderen vergeuden ihr Leben und verschwenden ihre Existenz.«

Ich bin sicher, daß Sie Ihre Existenz nicht verschwenden wollen. Es ist höchste Zeit, aufzuwachen und zu entdecken, wer Sie sind. Je mehr Sie wissen, desto mehr werden Sie geheilt. Virginia Essenes *New Teachings for an Awakening Humanity* erweitert die Diskussion um den Sinn des Lebens, indem Sie unseren Wesenzustand beschreibt:

> *Wir sind Licht und Energie, denn daraus besteht Gott. ... Wir sind alterslos und ewig. Wir enthalten all die Wahrheiten, die wir jemals benötigen werden. Wir sind hier, um Selbstbeherrschung zu demonstrieren.*

Sobald uns klar wird, daß wir ein Teil von Gott sind, und nicht *getrennt* von ihm, verstehen wir langsam die *Vollständigkeit* unseres Wesens – und das erweckt Ehrfurcht. Denn durch unsere Gedanken schaffen wir unsere eigene Wirklichkeit, wir sind für alles in unserem Leben verantwortlich. Wenn wir diese Wahrheit verstehen, werden wir erleuchtet. Obwohl ich dies in jedem meiner Bücher erwähne, ist *Drinking the Divine* dasjenige, das Sie am tiefgreifendsten verstehen läßt, wer Sie sind. Wenn Sie sich der Suche nach dem Sinn Ihrer Existenz ernsthaft verpflichten, empfehle ich Ihnen außerdem, die folgenden Bücher zu lesen:

> *A Course in Miracles* (*Ein Kurs in Wundern*, Greuthof Verlag, Gutach i. Br.)
> *New Teachings for an Awakening Humanity* von Virginia Essene
> *Starseed Transmissions*, (Sternenbotschaft, Falk Verlag, Hamburg),

Terra Christa und weitere Bücher von Ken Carey
Cosmic Revelations von Ann Valentine
Die Bücher von David Spangler (*Der Geist der Synthese*, Greuthof Verlag, Gutach i. Br.)
Die Bücher von Robert Coon
Die Biographien und Lehren der Meister aus dem Fernen Osten

Diese Quellen bieten eine Fülle wertvollen Materials zur Kontemplation. In *Terra Christa, the Global Spiritual Awakening* schreibt Ken Carey:

> *Jedes Individuum besitzt einen besonderen Daseins-Sinn auf dieser Erde. Dieser Sinn kann zahlreiche Unterziele beinhalten. Im gefallenen Zustand (wenn wir glauben, wir seien getrennt von Gott) sind die meisten Menschen nur teilweise mit dem Sinn ihres Lebens in Einklang. Sie erhalten die Lebensenergie nur in dem Maße ihrer Übereinstimmung. Da sie sich über den Sinn ihres Lebens hinwegsetzen, entfernen sie sich aus dem Funktionsbereich, in dem ihnen Energie zur Verfügung steht; ihre Vitalität muß sich verringern. Schließlich ist der Tod die Strafe für das Verharren in solcher Dummheit.*

Als ich dieses Jahr in Indien war, erzählte mir Shastriji, einer meiner spirituellen Lehrer, daß ich die Menschen an ihren wahren Lebenssinn erinnern muß. »Viele Menschen denken nur an essen, schlafen und Sex«, erklärte er. »Das ist nicht viel. Tiere tun das auch, es ist also nichts Besonderes. Der wahre Sinn, einen *menschlichen* Körper zu besitzen«, fügte er einfühlsam hinzu, »liegt darin, das Allerhöchste zu erkennen.« Denken Sie darüber nach. Wenn wir das Allerhöchste anerkennen, entwickelt sich eine neue Art des Lebens, eine neue Art der Arbeit. Wir werden erpicht darauf, unsere Freude mit anderen zu teilen.

»Liebe, Wahrheit, Einfachheit und der Dienst an der Menschheit: dies ist die Formel des Lebens«, pflegte mein Meister, Babaji, uns zu sagen. In *New Teachings for an Awakening Humanity* drückt Virginia Essene eine ähnliche Wahrheit aus – daß die Prinzipien der rechten Lebensweise Liebe, Reinheit des Denkens und der Tat sind. Und wirklich: wenn wir diesen Leitlinien nicht folgen, werden wir Schmerz erleiden. Hier bedeutet der Begriff der »Handlung«, der Menschheit zu dienen und für den Planeten verantwortlich zu sein. Wie oft denken Sie daran, daß Sie ein Verwalter dieses Planeten sind? Uns wurde das Geschenk des freien Willens gegeben – uns zusammenzutun, um zu bauen und zu erschaffen. Aber wenn wir den freien Willen auf die falsche Art und Weise einsetzen – ohne Liebe und Weisheit, Mutter Erde attackierend – greifen wir nur uns selbst an und schaffen ein böses Karma, mit dessen Konsequenzen wir später rechnen müssen.

Wir müssen in unserem Alltag ständig an unserer eigenen Reinheit arbeiten, an der Integrität unserer Beziehungen und der Pflege des Planeten – immer auf der Suche nach einem Gleichgewicht. Einige Menschen arbeiten viel an sich selbst. Dauernd haben sie ihre eigene Erleuchtung im Sinn und beschäftigen sich mit egozentrischen Aufgaben. Sie leisten mit dem Wissen, das sie erlangt haben, keinen Beitrag zum Wohl des Planeten. Andere arbeiten ununterbrochen am Schutz des Planeten. Diese Menschen sind häufig derart am »Mitwirken«, daß sie vergessen, an sich selbst zu arbeiten. Offensichtlich müssen wir darauf achten, daß unsere persönlichen Belange nicht unsere umfassenderen Aktivitäten zerstören – und umgekehrt. Wir können und *müssen* uns über negatives Denken und Selbstzentriertheit erheben und friedvolle Beziehungen schaffen – und wir müssen als Instrumente globalen Friedens handeln.

Verpflichtung zur Läuterung

Große Visionäre wie José Arguelles, der die Chronik der Harmonischen Konvergenz erschuf, warnen uns, daß uns nur etwa zwanzig Jahre zur Verfügung stehen, um unsere Handlungen zu läutern. In seinem Buch *Surfers of the Zuvuya* erklärt José, warum das Jahr 2012 so entscheidend ist. Er sagt uns, daß wir noch vor diesem Datum zu einer »reinen Wellenform«, wie er es nennt, werden müssen.

Das heißt, alle alten Begrenzungen loszulassen: die Ängste der früheren Leben, Egotrips, Konkurrenz, Kontrolle und Trennung. Diese destruktiven Muster, die unsere Fähigkeit zu lieben und zu erschaffen begrenzen, müssen völlig zerstört werden. Sobald wir das getan haben, werden Menschen mit reinen Wellenformen in der Lage sein, das Beste aus der chaotischen Situation zu machen, die vor uns liegt.

Wenn wir die Entwicklung einer reinen Wellenform anstreben, werden wir mit der Zeit unsere eigenen individuellen und außergewöhnlichen Talente entdecken. Falls Sie unsicher sind, ob Sie Ihre Energie in diese Anstrengung investieren sollten – lassen Sie mich völlig offen sein: Ihren ganz speziellen Weg und Ihren individuellen Beitrag zu entdecken, *ist* Ihre Aufgabe auf dieser Erde. Ich empfehle Ihnen, sich die folgenden Fragen regelmäßig zu stellen: »Was tue ich, um eine vereinte, globale Zivilisation zu schaffen, die in Harmonie mit der Natur lebt?« »Wie kann ich zu diesem Ziel beitragen?« »Wie kann ich all die anderen Menschen, die ich kenne, dazu bringen, ebenfalls auf dieses Ziel hinzuarbeiten?« Ihre Antworten führen zu einer globalen Einheit, dem Vorläufer des universellen Friedens und dem entscheidenden Schlüssel unseres Überlebens.

Ich habe gesagt, daß die Vollständigkeit unseres Wesens Ehrfurcht erweckt. Aber wieviel Ehrfurcht? Die Bibel hat uns einen deutlichen Hinweis auf unser Potential gegeben sowie auf unseren Sinn hier auf Erden: »Seid also vollkommen, wie euer Vater im Himmel vollkommen ist!« (MATTHÄUS 5, 48) Das ist unsere Bestimmung. Vollkommene, innere Meisterschaft zu erlangen, bedeutet, daß wir ganzheitliche, menschliche Wesen werden, die in ihrer gegenwärtigen Form nach Perfektion streben.

Sobald wir diese Ebene erreicht haben, können wir die nächste anstreben. Wir nennen diesen Schritt *Aufstieg* – ein Spiritualisierungsprozeß, bei dem der physische Körper die Eigenschaften des innewohnenden Gottes annimmt. Während dieses Vorgangs beschleunigen sich die Schwingungen des Körpers, bis sie mit dem inneren Licht verschmelzen. Konsequenterweise sind wir daraufhin in der Lage, den Tod zu transzendieren, uns zu dematerialisieren und wieder zu materialisieren. Wir können uns von der früheren Ebene zu einer späteren bewegen, kommen und gehen. Wir können in Gedanken reisen und unseren Körper mit uns nehmen, oder wir können den Körper verändern, wie wir wollen. Dies sind die Fähigkeiten eines wahren spirituellen Meisters.

Wenn der Sinn des menschlichen Körpers, wie Shastriji sagte, darin liegt, das Allerhöchste zu erkennen, dann müssen wir auch erkennen, das *jeder* von uns, und ebenso *alle anderen*, das *Allerhöchste* ist. Denn jeder von uns hat das Potential, zu einem allerhöchsten spirituellen Meister zu werden. Diese Suche ist daher unser Schicksal, das Schicksal einer jeden Seele. Wenn wir dies nicht während unseres Lebens erreichen, werden wir zurückkommen und es weiter versuchen. Der Auftstieg ist in Wirklichkeit die Kulmination vieler Leben voller Anstrengung, die alle den spiritiuellen Erkenntnissen gewidmet sind.

Wenn wir diesen Aufstieg erlangen – die Bibel nennt es »siegreich sein« – müssen wir uns über die Täuschungen des Egos erheben, über Disharmonie und Tod. Ruby Nelsons wunderbares Buch *The Door of Everything* (*Das Tor zur Unendlichkeit*, Aquamarin Verlag, Grafing) spricht diese Vorstellung deutlich aus. Nelson erklärt, nur wenn Sie Ihre niedrigere Natur und Ihre Todessehnsucht in den Griff bekommen, wird Ihr Körper die Lichtschwingungen des Aufstiegs tolerieren. Körperliche Unsterblichkeit muß erlangt werden, bevor wir das Licht der Dematerialisation und Rematerialisation handhaben können.

Den Sinn Ihres Lebens zu entdecken, erfordert Ihre Bereitschaft, sich fortwährend zu verändern und zu verbessern. Sie müssen sich durch spirituelle Läuterung reinigen, durch das Abarbeiten Ihrer Karmaschulden und indem Sie Ihren eigenen, göttlichen Lebensplan beherzt verfolgen. Machen Sie die spirituelle Läuterung zu einer regelmäßigen Übung in Ihrem Leben. Das funktioniert nicht nur, es bringt Sie auch weiter. Wenn Sie diese Übungen mit einem anderen Menschen ausführen, füllt sich Ihre Beziehung mit Vitalität und Liebe.

Erleuchtung

Wenn wir unser Ego aufgeben und unsere Liebe einer Sache widmen, die größer ist als wir selbst, gedeihen unsere Beziehungen. *Ein Kurs in Wundern* lehrt uns, unsere Beziehungen *umgehend* dem Heiligen Geist zu widmen, wenn wir wollen, daß sie funktionieren. Wenn beide Menschen in einer Beziehung sich wirklich als Individuen verstehen, ist es für sie ganz natürlich, eine heilige Beziehung zu wollen und zu erschaffen. Wenn sie sich zusammen der spirituellen Läuterung als Lebensweg verpflichten, wird die Vitalität und Freude, die aus ihrer Partnerschaft entsteht, wahrhaft erstaunlich sein. Die Verbindung wird gestärkt, wenn beide Partner sich vor allem anderen der Heiligkeit und dem Dienst an der Menschheit verpflichten. Wenn es in der Beziehung darum geht, einander auf dieses Ziel hin zu unterstützen, wird das erregende Gefühl der Synergie und der Expansion alle Grenzen sprengen.

Beziehungen lehren und zwingen uns dazu, zu wachsen, unsere Identität nach außen zu erweitern. Wenn sich die Partner auf dem richtigen Weg befinden, werden sie bald das Verlangen haben, sich anderen erleuchteten Menschen anzuschließen, ihre kollektive Energie zusammenzulegen, um die Welt wirklich zu verändern. Sobald sie mit anderen eine Gruppe bilden, werden sie höchstwahrscheinlich eine spirituelle Familie gründen wollen, in der jeder einzelne zusammen mit allen anderen darauf hinarbeitet, das Licht zu teilen.

Wir in der Familie des Loving Relationships Trainings laden Sie ein, bei uns zu sein. Wir nennen unsere Familie *Ohana*, ein hawaiianisches Wort für *erweiterte Familie* oder *Familie von Menschen, die zusammen atmen*. Die LRT Ohana widmet sich der Vervollkommnung von Beziehungen und dem Leben selbst. Es ist eine Familie, die sich dem Frieden verpflichtet hat. Wir haben in der ganzen Welt verteilt 14 Zentren; in jedem Zentrum versuchen wir, unseren Mitgliedern dabei zu helfen, all das zu werden, was sie sein können. Wir erreichen dieses Ziel durch unser Alltagsleben, durch Rebirthing und durch Seminare, in denen wir die Lektionen, die wir gelernt haben, weitergeben.

Natürlich wurden viele Menschen ohne die Hilfe von Seminaren erleuchtet. Terry Cole Whittaker, früher Geistlicher bei *Science of Mind*, sagte einmal: »Das Leben selbst ist ein Ashram, und jeder Augenblick ist eine spirituelle Gelegenheit.« Viele Menschen haben aufgrund der schweren Schläge des Lebens einen Riß in ihrer Rüstung, und sie haben sich im Laufe ihrer Heimsuchungen spirituell entwickelt. Ich hatte beide Erfahrungen. Ich machte das Leben selbst zu meinem Lehrer, nahm, was kam, und ich habe bewußt spirituelle Läuterungstechniken, die das Ego zerbrechen, ausgeübt. Ich habe herausgefunden, daß der zweite Weg schneller und einfacher ist. Ich habe die von mir empfohlenen Läuterungstechniken in meinem Buch *Pure Joy* aufgeführt.

Der aus dem Osten stammende Spirituelle Saibaba lehrt uns, daß »der einzige Sinn dieser Inkarnation die Kreuzigung des Ego ist ... in Liebe zu wachsen, diese Liebe weiterzugeben und mit Gott zu verschmelzen. All dies geschieht am besten durch den Dienst.« Ich mag auch die Vorstellungen von Ram Dass hinsichtlich dieses Themas:

> *Warum sind Sie hier? Sie sind hier, um dem Lehrplan zu folgen. Sie können Ihren eigenen ›Fall‹ (Ihre Negativität, Ihre Wut, Ihre Lust, Furcht und so weiter) als Sprungbrett benutzen ... Sie werden von einem irgendjemand zu einem niemand; wenn Sie ein niemand sind, sind Sie frei, alles und jeder zu sein.*

Heutzutage werden überall auf dem Globus von den brillanten Denkern unseres Zeitalters wundersame und unerwartete Entdekkungen über den Sinn des Lebens ans Licht gebracht. Wir würden gut daran tun, mit ihnen Schritt zu halten. Ken Carey, der Autor von *Terra Christa, the Global Spiritual Awakening*, ist einer dieser großen Denker. Die tiefgreifende Bedeutung von Careys Enthüllungen ist grenzenlos. Ein Beispiel:

> *Niemals sollte ein Aspekt unserer Identität, der sich selbst als von Gott getrennt wahrnimmt, unser Verhalten bestimmen.*

Denken Sie darüber nach!

Der Geist des Friedens in unseren Beziehungen

Ich habe einmal nur einen Tag lang mit einem Mann zusammengelebt. Er war ziemlich wohlhabend und vielleicht hatten mich seine Reichtümer geblendet und mein Urteilsvermögen getrübt. Wie auch immer, ich konnte die Wahrheit dieser Situation erst erkennen, als wir zusammenzogen. Sobald wir all unsere Besitztümer ausgepackt hatten, fing er an, sich mit mir zu streiten. Ich sagte ihm, daß ich das (nämlich streiten) nicht tue. Das machte ihn äußerst wütend. Ich sagte ihm, ich würde Frieden verdienen und er auch. Er stürmte aus dem Haus, weil er so wütend darüber war, daß ich nicht mit ihm streiten wollte. Nach einer Stunde kehrte er zurück. Er hatte sich abgekühlt und teilte mir mit, ich hätte recht, ich würde Frieden verdienen, aber so könne er nicht leben. Ich sagte ihm, daß ich das verstehen würde und daß wir unsere Wohngemeinschaft jetzt beenden müßten.

Ich war versucht, mir dumm und verlegen vorzukommen; ich hätte mich für diesen Fehler selbst schlagen können. Stattdessen entschied ich mich dafür, mir selbst zu sagen, daß ich den Fehler zumindest rechtzeitig erkannt und den Mut gehabt hatte, mich für den Frieden zu entscheiden. Die Schrift stand an der Wand. In früheren Tagen wäre ich vielleicht geblieben und hätte versucht, zu verhandeln. Aber nun kannte ich die Wahrheit: er wollte keinen Frieden. Ich konfrontierte mich selbst mit der Versuchung, Sex und Geld anstatt Frieden zu wählen und mußte mich auf der Stelle entscheiden. Und das tat ich. Das war nicht die Zeit, sich um den Schein zu sorgen oder was meine Freunde dazu sagen würden. Es war Zeit für mich, meine Gedanken zu ordnen. Er verließ mich, und ich war froh darüber.

Problemlösung

Sind Sie sich der Problemlösungsdynamik bewußt, die Ihre Familie einsetzte, während Sie aufwuchsen? Wer gab wem Macht ab? Stritten sich Ihre Eltern offen? Wer hat für gewöhnlich gewonnen, und wie hat er oder sie dies erreicht? Hat der Elternteil, der am wütendsten war, sichergestellt, daß der andere schließlich nachgab? Hat dieser Mensch dann »alles in sich hineingefressen« und geschmollt? Ist ein Elternteil hinausgestürmt? Wurden Konflikte wirklich gelöst?

Denken Sie über Ihre eigene Problemlösungsdynamik nach. Imitieren Sie Ihre Eltern? Welche Methoden wenden *Sie* an?

Wut kann Ihr Körper nur schwer verkraften. Die Organe leiden, und der als ätherische Körper bekannte Teil bezieht kräftig Prügel. Wut läßt Sie auch altern. Selbst wenn ein sehr wütender Mensch einen Streit »gewinnt«, fühlt er sich hinterher für gewöhnlich schuldig, und der andere ist ausgepumpt und reizbar. Wie auch immer der Streit ausgeht, er zehrt an uns. Streiten ist einfach keine erleuchtete Art und Weise, Probleme zu lösen; es ist eine schlechte Angewohnheit. Vielleicht weil das Streiten so weit verbreitet ist, wird es von vielen sogar noch verteidigt, und es gibt zahlreiche Denkschulen, die den Streit sogar fördern.

Die Menschen kennen auch viele Entschuldigungen zur Verteidigung und Rechtfertigung der Wut. Häufig klammern sie sich selbstgerecht daran fest. *Ein Kurs in Wundern* macht sehr deutlich, daß Wut *niemals* gerechtfertigt ist, *denn Angriff hat keine Basis (3). Das Verlangen, den Frieden loszuwerden und den* HEILIGEN GEIST *von dir zu vertreiben, verblaßt in der Gegenwart der ruhigen Einsicht, daß du* IHN *liebst (4),* mit anderen Worten, der Wunsch, wütend zu sein.

Obwohl es mir nicht immer gelang, in jeder wachen Minute Frieden zu halten, ist dies mein Ideal und *bleibt* mein Ziel. Da ich mich selbst dem Frieden verpflichtet habe, lebe ich nur mit Männern zusammen, die dasselbe Ideal teilen und bereit sind, dabei auch zu bleiben. Natürlich sind wir menschliche Wesen und vorübergehende Rückschläge treten auf, wann immer wir mit dem Ego arbeiten. Diese Schwierigkeiten bekommt man jedoch leicht in den Griff, sobald beide Parteien darin übereinstimmen, daß der Frieden die oberste Priorität besitzt.

Ich habe schon erwähnt, daß es Menschen gibt, die Frieden langweilig finden und glauben, das Leben wäre ohne das »Theater« aufgewühlter Beziehungen furchtbar öde. Diese Menschen muß ich einfach fragen: »Sind sie bereit, eine andere Sicht zuzulassen?« Alles, was wir tun müssen, ist, uns auf den Geist des Friedens einzustimmen. Wenn wir das tun, öffnet sich uns die Herrlichkeit des himmlischen Königreiches. Diese freudige Erfahrung schafft eine so belebende Leidenschaft, daß Sie niemals mehr wünschen, zu Ihrem Konfliktverhalten zurückzukehren, sobald Sie dies einmal erlebt haben.

Dieser Geist kann nur verspürt werden, wenn wir uns über Konflikt und Wut erheben. Denn hinter jeder Verärgerung verbirgt sich ein Brunnen voller Haß. Darüber hinaus endet unsere Arbeit nicht mit der Eliminierung des externen Konflikts und der äußerlichen Wut. Wir müssen streng mit dem inneren Konflikt umgehen. Mit anderen Worten, vielleicht streiten wir nicht offen mit unserem Gefährten, aber in unserem Inneren können wir mit unserem Gefährten oder mit uns selbst trotzdem in Aufruhr sein. Unsere eigenen konfliktreichen Gedanken halten uns möglicherweise davon ab, Frieden zu finden, ein Merkmal, das wir ganz natürlich besitzen.

Manche Menschen sind der Ansicht, ihre Prüfungen und Leiden seien im Kampf um die Kreativität notwendig, wenn nicht sogar wünschenswert. Sie schlagen sich mit dem kreativen Prozeß herum und glauben, harte Zeiten würden sie zu mehr Kreativität anregen. Sie machen sich nicht bewußt, daß sie in der Lage wären, schöne und aufregende Arbeiten herzustellen, wenn sie frei wären von fortwährendem Kampf. Der Geist des Friedens erzeugt eine immense Kreativität. Er regt einen natürlichen, fließenden, kreativen Prozeß an, der völlig ohne Anstrengung verläuft. Wenn zwei Menschen in einer Beziehung gleichzeitig Zugang zu dieser kreativen Harmonie finden, erfahren sie eine unvorstellbare Erregung. Die Synergie, verbunden mit der Magie des Ganzen, führt zu einer beinahe sexuellen Erfahrung. Welches Potential wir haben! Warum unsere Zeit verschwenden, indem wir sie mit Konflikten verwässern?

Dennoch können wir unter günstigen Umständen diese natürlichen Ressourcen nur abbauen. Wenn zwei gegensätzliche Gedankensysteme kollidieren, wird es unmöglich, Ihren Seelenfrieden oder den Frieden in Ihren Beziehungen aufrecht zu erhalten. Wir müssen das eine oder das andere wählen: entweder das Gedankensystem des Heiligen Geistes oder das des Ego. Das Gedankensystem des Ego – basierend auf der Vorstellung, daß Sie von Gott und allen anderen getrennt sind – führt ins Nichts. Es besteht ausschließlich aus einer Sammlung aller negativen Gedanken, die wir über das Leben, uns selbst und andere Menschen hegen. Das Gedankensystem des Ego bringt uns auf eine Reise, die von Trennung zu Furcht, Sorge, Depression, Krankheit und Tod führt. Solange wir in solch einem negativen Denken schwelgen und uns gegen das Gedankensystem des Heiligen Geistes wehren, beschränken wir uns selbst auf die Hölle. Das Wissen, daß wir eins sind mit Gott, führt uns zu Frieden, Fülle, Gesundheit und zum Leben.

Da ich wußte, es müsse eine bessere Alternative zum Streit geben, betete ich jahrelang um eine Möglichkeit, Streit zu vermeiden. Die einfache Technik, die sich mir schließlich auftat, gibt uns eine Möglichkeit an die Hand, uns selbst zu trainieren, Dinge dem Heiligen Geist zu übergeben. Im *Loving Relationships Training* haben wir diese Technik zu einer Art Spiel verwandelt, das hilft, Streit zu vermeiden. Wenn es gelingen soll, müssen beide Parteien bereit sein mitzumachen.

Vor Beginn des Spiels erzählt jeder Mitspieler laut, wie er in der Vergangenheit mit Konflikten umgegangen ist. Hat seine Methode der Konfliktlösung funktioniert? Oder endete es damit, daß der eine den anderen manipulierte? Bedeutete »Lösung«, daß der »Wütendste« das Ruder in die Hand nahm, den anderen kontrollierte und ihn emotional schlug? Lief es darauf hinaus, daß solange um die Frage gekämpft wurde, bis beide Streithähne erschöpft waren? Keine dieser Methoden ist zufriedenstellend. Sie sind destruktiv. Wir müssen bereit sein, einen Blick auf die Gewohnheiten, die wir im Laufe unserer Beziehungen entwickelt haben, zu werfen. Wenn wir uns an alte Methoden klammern, so hält uns dies davon ab, neue auszuprobieren. Wenn jeder Teilnehmer die Vergangenheit bewertet hat, muß er oder sie das Versagen der alten Methoden erkennen und zustimmen, diese loszulassen. Auf diese Weise wird ein Raum der Offenheit geschaffen, und nun können neue Methoden zur Konfliktlösung entstehen.

Sind Sie bereit, eine bessere Problemlösung zu finden als einfach zu streiten? Ich möchte deutlich machen, daß ich Ihnen *nicht* zur Unterdrückung Ihrer Gefühle rate, denn mangelnder Ausdruck wirkt sich ebenfalls sehr zerstörerisch auf den Körper aus. Unangenehme Gefühle können Sie ganz konfus machen und Krankheiten verursachen; diese Emotionen auszuleben, verringert ihre Macht über Sie. Aber das Ausdrücken dieser Gefühle ist kein Ziel an sich; das Ziel ist, Ihre Gefühle herauszubringen und sie dann *loszulassen.*

Sie können Ihre Gefühle ausdrücken, ohne Schreikrämpfe zu bekommen oder gewaltige, destruktive Kämpfe zu führen. Sie können Ihre Gefühle auf eine Art und Weise mitteilen, die weder für Sie noch für andere schädlich ist. Bei mir funktioniert es gut, wenn ich mit den Worten »Ich fühle mich durcheinander« beginne. Danach teile ich all meine Gefühle mit, und mein Unbehagen löst sich auf. Da ich diese Technik anwende, weiß ich, daß ich für andere einen Raum schaffen kann, um mir zuzuhören. Ich muß mich nicht aufblähen. Wenn es bei dem Konflikt um eine sehr heiße Frage geht, lege ich mich hin und atme die Emotionen heraus. Spirituelle Läuterungstechniken zeigen uns, daß wir Konflikte auf sanfte Weise lösen können; wir müssen nicht explodieren. Darum ist Rebirthing auch so wirksam.

Dazu kommt, daß wir die Macht haben, unsere aufwühlenden Gefühle durch unsere Gedanken zu verändern, sobald wir uns klarmachen, daß diese Gefühle aus negativem Denken herrühren. Sich selbst voll auszudrücken muß Ihre Art zu leben werden. Sie haben ein Recht darauf, *all* Ihre Gefühle auszudrücken; wenn Sie sich selbst schätzen, wissen Sie das. Die Techniken, die Sie für die wirkungsvollsten halten, sind auch jene, die Ihnen am meisten nützen.

Ich weiß sehr wohl, daß eine ganze Reihe von Selbsthilfebüchern der Gegenwart uns tatsächlich dazu ermutigen, zu kämpfen; vor kurzem las ich ein Handbuch, dessen Autor versichert, daß jene, die nicht kämpfen, sich einfach nicht um das Leben kümmern! Solche Bücher sprechen sich nicht nur für das Kämpfen aus, sie geben auch Anleitungen, wie man *richtig* kämpft. Innerhalb dieses Kontextes trifft es sicherlich zu, daß nicht jeder Mensch auf dieser Welt gelernt hat, wie man mit Wut umgeht, und wenn Sie schon kämpfen müssen, sollten Sie nicht ausfallend und beleidigend werden. Aber wie wäre es mit einer völlig anderen Taktik – wenn Sie es zu Ihrem Ziel machten, die Wut aufzugeben, anstatt sie zu kultivieren? Wenn Sie sich wütend fühlen, warum arbeiten Sie das nicht auf andere Weise ab, als Ihren Gefährten oder Ihre Familienangehörigen anzuschreien? Sie können einmal um den Block rennen, unter der Dusche oder allein im Auto schreien. Bei LRT empfehlen wir, sich hinzulegen und Ihre Spannungen und Emotionen beim Ausatmen herauszuatmen. Während des Atmens mit gescherten Beinen zu kicken und die Knie dabei gerade zu halten, kann ebenfalls zur Verringerung der Spannung beitragen. Vielleicht haben Sie Ihre eigenen Techniken entwickelt, um mit Ihrer Wut auf positive Weise umzugehen.

Komisches Verhalten ist eine weitere Möglichkeit, einen Streit von vornherein abzublocken oder ihn zu beenden. Wußten Sie, daß manchen Polizeibeamten sogar beigebracht wird, bei ihrer Arbeit Humor zu entwickeln? Während ihrer Ausbildung bringt man Polizeibeamten bisweilen bei, häusliche Streitigkeiten zu beenden, indem sie sich auf unerwartete oder humorvolle Weise verhalten. Sie können beispielsweise einfach zum Kühlschrank gehen und sich ein Sandwich streichen! Da die meisten von uns bei Polizeibeamten an sehr formales Verhalten gewöhnt sind, ist es für die streitenden Parteien oft ein derart nachhaltiger Schock zu sehen, wie einer von ihnen sich so locker verhält, daß sie umgehend aufhören, sich zu streiten. Unser Verstand kann eine Myriade von Hilfsmitteln entwickeln, um unseren Zorn zu verringern. Aber die fundamentale Disziplin, die wir beherrschen müssen, ist die Fähigkeit, die negativen Gedanken loszulasen, die unsere Wut *verursachen*. Wenn Sie diese Gedanken ändern, wird sich der Ärger vollständig auflösen.

Nicht nur die Autoren von Selbsthilferatgebern fördern den Streit als wertvolles Hilfsmittel, sogar Therapeuten widersprechen mir heftig, wenn es um die Bedeutung des Loslassens der Wut geht. Traurigerweise wollten einige von ihnen mit mir über diesen Punkt streiten! Einer im besonderen – ein exzellent ausgebildeter Therapeut aus der Schweiz – hielt mir einmal eine lange Vorlesung zur Verteidigung der Wut. Ich ließ ihn seine Meinung äußern und entschied mich, zu warten, bis er an unserer spirituellen Freizeit teilgenommen hatte, um diesen Punkt weiter zu diskutieren. In dieser Freizeit lasen wir alle zusammen *A Course in Miracles*, teilten den Text in Abschnitte auf und lehrten sie einander. Wie das Schicksal es wollte, ging es in dieser Lektion ausgerechnet um das Thema Wut! Er studierte ernsthaft, und schließlich mußte ich nichts weiter erklären. Als er an der Reihe war, stand er vor allen anderen Schülern auf und erklärte demütig: »Mein ganzes Leben lang habe ich die Wut verteidigt. Nachdem ich nun diesen Kurs gelesen habe, erkenne ich, daß ich unrecht hatte.« Kurz darauf traf er seine wahre Seelengefährtin und verliebte sich in sie, eine Frau, die ebenfalls *zufällig* dieser Freizeit beiwohnte. In den folgenden Jahren hat er den Frieden sowohl persönlich als auch in seiner professionellen Praxis verteidigt, basierend auf der Lektion, die er in dem Kurs gelernt hat:

> *Ärger beinhaltet immer die Projektion der Trennung, wofür man letztlich die Verantwortung selber übernehmen muß, statt anderen die Schuld zuzuweisen. Ärger kann nur dann auftreten, wenn du glaubst, daß du angegriffen worden bist, dein Gegenangriff gerechtfertigt ist und du in keiner Weise dafür verantwortlich bist. Sind diese drei völlig irrationalen Voraussetzungen gegeben, muß der ebenso irrationale Schluß daraus folgen, daß ein Bruder des Angriffs und nicht der Liebe wert ist. Du kannst nicht angegriffen werden, für Angriff gibt es keine Rechtfertigung, und du bist für das verantwortlich, was du glaubst (5).*

Wir wollen weiter ausführen, was geschieht, wenn wir zulassen, daß die Wut uns überwältigt. Die Psychologin Bonnie Jacobson sagte, daß das »Anschreien eine Geste der Impotenz« ist. Unter Erwachsenen verursacht es Entzweiung, denn es bedeutet, daß Sie nicht zuhören. Zuhören schafft Mitgefühl, und Mitgefühl kann Verhaltensänderungen bewirken.

Wenn es Ihnen mit der Durchführung dieser Veränderungen ernst ist, schlägt Jacobson vor, daß Sie zuerst beobachten, wie Sie sich verspannen, wenn Ihr Partner etwas sagt, was Sie ärgert. Nehmen Sie danach einen tiefen Atemzug, und legen Sie Ihre Wut fünf Minuten lang »beiseite«. Der wichtigste Teil dieses Vorgangs besteht darin, Ihrem Partner zu der ärgerlichen Behauptung, die er aufgestellt hat, Fragen zu stellen, damit Sie seiner Argumentation folgen können. Wenn er beispelsweise sagt: »Ich wünschte, du würdest nicht so viel Zeit mit deiner Freundin verbringen!«, so fauchen Sie nicht gleich zurück. Versuchen Sie, Fragen zu stellen: »Du magst sie nicht?« Stellen Sie so lange Fragen, bis sich etwas öffnet. Sie können beispielsweise nachhaken: »Hast du das Gefühl, daß ich zu wenig

Zeit mit dir verbringe?« Selbst wenn er die Frage verneint, wird er es zu schätzen wissen, daß Sie sich darum sorgen. Teilen Sie ihm mit, daß Sie seine Aussage gehört haben und auch, was sie Ihrer Meinung nach bedeutet. Auf diese Weise kann er Ihre Auffassung entweder bestätigen oder korrigieren.

Lassen Sie es mich noch einmal wiederholen: Hören Sie zu, und stellen Sie Fragen. Wenn Sie an die Wut gewöhnt oder gar nach ihr süchtig sind, vergessen Sie dieses unermeßlich wichtige Prinzip möglicherweise. Sie müssen sich selbst disziplinieren. Sie müssen sich immer wieder fragen: »Will ich *wirklich* Frieden?«

In seinem Buch *Peace, Love and Healing* stellt der Krebs-Chirurg Bernie Siegel eine Liste mit »Symptomen inneren Friedens« vor, die von dem Chiropraktiker Jeff Rockwell und seiner Frau zusammengestellt wurden. Wenn wir ihnen nur lange genug ausgesetzt sind, kann jeder von uns schließlich diese »Symptome« aufweisen.

Die Symptome inneren Friedens

1. Die Neigung, spontan zu denken und zu handeln, anstatt aus der Furcht heraus, die aus vergangenen Erfahrungen herrührt.
2. Die unverkennbare Fähigkeit, jeden Augenblick zu genießen.
3. Kein Interesse, sich selbst zu beurteilen.
4. Kein Interesse, andere zu beurteilen.
5. Kein Interesse an Konflikten.
6. Kein Interesse, die Handlungen anderer zu interpretieren.
7. Mangelnde Fähigkeit, sich zu sorgen (ein sehr ernstes Symptom).
8. Häufige, überwältigende Erfahrungen der Dankbarkeit.
9. Zufriedene Verbundenheitsgefühle mit anderen und mit der Natur.
10. Häufiges Lächeln durch die Augen des Herzens.
11. Zunehmende Anfälligkeit zu lieben, die sich auf andere Menschen erstreckt, sowie der unkontrollierbare Wunsch, diese Liebe auszudrücken.
12. Zunehmende Neigung, Dinge geschehen zu lassen, anstatt sie geschehen zu machen.

Wenn Sie alle oder die meisten der oben genannten Symptome aufweisen, müssen wir Ihnen zu unserem Bedauern mitteilen, daß Ihr Zustand des Friedens so weit fortgeschritten ist, daß er nicht mehr behandelt werden kann.

Wut

Wut wirkt sich zerstörerisch auf Ihre ätherischen Substanzen und auf Ihre Organe aus. Wut sollte nicht unterdrückt werden, aber man muß sie auch nicht ausleben. Mein Lehrer Babaji sagte, alles was Sie tun müssen, ist, den Gedanken zu verändern, der die Wut auslöste. Sind Sie bereit, dies Ihrer Gesundheit zuliebe zu tun? (Wir empfehlen auch, während des Rebirthings jede den Vorgang begleitende, schwere Energie beim Ausatmen herauszuatmen.)

Ich bin überrascht, wie viele Menschen diese Worte lieber nicht hören würden. Sie wollen sich an ihre Wut klammern, weil sie süchtig nach ihr sind (d.h. sie weigern sich hartnäckig, ihre Wut loszulassen). Sie haben irgendwie das Gefühl, mit ihrer Wut mächtig zu sein, und verteidigen sie darum natürlich. Wut ist das Gegenteil von Macht. Es ist ein sicheres Zeichen der Schwäche.

Einige Gurus haben sich zu diesem Thema wie folgt geäußert:

> GURU MAI
> *Man sagt, ein wahrer Asket sei völlig frei von Wut. Wenn es auch nur eine Spur von Wut in ihm gibt, nennt man ihn Halunke, nicht Asket. Ein großes Wesen wird bereit sein, bis zum Äußersten zu gehen, um die Flamme der Wut zu löschen. Die Größe eines Saddhu-Mönchs liegt darin, daß er das loslassen kann, was er zu besitzen erkennt.*

> DALAI LAMA
> (aus *A Human Approach to World Peace*)
> *Durch Haß und Wut verlieren wir die Kontrolle über unseren Geist. Wenn unser Geist von Wut beherrscht wird,*

werden wir den besten Teil der menschlichen Intelligenz verlieren – die Weisheit. Wut ist eines der bedrohlichsten Probleme, denen die Erde heutzutage gegenübersteht.

MATA AMRITANANDAMAYI ODER DIE »MUTTER«
(aus *Awaken Children!*)
Wut und Ungeduld werden immer Probleme verursachen. Nehmen wir an, Sie besitzen die Schwäche, leicht wütend zu werden. Sobald Sie wieder ausgeglichen sind, gehen Sie und setzen sich in den Schrein Ihrer Familie oder in die Einsamkeit, und bedauern und bereuen Sie Ihre eigene Wut. Beten Sie ernsthaft zu Ihrer geliebten Gottheit oder Mutter Natur. Suchen Sie Hilfe, um diese Schwäche loszuwerden. Versuchen Sie, Ihrem eigenen Geist die schlechten Folgen der Wut bewußt zu machen. Wenn Sie auf jemanden wütend sind, verlieren Sie Ihre geistige Ausgeglichenheit. Ihr Unterscheidungsvermögen hört gänzlich auf zu funktionieren. Sie sagen, was immer Ihnen einfällt und handeln auch entsprechend. Möglicherweise äußern Sie sogar grobe Worte. Wenn Sie wütend handeln und wütend denken, verlieren Sie eine Menge guter Energie. Machen Sie sich bewußt, daß diese negativen Gefühle nur den Weg ebnen für Ihre eigene Zerstörung.

Vergebung

Catherine Ponder hat viel über die Themen Vergebung und Gesundheit geschrieben. Sie sagt: »Groll, Verurteilung, Wut, der Wunsch, quitt zu werden oder jemanden bestraft oder verletzt zu sehen, sind Gedanken, die Ihre Seele verrotten lassen und Ihre Gesundheit ruinieren. Sie müssen um Ihrer selbst willen vergeben. Keine Krankheit wird je voll ausgeheilt sein, bevor Sie nicht vergeben.« Sie müssen fortwährend vergeben, sagt sie, um gesund und glücklich zu sein. Sie geht so weit zu sagen: »Wenn Sie ein Problem haben, haben Sie auch etwas, das Sie vergeben müssen...« Die Vergebung wird die Blockade dessen, was immer zwischen Ihnen und Ihrem Gott steht, niederreißen. Sie bietet in ihrem Buch *The Dynamic Laws of Healing* (das ich ganz entschieden empfehle) folgende Affirmation an:

> *Ich vergebe allem, das mich verletzt hat. Was immer mich bitter, ärgerlich und unglücklich machte – ich vergebe. In mir und um mich herum – ich vergebe. Dinge der Vergangenheit, der Gegenwart, der Zukunft – ich vergebe.*

Wenn es Ihnen schwer fällt zu vergeben, fragen Sie sich selbst: Warum weigere ich mich zu vergeben? Warum habe ich Angst davor zu vergeben? Warum will ich nicht sehen, daß ich diese Situation geschaffen habe? (Es gibt keine Opfer.) Warum habe ich diese Situation in meinem Leben gebraucht?

Gebet

Möge ich die Gewohnheit des Ärgerns ablegen.

O ewige Gelassenheit!
Errette mich von den Angriffen des Zornfiebers,
das meine Nerven in Schock versetzt und mein Gehirn entflammt.

Möge ich die Gewohnheit des Ärgerns ablegen,
die mir und meinen Gefährten Unglück bringt.
Laß mich nicht in selbstsüchtige Verdrießlichkeit versinken,
die mich der Zuneigung meiner geliebten Menschen entfremdet.

Möge ich niemals meinen Unwillen weiter erregen,
indem ich deren Feuer immer aufmerksam schüre.

O Königin der Gemütsruhe!
Wann immer ich in Rage bin, stelle vor mir
einen Spiegel der Läuterung auf,
in dem ich mich selbst sehe, häßlich vor Wut.
Laß mich vor anderen nicht entstellt erscheinen,
mein Gesicht zornverzerrt.

Ich will die Schwierigkeiten des Lebens durch
Gedanken und Taten der Liebe besiegen, nicht durch Haß.
Segne mich, auf daß ich die Verletzungen des Ärgers in mir
durch den Balsam der Selbstachtung heile,
und die Verletzungen des Ärgers in anderen
durch den Balsam der Güte.

Möge mir klar werden, O Geist,
daß selbst mein schlimmster Feind doch mein Bruder ist,
und daß, so wie du mich liebst, du auch ihn liebst.

Yogananda

Ärger ist nie gerechtfertigt (6).
EIN KURS IN WUNDERN

Zusammenfassung

Der Sinn des Lebens und der Beziehungen

1. Werden Sie sich über den Sinn Ihres Lebens klar.
2. Arbeiten Sie daran, einen Beitrag zu leisten.
3. Finden Sie heraus, wer Sie sind und was es bedeutet, eins zu sein mit Gott.
4. Denken Sie daran, daß das Leben eine Schule ist. Sie müssen immer ein Schüler bleiben, der nach Höchstleistungen strebt.
5. Vervollkommnen Sie sich.
6. Vergrößern Sie ständig Ihre Kreativität.
7. Heilen Sie sich selbst von Ihren Leiden und Schwierigkeiten. Läutern Sie sich ohne Unterlaß.
8. Denken Sie daran, daß Sie die Verantwortung für Ihre eigenen Gedanken tragen und daß Gedanken Ergebnisse hervorbringen – denken Sie immer positiv.
9. Erkennen Sie, daß Sie aus Licht und Energie bestehen, wie alle anderen Menschen auch.
10. Haben Sie allezeit Spaß – in dem Wissen, daß Gott für Sie vollkommenes Glück will.
11. Leben Sie gemäß diesen Prinzipien: Liebe, Wahrheit, Einfachheit, Reinheit der Gedanken und der Taten und Dienst an der Menschheit.
12. Übernehmen Sie die Verantwortung für den Zustand dieses Planeten. Werden Sie zum Verwalter von Mutter Erde.

Läuterung und Erleuchtung

1. Widmen Sie, zusammen mit Ihrem Partner, Ihre Beziehung einer Sache, die größer ist als Sie beide.
2. Streben Sie immer nach einer heiligen Beziehung, verpflichten Sie sich vor allem anderen der Heiligkeit.

3. Üben Sie zusammen mit Ihrem Gefährten regelmäßig spirituelle Läuterungstechniken.
4. Machen Sie es zum Sinn Ihres Lebens, ein »Superwesen« zu werden. Wandeln Sie Ihre Beziehung zu einem geheiligten Raum, in dem dies geschehen kann.
5. Werden Sie Teil einer spirituellen Familie, die Ihnen zu Fortschritten verhilft. Tun Sie sich mit anderen zusammen.
6. Schaffen Sie ein ausgeglichenes Verhältnis zwischen Ihrer Arbeit an sich selbst und Ihren Bemühungen um den Dienst an der Menschheit und am Planeten.

Der Geist des Friedens

1. Machen Sie den Frieden zu Ihrem Ziel.
2. Werden Sie sich der Problemlösungsdynamik bewußt, die in Ihrer Familie herrschte, während Sie aufwuchsen.
3. Machen Sie sich klar, daß das Ego Konflikte liebt und daß das erste Hindernis auf dem Weg zum Frieden der Wunsch ist, sich des Friedens selbst zu entledigen – seien Sie wachsam.
4. Verteidigen Sie den Ärger nicht.
5. Geben Sie alle »Kämpfe« in Ihrem Geist auf, einen nach dem anderen.
6. Versuchen Sie stets, Streitigkeiten zu vermeiden.
7. Wenn Sie sich kritisiert fühlen, atmen Sie, bevor Sie wütend oder aufgeregt werden, tief durch, stellen Sie Fragen zur Bedeutung des Feedbacks. Hören Sie zu, schreien Sie nicht.
8. Üben Sie sich selbst darin, das Gedankensystem des Heiligen Geistes anzuwenden, anstatt des Gedankensystems des Ego.
9. Übergeben Sie all Ihre Probleme dem Heiligen Geist, da nur der Heilige Geist frei von Konflikten ist.

Was Sie während eines Wutanfalls tun können

1. Schreien Sie niemanden an.
2. Legen Sie sich hin und atmen Sie, pumpen Sie den Ärger mit

jedem Ausatmen aus sich heraus. (Es hilft, wenn man die Rebirthing-Atemtechnik beherrscht.)

3. Wenn das nicht funktioniert, laufen Sie so lange um den Block, bis Sie sich beruhigt haben.
4. Wenn Sie sich beruhigt haben, denken Sie an diese beiden Verse aus *Ein Kurs in Wundern*:
   Du greifst das an, was dich nicht zufriedenstellt, und somit siehst du nicht, daß du es selbst erfunden hast.
   Hüte dich vor der Versuchung, dich als ungerecht behandelt wahrzunehmen (7).
5. Das bedeutet, Sie haben das Ergebnis, dessentwegen Sie wütend sind, selbst geschaffen. Aus irgend einem Grunde haben Sie es gebraucht, also versuchen Sie, schnell erleuchtet zu werden und Ihren Anteil an dieser Sache zu begreifen. (Wie profitieren Sie davon?)
6. Drücken Sie sich nun vernünftig aus:
   »Ich fühle mich ärgerlich, weil _____«
   »Ich sehe nun, daß ich dachte _____ und das hat diese Situation angezogen.«
7. Folgen Sie der Vorgehensweise, den die »Mutter« vorgeschlagen hat.
8. Schreiben Sie alle Ihre Gefühle der Wut auf – und verbrennen Sie sie dann.
9. Rufen Sie einen Freund an, der erleuchteter und vernünftiger ist als Sie das im Augenblick sind. Lassen Sie sich von ihm helfen.
10. Durchlaufen Sie einen Wahrheitsprozeß:
    »Der Grund, warum ich ____ nicht vergeben will ist, daß ____.«
11. Denken Sie daran, daß Vergebung der Schlüssel zu Glück und Gesundheit ist. Wenn Sie krank sind, gibt es für gewöhnlich jemanden, dem Sie nicht vergeben haben.
12. Denken Sie daran: Hinter jedem Groll steht ein Wunder.
13. Denken Sie daran, daß Wut einer der Gründe für das Altern und den Tod ist. Das ist es nicht wert.

Teil II

Eine neue Sicht der Beziehungen

Sich treffen und sich verbinden

Die Seele zieht die Umstände und die Menschen zu sich, die sie für ihre höchste Entwicklung benötigt. Auf dieselbe Weise ziehen unser Karma und unsere Schwingungsmuster genau den Menschen an, den wir zu unserem Wachstum benötigen.

In all unseren persönlichen Interaktionen müssen wir einander helfen, Liebe und Güte zu entwickeln. Eine persönliche Beziehung ist eine geheiligte Verpflichtung – sie sollte sich nicht allein auf körperliche, intellektuelle oder emotionale Anziehung gründen. Eine solche Partnerschaft muß auf der Verpflichtung basieren, das Höchste und Beste im anderen zu verwirklichen.

Empfängnistrauma und Beziehungen

In den letzten eineinhalb Jahrzehnten wurden Nachforschungen angestellt, die die Ursprünge unserer Anziehung und unserer Beziehungen zu anderen Menschen verzeichnen. Zu den ersten Erkenntnissen gehören: Die Art, wie wir uns begegnen, in eine Beziehung eintreten beziehungsweise eine Beziehung anfangen, kann in Verbindung stehen zu unserer eigenen Empfängnis im Schoß unserer Mutter. Wenn Sie die Umstände verstehen, die bestanden, als Sie empfangen wurden, wird Ihnen das helfen, sich das Konzept Ihrer Beziehungen bewußter zu machen. Das folgende Beispiel – scheinbar weit hergeholt, in Wirklichkeit aber ziemlich verbreitet – illustriert dieses Phänomen: Ein männliches Baby wird zufällig empfangen, die Schwangerschaft ist von seinen Eltern nicht gewollt. Als junger Erwachsener wird das früher ungewollte Kind von Frauen angezogen, die nicht wirklich eine Beziehung eingehen wollen; er fühlt sich trotzdem emotional mit ihnen verbunden. Eine Frau kann ihn sogar offen zurückweisen, er aber versucht weiterhin, ein Band zwischen ihnen zu knüpfen. Vielleicht findet er sogar Frauen, die mit ihm ausgehen; diese weisen ihn jedoch sexuell zurück. Wie auch immer, er fühlt sich am Ende *ungewollt*. Seine Beziehungen sind von Anfang an sehr unbefriedigend, dennoch hängt er »am Haken« einer unerwiderten Liebe. Warum? Weil er das unbewußte Bedürfnis hat, das Gefühl des Ungewolltseins neu zu erschaffen, denn daran ist er gewöhnt.

Wenn Ihre Empfängnis ein »Unfall« war, stolpern Sie möglicherweise immer wieder unbewußt in Beziehungen, wachen dann auf und fragen sich, wie es dazu kam. Das kann möglicherweise daraus resultieren, daß Sie ständig Partner unter Umständen treffen, die nicht nur Ihre eigene Empfängnis widerspiegeln, sondern auch Ihrer Geburt ähneln. Ich war in der Lage, diese Dynamik in meinem eigenen Leben aufzudecken: Ich wurde auf dem Küchentisch geboren, und viele Jahre lang traf ich mich mit Männern entweder in einem Restaurant oder ich ging mit Restaurantbesitzern aus!

Je mehr uns diese Dynamik in unseren persönlichen Beziehungen bewußt ist, desto mehr Freiheit haben wir, sorgfältig solche Partnerschaften auszuwählen, die zu unseren Gunsten arbeiten. Wie Sie sehen, kann ein ungelöstes Empfängnistrauma sowohl uns selbst als auch den Menschen, mit denen wir uns verbinden, Schmerz zufügen. Wenn wir uns nicht bewußt machen, wie die Erfahrung der Empfängnis unsere Entscheidungen und Handlungen beeinflußt, geben wir einen Großteil der Macht über unser Leben aus der Hand.

So bedrückend es auch scheint: »Ich möchte nicht hier sein« ist ein Gefühl, das eine bedeutende Anzahl von Menschen teilen. Diese Individuen haben solch lebensfeindliche Gefühle in frühester Kindheit angenommen – entweder kurz vor oder unmittelbar nach ihrer eigenen Geburt – wenn sie nicht aus der Gebärmutter genommen werden oder nicht in der Gebärmutter bleiben wollten. Wenn Sie es sehr schwer hatten, auf die Welt zu kommen, sind Sie während des Geburtstraumas möglicherweise zu dem Entschluß gelangt, daß »sie nicht hier sein wollen«. Sie wären gut beraten, dieses Phänomen in Erinnerung zu behalten, besonders wenn Ihre neue Beziehung wie folgt abläuft: Sie treffen einen Menschen, und Sie fühlen sich von ihm sehr angezogen. Die Anziehung scheint gegenseitig zu sein, doch bevor es Ihnen klar ist, meidet Sie dieser Mensch und möchte mit Ihnen keine Beziehung eingehen. Er mag Sie vielleicht sehr und flirtet sogar mit Ihnen, aber die Beziehung wird nie richtig in die Tat umgesetzt. Der einzige Grund, den dieser Mensch angibt, lautet einfach, daß »er nicht hier sein will«. Obwohl solche Menschen es gelegentlich durch die Anfangsphase einer Begegnung hindurch schaffen und tatsächlich eine Beziehung aufnehmen, sind sie in neun von zehn Fällen nicht wirklich »präsent«. Sie sind nicht in der Lage, für ihren Partner oder für sich selbst da zu sein: bewußt oder unbewußt werden sie von dem Bedürfnis verfolgt, fortzugehen.

Wenn Sie mehr darüber erfahren wollen, welchen Einfluß Empfängnis, Schwangerschaft und Geburt auf Beziehungen haben, empfehle ich Ihnen das Buch, das ich zusammen mit Bob Mandel geschrieben habe: *Birth and Relationships*. Es liefert einen umfassenden Überblick über dieses neue und wichtige Forschungsgebiet.

Beziehungsphasen und Anpassungen

In einem hervorragenden Artikel, der in der australischen Zeitschrift *Intent* veröffentlicht wurde, schreibt Rob Tillet:

Wenn unsere Aufmerksamkeit durch die Präsenz des Energiefeldes eines anderen Menschen geweckt wird, versuchen unsere Chakras, mit diesem neuen Feld in Kontakt zu treten, indem Sie sich darauf vorbereiten, Energie zu empfangen und zu übermitteln. Wir sind von einem Energiefeld umgeben, das einen ziemlich großen Raum um unsere physische Form herum einnehmen kann. Tatsächlich schwimmen wir in einem Energiefeld.

Das innere Wesen einer Beziehung besteht aus Energieaustausch. Wenn wir einem Menschen zum ersten Mal begegnen, fühlen wir uns entweder angezogen, abgestoßen oder gleichgültig ... je nachdem, was für eine Energieverbindung aufgebaut wird. Beziehungen bestehen aus dem Austausch und dem gegenseitigen Verarbeiten von Energie. Eine gesunde Beziehung ist eine Beziehung, in der der Energieaustausch für beide Partner von Nutzen ist. Das nennt man eine *stärkende* Beziehung: eine Beziehung, in der beide Partner als Ergebnis der Partnerschaft stärker sind, als sie dies ohne die Beziehung wären. Eine *schwächende* Beziehung ist eine Partnerschaft, in der sich der Energieaustausch in Wirklichkeit zerstörend auf die Gesundheit und das Wohlgefühl der Partner auswirkt.

Gleichgültig, welche Beziehung wir eingehen, unsere Chakras streben danach, sich mit dem entsprechenden Chakra des anderen

Menschen zu verbinden. Wenn sich alle Chakras in der entsprechenden Frequenz verbinden, entwickelt sich eine dyadische beziehungsweise völlig erfüllende Partnerschaft.

In meinem Buch *Auch lieben will gelernt sein* (Peter Erd Verlag, München) sprach ich darüber, wie man sich in seinem Leben Gefährten erschafft. In diesem Folgeband möchte ich tiefer auf die Gründe eingehen, warum wir die Menschen, für die wir attraktiv sind, anziehen. *The Esoteric Philosophy of Love and Marriage* von Dion Fortune bietet die beste Erklärung, die ich jemals gesehen habe, und ich empfehle Ihnen, dieses Buch sorgfältig zu lesen. Dion Fortune stellt fest, daß Seelen sich auf drei unterschiedliche Arten verbinden können:

- durch die gewöhnliche Anziehungskraft der Geschlechter
- durch die Erneuerung karmischer Bindungen
- gemäß höheren kosmischen Gesetzen.

Die sexuelle Bindung: Unglücklicherweise gehen viele Menschen auf der Grundlage körperlichen Verlangens übereilt eine dauerhafte Beziehung ein. Sie schließen mit dem ersten zur Verfügung stehenden Partner den Bund der Ehe. Häufig rationalisieren sie irrtümlich ihre Gefühle und idealisieren das Objekt ihrer Begierde. Eines Tages wird ihnen plötzlich klar, daß sie sich auf Lebenszeit an einen Menschen gebunden haben, der unfähig ist, auch nur ein einziges ihrer Bedürfnisse zu erfüllen. Elend ist die Folge. Das ist ein sehr wichtiger Punkt: das eigene Urteilsvermögen kann vollständig getrübt werden, wenn es durch sexuelles Verlangen geblendet wird.

Die karmische Bindung: Bindungen, die auf unserem Karma basieren, kann man nicht so leicht erkennen. Karmische Bindungen wurzeln in einer Anziehung, die in einem früheren Leben erfahren wurde. Wenn Sie dieses Phänomen in aller Breite diskutiert sehen wollen, empfehle ich Ihnen die Lektüre von *We Were Born Again to Be Together* von Dick Supter, ebenso *Other Lives, Other Selves* (*Die vielen Leben der Seele. Wiedererinnerung in der therapeutischen Arbeit*, Hugendubel Verlag, München) von Roger Woolger.

Die kosmische Bindung: Dies ist die tiefste und mächtigste Bindung. Hierbei handelt es sich um eine Partnerschaft, die zwei Individuen zu dem einzigen Zweck eingehen, einen besonderen Dienst zu leisten; sie wird allein durch den Dienst motiviert. Die Partner in dieser Verbindung wählen einander nicht aus. Sie bieten sich dem Herrn der Inneren Ebenen zum Dienst. Sie werden mit Blick auf ihre Eigenschaften und Fähigkeiten verbunden. Das Paar öffnet einen Kanal. Göttliche Kräfte fließen mit erstaunlicher Kraft durch sie hindurch, magnetisieren sie und ihre Umgebung. Durch diese Verbindung wird die Macht jedes einzelnen Partners vermehrt; beide werden zu ihrer größtmöglichen Perfektion geführt.

Im Anschluß an die Beschreibung der verschiedenen Arten von Bindungen spricht Dion Fortune über die Bedeutung von Beziehungen auf *zueinander passenden Ebenen.* Die erste Ebene ist die physische und materielle, die zweite Ebene ist die untere Astralebene, die dritte Ebene ist die obere Astralebene, die vierte Ebene ist die untere Mentalebene, die fünfte Ebene ist die obere Mentalebene, die sechste Ebene ist die untere spirituelle Ebene und die siebte Ebene ist die obere spirituelle Ebene. Laut Fortune wird unsere Verbindung solange unvollständig sein, wie wir uns nicht auf allen unseren Ebenen paaren. Wenn beispielsweise ein Mann, der über drei entwickelte Ebenen verfügt, eine Frau heiratet, die nur zwei funktionierende Ebenen hat, kann psychisches und spirituelles Disaster die Folge sein. Aufgrund des negativen Effekts auf diese inneren Ebenen dürfen promiskuitive sexuelle Beziehungen nicht auf die leichte Schulter genommen werden.

Fortune rät uns, vor einer ernsthaften Beziehung einen äußerst zuverlässigen, medial veranlagten Menschen und Astrologen zu kontaktieren. Sie glaubt, daß wir uns Zeit nehmen sollten, bevor wir heiraten, damit wir die Gelegenheit haben, zu entdecken, ob die Beziehung uns stärkt oder schwächt. In einer vollkommenen Ehe, so schreibt Fortune, »verbinden sich die Partner mit jeder höheren Ebene, die im Zuge der Evolution in Funktion tritt: Diese beiden treten ins Licht«. Danke, Dion. (Lesen Sie ihre Bücher!)

Eine ideale Verbindung macht natürlich häufig eine lange Reise erforderlich. Auf unserem Weg durch die anfänglichen Stadien der Beziehung – ihre Empfängnis – müssen wir immer daran denken, daß eine neue Beziehung eine große Veränderung bedeutet. An der Oberfläche scheint diese Vorstellung ganz offensichtlich zu sein. Aber die Tatsache, daß die Verwandlungen dazu neigen, Erinnerungen an das Geburtstrauma zu aktivieren, tritt nicht so leicht zutage. Spannungen, die in diesen sehr frühen Erinnerungen wurzeln, können sich schon bald nach Beginn Ihrer neuen Beziehung anhäufen. Die LRT-Binsenweisheit, daß »die Liebe alles ans Licht bringt, was ihr ungleich ist«, offenbart einen weiteren Grund, warum Interaktionen bald stürmisch werden. Praktisch ausgedrückt bedeutet das, daß die Liebe Ihres Gefährten, die eine Art von Energie ist, Sie von allem läutert, was nicht Liebe ist – einschließlich Schuld, Furcht, Schmerz, Zweifel, der Todessehnsucht und so weiter. Wir können dies mit dem Versuch vergleichen, ein Glas mit Wasser zu reinigen, an dessen Grund sich ein Bodensatz gebildet hat. Wenn Sie mehr Wasser hineingießen, wirbelt der Schmutz auf. Das unerwartete Auftauchen von negativen Gefühlen – genau dann, wenn wir der Meinung sind, wir hätten schlußendlich eine sichere und liebevolle Beziehung gefunden – kann sehr, sehr verwirrend sein. Es ist daher wichtig, vorab zu wissen, daß das plötzliche Auftauchen von negativen Gefühlen auf Heilung deuten kann – nicht auf Auflösung. Es hilft sehr, Techniken wie Rebirthing zu kennen, die Ihnen durch diese Phasen der Anpassung hindurchhelfen.

Muster

Wenn ein Paar die anfänglichen Höhen und Tiefen einer knospenden Beziehung übersteht, denkt es möglicherweise daran, eine tiefere Bindung einzugehen. Wenn sich beide gleichzeitig in derselben Intensität zutiefst verpflichten wollen, kann diese Phase sehr aufregend sein. Häufig ist jedoch ein unbeholfener Tanz die Folge, bei dem ein Partner stärker empfindet, der andere weniger stark: die alte Geschichte des »wenn ich dich will, willst du mich nicht, also ziehe ich mich zurück und will dich nicht. Prompt willst du mich.« Einige Menschen müssen dies durchstehen, andere nicht. Es kann einen auf die Palme treiben, um es vorsichtig auszudrücken.

Hier ist die Einsicht wichtig, daß es sich um ein Muster handelt.

Ein Muster ist eine »wiederholte unbewußte Verhaltensweise«. Muster basieren häufig auf wiederholten Verhaltensweisen unserer Blutsverwandten oder auf Reaktionen auf diese Verhaltensweisen. Beim *Loving Relationships Training* diskutieren wir die Muster in Beziehungen; einige von ihnen werden auch in *Auch lieben will gelernt sein* (Verlag Peter Erd, München) beschrieben.

Was bringt uns dazu, jemanden obsessiv zu begehren, wenn diese Gefühle der Zuneigung von diesem Menschen nicht erwidert werden – oder umgekehrt? Wenn man Fälle wie diese untersucht, findet man normalerweise etwas, was wir beim LRT das »Inzest Tabu-Muster« nennen. Dieses frustrierende Muster beginnt während der Kindheit. Wenn Sie eine Frau sind, konnten Sie Ihren Vater nicht bekommen – den Mann, den Sie wirklich wollten. Die Art und Weise, wie Sie mit dieser Enttäuschung fertig wurden, entscheidet sich sehr früh – und die Folgen reichen bis ins Erwachsenenleben. Wenn Sie als erwachsene Frau den Mann, den Sie wirklich wollen, weil Sie ihn zu Ihrem Vater (oder umgekehrt zu Ihrer Mutter) gemacht haben, nicht bekommen können, wird auch diese Beziehung zum »Tabu«.

Das ist ein sehr tiefgreifendes und komplexes Muster. Es dauert häufig Jahre, bis man es herausgearbeitet hat. Wenn es uns gelingt, dieses Muster in den Anfangsstadien einer Beziehung ausreichend zu unterdrücken, können wir tatsächlich eine Bindung eingehen und bei unserem Partner einziehen oder ihn sogar heiraten. Aber das Inzest Tabu-Muster dringt früher oder später an die Oberfläche, da es auf einem solch mächtigen Impuls basiert. Die Folgen können uns überraschen und bestürzen. Einige Menschen müssen tatsächlich erleben, daß ihnen in der Minute ihrer Eheschließung Sex nicht länger Freude oder Vergnügen bereitet; andere verschwinden schleunigst gänzlich aus der Beziehung.

Eine Beziehung kann eine phantastische Menge an Energie erzeugen, wenn die Partner die gleiche Leidenschaft für einander empfinden. Doch ein ausgeglichenes Gleichgewicht zu halten, ist eine echte Herausforderung. Wie ich schon zuvor erklärte: »Liebe bringt alles ans Licht, was ihr nicht ähnelt.« Leidenschaftliche Liebe stimuliert häufig allzu viele unbewußte negative Gedanken gleichzeitig. Ein Paar kann tagelang sehr glücklich, in Hochstimmung und leidenschaftlich sein – dann geschieht etwas Unerklärliches zwischen ihnen, und plötzlich verschwinden die Gefühle oder lösen sich auf. Hinsichtlich der negativen unterbewußten Gedanken, die an die Oberfläche gedrungen sind, müssen die Partner einfach wissen, daß dieser Verlust der Leidenschaft *natürlich* und *vorübergehend* ist. Wenn er auftritt, ist es Zeit, zu klären und zu verarbeiten, spirituelle Läuterung zu üben. Beim LRT würden wir sagen, daß »der Fall des Paares hochkam«. Das bedeutet, daß das Geburtstrauma der Partner aktiviert wurde, ihre unbewußte Todessehnsucht wurde stimuliert und ihre negativen Gedankenstrukturen beziehungsweise ihre Familienmuster traten an die Oberfläche. Die immense Liebesenergie, die produziert wurde, drängte all diese latenten Impulse nach außen. Es ist wichtig, nicht wütend zu werden und zu diesem Zeitpunkt nicht aufzugeben, wenn Sie diese Beziehung aufrecht erhalten wollen. Allerdings verlieren an diesem Punkt die Menschen meist ihre Illusionen voneinander, sie geben sich gegenseitig die Schuld für die schwindende Romanze. Ironischerweise ist gerade das der Augenblick, in dem es essentiell darauf ankommt, an sich selbst und Ihren Partner zu glauben. Es ist die Zeit, die Beziehung mit einem erleuchteten Verständnis dessen, wie der Geist arbeitet, und dem Wissen um spirituelle Läuterung zu stärken. Wenn ein Paar zu dieser Zeit Rebirthing macht, können sie das unterbewußte Material ausatmen und dann ganz mühelos zu ihrer Liebe zurückkehren.

Eine Krise in Ihrer Beziehung kann auch die Gelegenheit sein, eine tiefe und reife Liebe zu entwickeln. Diese Art von Bindung feiert unsere Menschlichkeit – einschließlich unserer Unvollkommenheiten. Im Gegensatz dazu erfordert eine unreife Liebe konstante Neuheit; wenn die Neuheit schwindet, wird eine neue Attraktion gesucht. Unreife Liebe braucht ein vollkommenes Idol als Liebesobjekt. Durch ihren Mangel an Integrität ist diese Art der Bindung zerbrechlich und häufig oberflächlich. Jedoch in einer *reifen Liebe* – einer Beziehung zwischen zwei spirituellen Wesen – besitzt das Paar die Fähigkeit, unvorhersehbaren Veränderungen zu trotzen.

Obwohl zwei Partner, die durch eine unreife Liebe zueinander fanden, durch irgend einen Zufall die Anfangsphase der Beziehung durchstehen können, haben sie unbewußt destruktive Methoden der Problemlösung etabliert. Unglücklicherweise ist das Streiten oder »Hinunterschlucken« unter ihnen auffallend häufig verbreitet. Diese schädlichen Verhaltensweisen können zur Gewohnheit werden, können sich jahrelang hinziehen, bis der Streit zur Trennung führt und das »Hinunterschlucken« der Wut Schmerz und Krankheit hervorruft.

Ich kann nicht genug betonen, wie wichtig es für Paare ist, während dieser frühen Phase ihrer Beziehung spirituell erleuchtete Methoden der Problemlösung und der Klärung zu entwickeln. Von Anfang an müssen Sie grundlegende Fragen diskutieren, so den Sinn Ihres Lebens, den Sinn Ihrer Beziehung, welche Technik der Selbstläuterung Sie anwenden und wie Sie einander dienen können. Einige Menschen sprechen erst darüber, wenn es zu spät ist; schlechte Gewohnheiten haben sich bereits geformt. Darum muß die ehrliche Auseinandersetzung sofort beginnen. Wenn Sie von Anfang an über diese Dinge sprechen, können Sie auch herausfinden, ob dieser neue Mensch sich in Ihren Lebenstil und in Ihre spirituellen Ziele einfügt. Wenn Ihr Parter diese Art der Auseinandersetzung überhaupt nicht handhaben kann, betrachten Sie sein Verhalten als eine Art Warnung mit »roter Flagge«. Vielleicht sollten Sie lieber keine tiefe, emotionale Beziehung mit diesem Menschen eingehen. Denken Sie daran, daß es Menschen gibt, die einen ehrlichen Dialog nicht nur tolerieren, sondern sogar einfordern. Haben Sie das nicht verdient? Suchen Sie diese Menschen!

Intimität

Wenn Sie einen Menschen mit einem wirklichen Potential zum reifen Liebhaber finden, arbeiten Sie gemeinsam an der Vision, wie Ihre Beziehung aussehen wird. In dieser frühen Phase müssen Sie eventuell das versuchen, was wir beim *Loving Relationships Training* »das Spiel« nennen. Der »Liebesaspekt« Ihrer Liebesbeziehung ist bereits abgehakt: Sie sind Liebe und der andere Mensch ist auch Liebe. Jetzt müssen Sie nur noch die Hindernisse entfernen, die das Bewußtsein von der Existenz der Liebe blockieren. Doch nun kommt der »Beziehungsaspekt« Ihrer Partnerschaft »ins Spiel«. Es funktioniert wie folgt: Sie erfinden und erproben ein Spiel wie beispielsweise »Laß uns zusammenziehen und monogam sein« oder »Laß uns monogam sein, aber getrennte Wohnungen haben« oder »Laß uns dreimal die Woche miteinander ausgehen« oder »Wir wollen nur Freunde sein und ein paar Monate warten, bevor wir miteinander schlafen«. Wenn Sie sich beide auf einen Spielplan geeinigt haben, probieren Sie ihn in der Praxis aus, und schauen Sie, ob Sie sich einander angleichen. Wenn das Spiel, das Sie ausgesucht haben, nicht so richtig funktioniert, verhandeln Sie erneut. Denken Sie daran, wie wichtig es ist, der neuen Partnerschaft nicht die genaue Form oder das Tempo einer früheren Partnerschaft aufzuzwingen. Jeder neue Mensch hat eine einzigartige Geschichte und Geburt, einzigartige Verhaltensmuster, Ängste und Wünsche. Sie müssen einen neuen Tanz komponieren, eine Synthese aus Ihrem Partner und Ihnen selbst. Das ist eine echte Herausforderung, aber es kann auch zu dem größten Vergnügen werden, das Sie je hatten.

Die Befriedigung individueller Bedürfnisse ist ein Teil der Antwort, aber es gibt auch andere Aspekte der Beziehung, denen Sie Ihre Aufmerksamkeit widmen müssen. Tiefe Intimität an sich kann sehr beängstigend sein. Das bedeutet nicht, daß Sie sich immer Ihrer Angst bewußt wären – sie kann unter der Oberfläche liegen. Sie werden auf *jeden Fall* bemerken, daß einer von Ihnen oder Sie beide sich plötzlich zurückziehen, ständig abgelenkt sind oder ganz in Ihrer Arbeit aufgehen. Bevor Sie es merken, sehen Sie und Ihr Gefährte sich kaum noch. Ein Muster entwickelt sich, in dem Sie Ihre eigenen, getrennten Welten haben. Eine solche Entfremdung weist häufig auf die Vermeidung der Intimität beziehungsweise auf die Furcht, den unterbewußten Dingen gegenüberzutreten, die auftauchen können, sobald Sie einem anderen Menschen wirklich nahekommen.

Am anderen Ende des Intimitätsspektrums verbringen Sie möglicherweise *zuviel* Zeit zusammen. Schließlich ersticken Sie einander und tragen unabsichtlich zum Selbstverlust bei. Um diese Neigungen rechtzeitig aufzufangen, muß sich jeder Partner ihrer bewußt sein. Anstatt wegzurennen, muß jeder Mensch sich seiner eigenen Verhaltensmuster bewußt sein und ihnen furchtlos gegenübertreten.

Um die Art und Weise zu verstehen, wie Muster unser Leben

beeinflussen, empfehle ich Ihnen, langsam und sorgfältig die folgende biographische Skizze zu lesen und Parallelen zu ziehen zu ähnlichen Beispielen, die Ihnen bekannt sind.

Der Vater eines kleinen Mädchens verläßt die Familie als es drei Jahre alt ist. Da das Kind noch sehr klein ist, scheint es ihm im großen und ganzen nichts auszumachen. Als erwachsene Frau zieht sie einen Mann an, dessen Verhaltensmuster es ist, seine Partnerinnen zu verlassen. Höchstwahrscheinlich hat dieser Mann dieses Muster als Überlebensmechanismus in seiner eigenen frühen Kindheit gelernt. Vielleicht hat er versucht, auf die Welt zu kommen und steckte plötzlich in der Gebärmutter fest. Tief in seiner Psyche faßte der Gedanke Fuß: »Ich muß raus, um zu überleben.«

Wenn der betreffende Mann und die betreffende Frau sich begegnen, ist es Liebe auf den ersten Blick; vielleicht kochen und tanzen beide gern, laufen gern Ski und lieben Gedichte. Obwohl es so scheint, als ob sie durch gemeinsame Interessen voneinander angezogen werden, ist es in Wirklichkeit ihr unbewußtes Muster, das sie füreinander anziehend macht. Wie lange wird die Ehe halten? Vielleicht drei Jahre. Diese Frau ist sich eventuell bewußt, daß dies ihr Alter war, als ihr Vater sie verließ. Vielleicht ist es ihr auch nicht bewußt. Aber wenn ihr Partner sie verläßt, weint sie und verstärkt ihre Kindheitsüberzeugung, daß »Männer mich verlassen«. Und hier kommt der Haken der Geschichte: Wenn sie ihre Überzeugung nicht ändert, wird sie sie wahrscheinlich in ihren zukünftigen Beziehungen immer wieder neu erschaffen.

Ich habe meine Kollegin Rhonda Levand gebeten, diese Diskussion mit einem Essay über Verhaltensmuster und Sexualität zu ergänzen und einem Bericht darüber, wie das LRT uns hilft, all dies zu verändern:

Sex wird besser nach dem Loving Relationships Training

von Rhonda Levand

1981 entschied ich mich, am Loving Relationships Training teilzunehmen. Ich war eine gesunde Frau in den Dreißigern, war acht Jahre lang verheiratet gewesen und hatte zahlreiche sexuelle Erfahrungen. Dennoch hatte ich Sex nie wirklich genossen. Ich hatte meine Partner sexuell oft enttäuscht – und ich hatte noch nie einen Orgasmus erlebt.

Nach dem Loving Relationships Training fing ich an, Sex wirklich zu genießen, schließlich entspannte ich mich genug, um einen Orgasmus zu erleben. Während des Trainings wurde mir klar, daß die Sexualität der Schlüsselpunkt war, den ich in meinem eigenen Leben heilen mußte. Meine Eltern, insbesondere mein Vater, hatten sich einen Sohn gewünscht, keine Tochter. Seine Enttäuschung war mir deutlich ins Gedächtnis gebrannt. Als Ergebnis traf ich viele Entscheidungen über mich selbst als Frau, die mein sexuelles Vergnügen hemmten. Obwohl ich mich nicht auf meine verletzte Sexualität konzentriert hatte, heilte dieser Aspekt meines Lebens durch das LRT und durch Rebirthing. Ich werde Ihnen etwas über meine derzeitige Arbeit erzählen, um zu erklären, wie diese Heilung zustande kam.

Ich bin heute LRT-Trainerin und habe ein Buch über Sexualität geschrieben mit dem Titel *Sexual Evolution*. Ich habe in den letzten fünf Jahren eine Reihe von Seminaren zum Thema Sexualität geleitet und habe Hunderte von Menschen zu diesem Thema interviewt. In dieser Zeit habe ich aus erster Hand die Auswirkungen beobachtet, die unsere Empfängnis, Geburt und frühe Kindheit (bis zum fünften Lebensjahr) auf unser Sexleben haben. Tatsächlich erleben wir in diesen Jahren unsere wichtigste sexuelle Konditionierung. Wir treffen wesentliche Entscheidungen über uns selbst als sexuelle Wesen und nehmen die Auswirkungen dieser Entscheidungen mit uns in unser erwachsenes Sexualleben und unsere Erfahrungen.

Meine Untersuchungen weisen auf eine Verbindung zwischen der Empfängnis des Individuums *in utero* sowie seinen Erfahrungen während der Geburt und der Art der sexuellen Gewohnheiten dieses Menschen, seiner Vergnügungen und Beziehungen. Ich zeige, daß die Umstände unserer eigenen Empfängnis – ob die Schwangerschaft zum Beispiel gewollt und geplant war, das Ergebnis einer flüchtigen Beziehung oder das Produkt einer Affäre im Vollrausch – die Art und Weise beeinflussen, wie wir unsere sexuellen Beziehungen beginnen. So fremdartig es auch klingen mag, wir erschaffen unsere eigene Empfängnis jedesmal neu, wenn wir eine sexuelle Beziehung beginnen.

Meine Untersuchungen verbinden auch das sexuelle Vorspiel mit der Zeit, die Sie im Schoß Ihrer Mutter verbracht haben. Für die meisten Menschen war die Zeit *in utero* eine liebevolle, nährende Erfahrung, die Erforschung unserer Beziehung zu unserer Mutter. Ganz ähnlich ist das Vorspiel die Erforschung unserer Partner, die Phase des Kennenlernens unserer persönlichen Beziehungen.

Ich habe auch beobachtet, wie unsere Geburtserfahrung an sich in der Tat die Art und Weise beeinflußt, wie wir Verkehr haben. Menschen, die bei ihrer Geburt unter Drogen standen, fühlen während des Liebesspiels das Bedürfnis nach Drogen oder Alkohol, oder sie begeben sich in unterbewußte Bereiche oder verlassen ihren Körper beim Sex. Wenn die Geburt eingeleitet wurde oder wenn während der Entbindung Zangen benutzt wurden, so genießt es dieser Mensch unter Umständen, verführt zu werden oder von seinem Partner zum Sex animiert zu werden. Menschen dieser Kategorie bevorzugen eine romantische Umgebung, um sich in Stimmung zu bringen – Kerzen, eine Fuß- oder Ganzkörpermassage, um sie zu verführen. Menschen, die eine schnelle Geburt hatten, ziehen häufig schnellen Sex vor. Der einzigartige sexuelle Stil von jedem von uns steht in Verbindung mit der Art von Geburt, die wir erlebt haben.

Wie steht es mit den allgemeinen Verhaltensmustern in unserem Sexualleben? Diese basieren häufig auf dem, was wir in unserer frühen Kindheit von unseren Eltern über Sex gelernt haben. Welche Botschaften haben Sie über Ihren Körper und Ihre Sexualität erhalten? Hat man Ihnen Privatsphäre zugestanden und Ihnen gestattet, Ihre eigene Sexualität als kleines Kind zu erforschen? Hat man Ihnen beigebracht, daß Sex und sexuelle Gefühle nicht in Ordnung sind oder sogar durch und durch schlecht?

Überraschenderweise imitieren wir häufig unbewußt das Sexualleben, das unsere Eltern unserer Meinung nach hatten. Trotz unserer eigenen, unabhängigen sexuellen Erfahrung, die uns eigentlich zu einer realistischeren Einschätzung führen sollte, glauben viele von uns immer noch, daß unsere Eltern nur Sex hatten, um Kinder zu zeugen. Wenn Zuneigung und Sexualität hinter verschlossenen Türen gehalten wurden, während wir aufwuchsen, schrecken wir eventuell davor zurück, Sex mit unserem Partner zu haben, wenn wir in Wirklichkeit gern mit ihm schlafen würden. Es ist häufig erhellend, sich klar zu machen, daß unsere Eltern wahrscheinlich viel häufiger Sex hatten, als wir uns das vorstellen. Sie haben einfach gute Arbeit dabei geleistet, dies zu verheimlichen. Wenn Sie Ihre Eltern als Rollenbilder verwenden und ihnen zuliebe davor zurückscheuen, Sex mit Ihrem Partner zu haben, geben Sie sich die Erlaubnis, die Grenzen dessen zu überschreiten, was Sie für das eingeschränkte Sexualleben Ihrer Eltern halten.

Wenn Sie in einer Atmosphäre aufwuchsen, in der die Mißbilligung von Sex die Norm war, erschaffen Sie dies möglicherweise neu, indem Sie sich selbst dafür verachten, ein sexuelles Wesen zu sein und sexuelle Wonnen zu begehren. Sie erlauben es sich vielleicht nicht, sexuelles Vergnügen zu empfinden und sich daran zu erfreuen. Akzeptieren Sie sich als sexuellen Mann oder als sexuelle Frau, die sexuelle Wonnen verdient.

Geburtserinnerungen sind real; sie beeinflussen uns in unserem späteren Leben. Wenn Sie sich bei Ihrer Geburt beispielsweise schuldig fühlten, weil Sie glaubten, Sie fügten Ihrer Mutter Schmerz zu, so unterdrücken Sie eventuell Ihre sexuelle Vitalität, um Ihren Partner davor zu schützen, durch Ihre Lebendigkeit verletzt zu werden. Wenn Sie dieses Gefühl der Schuld nicht auflösen, kommen Sie beide zu kurz. Sie sind unschuldig und das ist auch Ihre Sexualität; lassen Sie los und entspannen Sie sich.

Manchmal verhalten wir uns aus anderen Gründen zögerlich – wegen der intensiven körperlichen, emotionalen und psychischen Empfindungen, denen wir uns beim Sex gegenübersehen. Vielleicht fürchten wir uns davor, sexuell loszulassen, weil wir Orgasmus mit Tod assoziieren. Diese Assoziation tritt in vielen verschiedenen Gesellschaftsformen auf, sie ist nicht typisch für die unsere. In Frankreich ist der Orgasmus beispielsweise auch unter dem Namen »la petite mort«, »der kleine Tod« bekannt. Diese Furcht sehen wir auch in anderen Teilen unserer Sexualität manifestiert. Einige Männer glauben zum Beispiel, daß Ihnen das Sperma ausgehen wird, wenn sie allzu oft ejakulieren. Das ist ein Gerücht; wir wissen, daß Samen Ihre Vitalität, Ihre Lebenskraft symbolisiert. Ihre Überzeugung, daß Ihnen Ihr Leben »ausgehen« wird, daß es nicht genug Sperma, Lebenskraft oder Sexualität im Universum gibt, ist eine todesgläubige Schlußfolgerung.

Spirituelles Einssein wird häufig durch sexuelle Begegnung herbeigeführt. Wenn wir statt der Vorstellung der sicheren Sterblichkeit die Philosophie der körperlichen Unsterblichkeit annehmen, wird unsere Sexualität segensreich, spirituell und ewig. Wenn wir unser Geburtstrauma, unsere elterlichen Muster und unsere Todessehnsucht loslassen, so lassen wir unsere Verschmelzung mit einem anderen Menschen in sexuell-spiritueller Wonne zu.

Im Wochenendkurs des *Loving Relationships Trainings* geht es um Veränderung, um das Loslassen der Kontrolle und um die Erfahrung unserer Göttlichkeit. Es geht darum, unsere innere, kindliche Unschuld, unsere Lebendigkeit und unsere Unsterblichkeit anzuerkennen und wiederzufordern. Nach dem LRT-Wochenende und der Erfahrung des Rebirthing wird unser Sex besser, weil wir viele der Muster, die uns sexuell gefangen halten, erkennen und loslassen. Wenn Sie diesen Prozeß der Erleuchtung durchlaufen, werden Sie ganz natürlich zu einem vibrierenden, sexuellen Wesen.

Überwältigung

Wenn alte Muster an die Oberfläche treten, fühlen Sie sich bisweilen außer Kontrolle, behindert durch Ihre Verwirrung, als ob Sie auf einen Schlag zuviel abbekommen hätten. Beim LRT nennen wir das *überwältigt* sein. Es ist ein Zustand, in den Sie sehr leicht geraten können, insbesondere, wenn Ihnen Verarbeitung und Läuterung neu sind. Manche Menschen, speziell jene, die keinen Rebirthing-erfahrenen Trainer oder Berater haben, ziehen sich zurück oder fangen an zu essen, um ihre Überwältigung in den Griff zu bekommen. Gerade in einer Paarbeziehung legen wir Gewicht zu und versuchen damit, die Muster zurückzustopfen und uns wieder »wohl« zu fühlen. Die Schwierigkeit bei dieser Lösung liegt darin, daß es überhaupt kein Vergnügen ist, das neue Problem zu handhaben – das Problem, übergewichtig zu sein. Überessen »frißt« unser Vertrauen und unser Selbstwertgefühl auf und macht unsere Beziehung nur schlechter. Es gibt noch andere ungesunde Wege, mit Überwältigung fertig zu werden, dazu gehören das Rauchen, Trinken, Spielen und sexuelle Verhältnisse.

Ich versuche nicht, ein düsteres Bild von Beziehungen zu zeichnen. Ich versuche nur, die Menschen vor dem zu warnen, was geschehen kann, wenn sie nicht bewußt leben! Manchmal können sich Ihre Muster derart mit denen Ihres Partners verstricken, daß Sie nicht länger unterscheiden können, wer wer ist.

Wenn Überwältigung auftritt, müssen Sie sie ganz entschieden aus sich herausatmen. Rufen Sie Ihren Rebirther an. Vielleicht brauchen Sie auch eine Pause voneinander. Sich Zeit für sich selbst zu nehmen, bedeutet nicht, daß Sie versagt haben oder daß Sie die Beziehung beenden. Es bedeutet einfach, daß Sie sich aufmachen und sich in sich selbst neu zentrieren wollen.

Wenn Ihr Gefährte Zeit für sich allein benötigt, so sollten Sie das gleichfalls nicht persönlich nehmen. Denken Sie einfach so darüber: in Ihrer Beziehung sind Sie beide spirituell »eins«. Wenn Ihr Partner daher eine Pause braucht, benötigen Sie höchstwahrscheinlich auch eine. Sehen Sie es als Gelegenheit, nicht als Bedrohung. Es wäre gut, regelmäßig Pausen voneinander als vorbeugende Maßnahme einzuplanen, anstatt zu warten, bis die Spannungen Sie beide überwältigen. In einer gesunden Beziehung kann ein Paar – ohne Beschlagnahme oder Anklammern – frei kommen und gehen. Viele Partner behalten getrennte Interessen als eine Möglichkeit, ihr individuelles Selbst innerhalb der Beziehung zu schützen. Diese Lösung ist gesund, solange sie ein Weg ist, ein eigenes Zentrum zu bewahren und keine Flucht aus der Intimität darstellt.

Sie müssen sich selbst gut genug kennen, um zu wissen, wann Sie überwältigt sind, sonst kann die Spannung ihren Tribut von Ihrem Körper und Ihrer Beziehung fordern. Jeder Partner sollte, wenn möglich, seinen eigenen Privatraum besitzen. Wenn Ihr Haus hierfür zu klein ist, ziehen Sie andere Alternativen in Betracht. Wohin könnten Sie gehen, um zu meditieren? Sollten Sie in ein geräumigeres Haus umziehen? Alle Ideen, die Ihnen einfallen, sollten gründlich geprüft werden.

Wege des Geistes

Im Laufe der Jahre, in denen ich Menschen zum Thema Beziehungen beraten habe, hatte ich reichlich Gelegenheit zu beobachten, auf welche Weise meine Patienten wichtige Probleme in ihrem Leben zu lösen versuchten. Einige ihrer Entscheidungen vermitteln uns wichtige Einsichten darüber, welche Gedankengänge effektiv sind und welche uns im Kreis drehen lassen.

Es wird Sie überraschen, daß viele Menschen immer nur zweigleisig denken und stets nur zwei Lösungsmöglichkeiten für die entscheidenden Dilemma-Situationen in ihrem Leben sehen – beide Möglichkeiten führen nirgendwo hin. Eine verheiratete Frau, die sich in ihrer Ehe jahrelang wie erstickt fühlte, denkt beispielsweise in diese Richtung:

> *Wenn ich in dieser Beziehung bleibe, werde ich nicht in der Lage sein, ich selbst zu sein und das zu tun, was ich tun will. Wenn ich aus dieser Beziehung ausbreche, werde ich niemanden mehr finden und für immer allein sein.*

Ein alleinstehender Mann, der darüber nachdenkt, ob er eine problematische Partnerschaft eingehen soll oder nicht, kann sich auf diese Weise limitieren:

> *Wenn ich mich dieser Beziehung verpflichte, dann könnte sie mich verlassen, und den Schmerz des Verlassenwerdens könnte ich nicht ertragen. Wenn sie mich nicht verläßt, dann muß ich in dieser Beziehung bleiben und muß all ihren Unsinn ertragen.*

Hier der Fall eines unzufriedenen Angestellten, der ein weit verbreitetes, berufliches Dilemma deutlich macht:

> *Wenn ich in diesem Beruf bleibe, werde ich niemals das tun können, was ich wirklich will. Wenn ich den Beruf wechsle, werde ich kein Geld haben.*

Viele Patienten suchen mich auf in dem Glauben, daß diese diametral entgegengesetzten Alternativen tatsächlich die *einzigen* Optionen seien, die sie haben. Ihr schwerwiegender Irrtum liegt darin, daß sie die Vergangenheit als Bezugspunkt betrachten. Nur weil sich Beziehungen in der Vergangenheit in diese eine Richtung entwickelt haben, heißt das noch lange nicht, daß sie dies auch in Zukunft tun müssen. Nur weil beispielsweise ein Mensch zweimal geschieden wurde, heißt das nicht, daß seine dritte Ehe auch nicht funktionieren wird. Nur weil ein Mensch in der Vergangenheit unbefriedigende Beziehungen eingegangen ist, heißt das ebenfalls nicht, daß alle zukünftigen Beziehungen nicht zufriedenstellend verlaufen werden. Achten Sie auf die Neigung, in Gleisen festzustecken, die nirgendwohin führen oder diese Gleise noch zu verstärken und ihre Wirkung zu vergrößern.

Während der Sitzungen, in denen ich meinen Patienten helfe, eine alternative Wirklichkeit zu schaffen, schlage ich häufig vor, daß sie sich die Existenz eines neuen Eisenbahnsystems vorstellen. Die alten Gleise springen zur Seite und die Züge, die auf ihnen fahren, tragen die hinfälligen Gedankenmuster. Diese Züge und Gleise wurden offiziell außer Kraft gesetzt, weil sie nicht länger die sichere Beförderung der Passagiere garantieren. Sie sind antiquiert und potentiell gefährlich für die Gesundheit. Wir brauchen brandneue Waggons auf neuen Gleisen, die frische Ideen befördern.

Ein Beispiel für solch ein »neues Gleis« könnte in etwa lauten:

Ich kann in der Beziehung bleiben und ich selbst sein, oder ich kann aus der Beziehung ausbrechen und jemanden finden, der noch besser ist.

Zuerst wird sich das neue Gleis fremd und unvertraut anfühlen, weil der Ingenieur sich an das alte Gleis – das alte Gedankenmuster – gewöhnt hatte. Genau aus diesem Grund ist es hilfreich, sich ein neues Gleis vorzustellen und diese neue Wirklichkeit zu schaffen und zu stärken. Sie müssen sich selbst überzeugen, daß Sie diese neue Wirklichkeit bauen können, indem Sie sie visualisieren, sie bestätigen und sie wirklich machen. Bevor Sie dies tun, muß Ihnen klar sein, daß Sie nach den alten Gedankenmustern süchtig sind. Sehen Sie die alten Gleise als langweilig. Entdecken Sie, daß die alten Gleise in Wirklichkeit abstoßend sind. Spüren Sie die Erregung der neuen Gleise – und fügen Sie dann den letzten Bestandteil hinzu – den Glauben. Der Glaube ist extrem wichtig.

Selbst wenn Sie plötzlich entdecken, daß Sie wieder auf denselben alten Gleisen entlangfahren, seien Sie nicht entmutigt. Machen Sie sich klar, daß dies einfach eine Gewohnheit ist. Denken Sie daran, wie es wäre, als Amerikaner in England zu leben, wo der Fahrer auf der anderen Seite des Autos sitzt. Es fängt damit an, daß Sie auf der falschen Seite einsteigen. Diese Gewohnheit ist seit Ihrem sechzehnten Lebensjahr fest in Ihnen verankert. Dann eines Tages, nach Wochen, in denen Sie immer wieder denselben Fehler begingen, denken Sie auf einmal daran, von links einzusteigen. Sie haben ein Verhalten geändert, das Ihnen nichts nützt. Sie haben mit der Gewohnheit gebrochen.

Durch meine Beratungen hatte ich Gelegenheit, eine ganze Reihe von Menschen kennenzulernen, zuerst als Single und später als Teil eines Paares. Es war ein höchst interessanter Vergleich, wie unterschiedlich es den Menschen in diesen beiden Situationen erging. Einige wurden als Teil eines Paares stärker, gesünder und *noch* kraftvoller. Andere dagegen wurden schwächer: diese Menschen haben einen Teil ihres Selbstwertgefühls verloren, und die Partner sonderten sich schließlich ab.

Die Suche nach den Ursachen, warum ein Paar wächst, während ein anderes Paar sich selbst zerstört, kann sich als äußerst kompliziertes Unterfangen erweisen. Derart viele Faktoren tragen zur Stärke oder Schwäche eines Paares bei, daß eine genaue Festlegung, welche Ursache ein bestimmtes Ergebnis zeitigt, sich als unmöglich erweisen kann. Bestimmte, schädliche Neigungen sind jedoch ziemlich leicht zu bestimmen, wenn man gelernt hat, Verhaltensweisen in Beziehungen zu beobachten. Wenn Sie als Ergebnis Ihrer Partnerschaft schwächer werden anstatt stärker, so deutet das für gewöhnlich auf die nachfolgenden destruktiven Verhaltensweisen:

○ Die Beziehung wird zur obersten Priorität erhoben und kommt vor allen anderen Dingen – andere Bereiche des Lebens werden vernachlässigt.
○ Der Gefährte wird wichtiger als Gott, Sie selbst und alle anderen Menschen. Dieser Mensch wird zum Idol stylisiert und verehrt – auf Kosten Ihres eigenen Selbstwertgefühls.
○ Die Beziehung steht unter einem anderen Vorzeichen als dem der Spiritualität.
○ Sie versuchen, *genauso* wie Ihr Gefährte zu werden und verlieren dabei Ihre Individualität.
○ Sie haben Angst, Ihre eigenen Ideen zu kommunizieren.
○ Sie haben Angst, Ihren Gefährten mit unangenehmen Bereichen zu konfrontieren und »schlucken« Ihren Unmut über diese Bereiche hinunter.
○ Sie schützen Ihren Gefährten vor konstruktiver Kritik und dem Feedback anderer.
○ Sie werden zur Insel und haben nicht genügend Kontakt zu neuen Freunden und nicht genügend kreative Betätigungsfelder. Sie verfallen in einen routinemäßigen Trott.
○ Sie geben Ihre persönliche Macht an Ihren Gefährten ab.
○ Beide Partner neigen dazu, eine vorgegebene »Rolle« anzunehmen.
○ Sie übernehmen alte Familienmuster.
○ Mangel an Selbstwertgefühl.

Je mehr diese Gewohnheiten das Selbstwertgefühl der einzelnen Partner untergraben, desto stärker werden diese Neigungen an sich und das Paar gerät in eine Sackgasse. Diese Dynamik macht es schwierig, der Zerstörung Einhalt zu gebieten. Radikale Maßnahmen mit dem Ziel, die Gesundheit und die Selbstachtung jedes Einzelnen wiederzuerlangen, können der richtige Weg sein.

Wie können Sie erkennen, ob Sie eine solide, positive Beziehung führen? Das herauszufinden, ist nicht schwer. Eine negative, unheilige Beziehung gibt einem das Gefühl des Raubbaus, wie eine niederdrückende Last. Eine gesunde, heilige Beziehung ist dagegen eine ganz andere Sache. Sie nährt die Individualität, Stärke, Kraft und Kreativität der beiden Partner sowie die Produktivität in der Welt. Die Partner haben kein eigenes, spirituelles Leben, sondern betrachten die gemeinsame Spiritualität als oberste Priorität – die Beziehung steht erst an zweiter Stelle. Es gibt Spontaneität und einen lebendigen Fluß von Augenblick zu Augenblick zwischen wirklichen menschlichen Wesen, anstatt eines rigiden Rollenspiels von zweidimensionalen Karikaturen. Jeder Partner fühlt sich sicher darin, dem anderen ein konstruktives Feedback zu geben; das schafft Bewegung – innerhalb der Beziehung gib es keine Furcht vor Kommunikation, gleichgültig, um welches Thema es sich handelt. Jeder Partner hält mühelos einen hohen Grad an Selbstwertgefühl, weil beide Partner ständig in ihrer Spiritualität zentriert sind. Jeder Partner unterstützt das *Coming Out*, die Machtergreifung des anderen und fühlt sich angesichts dieser Bemühungen nicht bedroht oder eifersüchtig. Jeder weiß, wie man auftauchende Familienmuster verarbeitet, ohne festzufahren. Die Techniken, die die beiden zur Problemlösung entwickelt haben, funktionieren, weil alles, was sie tun, das Leben unterstützt und Synergien und Harmonie in Fülle vorhanden sind.

Süchte

Lassen Sie uns noch ein wenig mehr über die Hindernisse sprechen, die uns davon abhalten, eine gesunde Partnerschaft zu führen. Befinden Sie sich in einer süchtig machenden Beziehung? Stellen Sie zum Wohle Ihrer Partnerschaft fortwährend Ihre eigenen Bedürfnisse zur Seite? Haben Sie das Gefühl, die Beziehung habe Sie fest im Griff, habe sich Ihres Lebens bemächtigt und Sie hätten sich ihr völlig in die Hand gegeben? Leiden Sie endlos aufgrund der Beziehung? Verlieren Sie in der Beziehung Ihre Grenzen? Sind Sie süchtig nach Beziehungen? »Binden« Sie sich an den anderen Menschen auf äußerst abhängige Weise? Benützen Sie diesen anderen Menschen, um dem Leben, das Sie für sich selbst geschaffen haben, zu entfliehen? Definieren Sie alles in Ihrem Leben in Verhältnis zu Ihrer Beziehung? »Hängen« Sie sich weit über das gesunde Maß hinaus in die Beziehung? Schotten Sie zugunsten der Beziehung Ihre Gefühle und Ihr Bewußtsein ab?

Wenn Sie irgend eine der vorstehenden Fragen mit Ja beantwortet haben, müssen Sie Ihre Beziehungsüchte einmal ernsthaft unter die Lupe nehmen!

Anne Wilson Schaef stellt in ihrem Buch *Escape from Intimacy* (*Die Flucht vor der Nähe. Warum Liebe, die süchtig macht, keine Liebe ist*, dtv-Verlag, München) ganz deutlich klar, wie man den Unterschied zwischen einer süchtig machenden und einer gesunden Beziehung erkennen kann. Ich empfehle Ihnen, das Buch zusammen mit ihren anderen Büchern zu lesen, darunter *When Society Becomes an Addict*, in dem die Autorin gründlich das Thema von sexuellen und Beziehungssüchten durchleuchtet. Schaef erklärt, daß es zwei Hauptkategorien von Beziehungssüchten gibt. In der ersten Kategorie ist das Individuum süchtig danach, eine Beziehung zu haben – irgendeine Beziehung, real oder in der Phantasie. In der zweiten Kategorie ist der Mensch süchtig nach einer bestimmten Person. In der ersten Kategorie zentriert sich die Sucht auf eine Vorstellung, während sich die zweite Kategorie um einen Menschen dreht. Die letztere, so führt Schaef gekonnt aus, gleicht eher einer *Geiselnahme* als einer *Beziehung*.

Es ist zwar sehr nützlich, Schaefs Buch mit Blick auf ihre Beschreibung von Beziehungssüchten zu lesen, aber es ist extrem wichtig, daß wir uns dem Thema Sucht auch ganz generell stellen. *Ein Kurs in Wundern* sagt uns, daß *die besondere Liebesbeziehung die Hauptwaffe des Ego ist, um uns derart abzulenken, daß wir »Gott vergessen« (8).* Das könnte sich in der Tat als die größte Gefahr erweisen, der wir uns in einer unheiligen oder süchtig machenden Partnerschaft gegenübersehen.

Der Illusion von Romantik verfallen zu sein, ist eine der mächtigsten Fallen unserer Gesellschaft. Die Gesellschaft und die kommerziellen Medien haben uns einer Gehirnwäsche unterzogen und lassen uns glauben, wir sollten warten, bis wir uns in den »Richtigen« verlieben, einen Menschen, der vollkommen zu uns paßt, jemanden, der uns in einer Flutwelle der Leidenschaft von den Füßen reißt oder uns so wild macht, daß wir nur noch an ihn denken können! Das ist – unter anderem – eine reichlich pubertäre Sicht der Liebe. Als Teenager konnten wir noch so tief ins Schwärmen geraten; jetzt müssen wir unsere Vorstellung ändern, »wahre Liebe« würde bedeuten, ununterbrochen überwältigende Empfindungen zu verspüren. Wenn wir dies nicht tun, werden wir annehmen, daß das Interesse unserer Liebe nicht »der Richtige « sein kann.

Die Psychologen versuchen uns klar zu machen, daß die Erfahrung des Verliebens mit einer temporären Geistesstörung verglichen werden kann; bei beidem entfliehen wir der Wirklichkeit. Da jedoch die Medienversion der Liebe mit ganzer Stärke verbreitet wird, hat die Sucht nach der romantischen Illusion unsere Gesellschaft völlig durchdrungen.

Wenn Sie süchtig nach dieser Illusion sind, entgehen Ihnen möglicherweise die potentiellen Gefährten, die Ihnen *wahre* Liebe offerieren könnten. Wenn Sie zufällig einen Gefährten finden, verlieben Sie sich vielleicht eine Zeitlang, aber sobald die Vernarrtheit langsam nachläßt, besteht die Möglichkeit, daß Sie Ihrem neuen Partner die Schuld zuweisen. Ohne ein Gefühl für Perspektive brechen Sie die Beziehung möglicherweise sogar ab, bevor wahre Liebe die Gelegenheit hatte, zu wachsen; Sie sind vielleicht in Versuchung, eine Affäre zu beginnen oder Ihren Partner zu verlassen, da der Abbruch der Beziehung ein möglicher Weg zu sein scheint, sich den nächsten »Schuß« zu setzen.

Makellose Beziehungen sind eine Illusion: Wahre Partnerschaften zwischen wirklichen Menschen durchlaufen gleichermaßen schwierige Momente wie reibungslose Phasen. So ist es nun einmal. Wenn Sie sich daher von Zeit zu Zeit in bezug auf Ihre Partnerschaft ambivalent fühlen, so ist das ein Zeichen dafür, daß Sie sich in Richtung auf eine gesündere Liebe bewegen! Wenn Sie sich selbst sagen: »Warum sollte ich mich mit weniger als dem Vollkommenen zufrieden geben?« und Ihren Gefährten in dem Moment zurückstoßen, wo er einen Makel zeigt, könnten Sie das Syndrom des Versagens etablieren. Dr. Frank Pittman, Autor von *Private Lies: Infidelity and the Betrayal of Intimacy* (*Angenommen, mein Partner geht fremd*, Kreuz Verlag, Stuttgart), schreibt, daß Menschen, die sich auf diese Weise verhalten, »keineswegs wirklich nach dem ›perfekten‹ Partner suchen! Aus irgend einem Grund suchen Sie nach Gründen, um all die unvollkommenen Menschen zurückzuweisen, weil sie nämlich *teilen* müßten, wenn Sie jemals *den Richtigen* fänden. Widerstand gegen das Teilen ist der Punkt, um den es wirklich geht«. (Das sollte uns ernsthaft zu denken geben!)

Unsere Zeit wurde humorvoll das »Zeitalter der Bindungslosigkeit und die Epoche der Halbherzigkeit« genannt. Ist das zwanghafte Meiden von Bindungen nicht Zeichen einer anderen Sucht? Sowohl der innere Zwang, sich ständig in einer Beziehung zu befinden als auch das fortwährende Meiden einer Partnerschaft läßt auf Suchtverhalten schließen.

Wir können ebenso süchtig nach dem Verlangen statt nach der Erfüllung sein. Wenn Sie sich eine Zeitlang an das intensive Gefühl des Verlangens nach einem Menschen gewöhnt haben, begehren Sie am Ende dieses Gefühl, und dann würde die *Erfüllung* Sie keinesfalls befriedigen.

Werfen Sie einen genauen Blick auf sich selbst und schauen Sie, ob Sie nicht möglicherweise süchtig danach sind, *nicht* das zu bekommen, was Sie wollen. Wenn Sie daran gewöhnt sind, das kurze Ende des Streichholzes zu ziehen, können Sie andere schlechte Gewohnheiten wie jammern, ärgern, sich betrogen fühlen und anderen die Schuld zu geben, immerwährend fortbestehen lassen. Wenn Sie schließlich das bekommen, was Sie brauchen, fühlen Sie sich nicht dazu berechtigt, jene Unzufriedenheit zu verspüren, die Ihnen so vertraut ist. Wenn Sie alles bekämen, was Sie wollten, worüber könnten Sie sich dann ärgern?

Das ist kein leichter Prozeß. Ich weiß das. Ich mußte mit vielen der Süchte fertig werden, die ich gerade eben erwähnt habe. Das einzige, was mir geholfen hat, all dies zu überstehen, waren das Gebet und die spirituelle Reinigung. Die Veränderungen, die Sie erleben, werden sowohl Ihren Körper als auch Ihre Gefühle beeinflussen. Man muß auch bereit sein, sich einem körperlichen Wandel zu unterziehen. Der Körper muß die psychologische Sucht überwinden. Solche Veränderungen *können* stattfinden – und sie sind den Kampf wirklich wert. Mit der Zeit wird es leichter. Nach einer Weile werden alle Süchte untragbar. Wenn Sie lernen, sich selbst zu lieben, werden Sie disziplinierter. Sie werden Ihre Süchte einfach nicht mehr akzeptieren.

Zusammenfassung

1. Untersuchen Sie das Trauma Ihrer Empfängnis. Beobachten Sie, wie Sie Beziehungen wahrnehmen.
2. Seien Sie sich bewußt, wie das Inzest-Tabu Ihre Beziehung beeinflußt, wenn ein Partner sich nicht so sehr binden will wie der andere.
3. Prüfen Sie ständig, ob Sie sich in einer stärkenden oder einer schwächenden Beziehung befinden.
4. Stürzen Sie sich nicht in eine dauerhafte Beziehung aufgrund von sexuellem Verlangen. Rationalisieren Sie destruktive Interaktionen.
5. Sie müssen wissen, aus welchen Gründen Sie sich binden. Tun Sie dies aufgrund sexueller Anziehung, wegen Bindungen aus einem früheren Leben oder basierend auf einer kosmischen Bindung mit dem Ziel zu dienen?
6. Versuchen Sie, sich auf allen Ebenen gleichermaßen zu binden. Bevor Sie eine ernsthafte Bindung eingehen, treten Sie mit einem sehr zuverlässigen spirituellen Medium und Führer sowie einem Astrologen in Verbindung.
7. Die Problemlösungstechniken, die Sie von Beginn an anwenden, können sich zu Gewohnheiten formen, also stellen Sie sicher, daß Sie positive und konstruktive Techniken zu Beginn Ihrer Beziehung einsetzen. Geben und nehmen Sie konstruktives Feedback voneinander.
8. Sagen Sie immer die ganze Wahrheit; teilen Sie all Ihre Gefühle und lassen Sie zu, daß Ihr »Fall« verhandelt wird.

9. Sprechen Sie von Beginn Ihrer Partnerschaft an über den Sinn Ihres Lebens und über Ihre Prioritäten.
10. Betrachten Sie die Vergangenheit nicht als Bezugspunkt. Zwingen Sie Ihrem gegenwärtigen Partner nicht haargenau dieselbe Art von Beziehung auf, die Sie mit Ihrem vorherigen Gefährten geführt haben.
11. Achten Sie darauf, wie Sie möglicherweise Intimität vermeiden. Achten Sie auch darauf, wie Sie die Beziehung ersticken, indem Sie allzu viel zusammen sind.
12. Denken Sie daran, daß es nicht nur *in Ordnung* ist, einmal Pause voneinander zu machen, es ist sogar *gesund*.
13. Wenn Sie beunruhigt sind, weil Ihre Muster zutage treten oder Sie sich überwältigt fühlen, dann setzen Sie spirituelle Läuterungstechniken ein, anstatt Alkohol, Drogen oder Nahrungsmittel.
14. Versuchen Sie, ein Festfahren Ihres Geistes in Zweigleisigkeit zu vermeiden – das führt Sie nirgendwohin. Suchen Sie immer nach Lösungen. Visualisieren Sie neue »Gleise«, neue »Züge«, neue Horizonte.
15. Hören Sie damit auf, »Rollen zu spielen«.
16. Lösen Sie sich davon, Ihre Süchte zu leugnen. Arbeiten Sie daran, Ihre Sucht nach allen Arten von Beziehungen zu klären.
17. Halten Sie nach romantischen »Schüssen« Ausschau, die Sie davon abhalten, eine wirkliche Beziehung zu führen. Achten Sie auf die Neigung, Fehler an Ihrem Gefährten zu finden, damit Sie einen Grund haben, sich aus der Beziehung zu lösen, anstatt Toleranz und Gemeinschaftlichkeit zu lernen.

Teil III

Beziehungsdynamik

Die Illusion des Ego

In *Ein Kurs in Wundern* lesen wir, daß *alle menschlichen Konflikte aus der Tatsache herrühren, daß wir uns selbst nicht erkennen, unsere Brüder oder sogar Gott. Wir machen sie zu Fremden, indem wir sie falsch wahrnehmen. Und wenn wir sie zu »dem anderen« gemacht haben, greifen wir unsere Brüder an. Solche Einschätzungen beinhalten immer auch Ablehnung: Die Entscheidung, zu urteilen, statt zu erkennen, ist die Ursache für den Verlust des Friedens (9).*

Lassen Sie uns damit anfangen, uns selbst kennenzulernen, uns klar zu machen, wer wir sind. Diese wunderbare Stelle in *Ein Kurs in Wundern* soll unser Anfangspunkt werden.

> WER BIN ICH
>
> *Ich bin* GOTTES SOHN, *vollständig und geheilt und ganz, leuchtend in der Widerspiegelung seiner Liebe. In mir wird seine Schöpfung geheiligt und ihr ewiges Leben garantiert. In mir ist die Liebe vollkommen, die Angst unmöglich und die Freude ohne Gegenteil begründet worden. Ich bin das heilige Zuhause von* GOTT SELBST. *Ich bin der* HIMMEL, *in dem* SEINE LIEBE *wohnt. Ich bin* SEINE *heilige* SÜNDENLOSIGKEIT SELBST, *denn in meiner Reinheit wohnt* SEINE *eigene (10).*

Das ist Ihre *wahre Wirklichkeit*. Nichts anderes ist real. Sie wurden nach dem Bilde Gottes geschaffen. Sie wurden vollkommen gemacht. Perfektion ist Ihre Wirklichkeit. Sie denken fälschlicherweise, Sie könnten unvollkommen machen, was vollkommen geschaffen wurde. Dann machen Sie den Fehler und denken, Sie wären von Gott getrennt, und schließlich bauen Sie Ihr eigenes, getrenntes Selbst auf, das nicht real ist, weil es unmöglich ist, von Gott getrennt zu sein. Daher ist Ihr Ego, das getrennte Selbst, nicht real. Nur Ihre Vollkommenheit ist real.

> *Ihr Bruder ist wie Sie, Ihre Schwester ist wie Sie. Die ganze Menschheit ist wie Sie. Sehen Sie Gottes Schöpfung in Ih-*

ren Schwestern und Brüdern (Partnern). Er oder Sie ist ein Spiegel Ihrer selbst.

1. Wäre es Ihnen möglich, Ihren Bruder zu hassen, wenn Sie wie er wären?
2. Könnten Sie ihn angreifen, wenn Ihnen klar wäre, daß Sie sich mit ihm zusammen auf einer Reise zum selben Ziel befinden?
3. Würden Sie ihm nicht auf jede erdenkliche Weise dabei helfen, dieses Ziel zu erreichen, wenn seine Errungenschaften als die Ihren betrachtet würden?

Dein Bruder ist dein Freund, weil sein VATER *ihn wie dich erschaffen hat. Da ist kein Unterschied (11).*

Ein Kurs in Wundern warnt uns davor, uns gegen die darin enthaltenen Lehren zu wehren, aus eben dem Grund, daß sie offenlegen, wie jeder von uns allen anderen gleicht. Es kann niemals wahre Harmonie unter denen geben, die sich voneinander unterscheiden, denn *der Besonderheit nachzukommen muß dir Schmerz briugen (12).*

Sie müssen Ihren Bruder nur so wahrnehmen, wie Sie ihn jetzt sehen. Finden Sie die Gegenwart. Seine Vergangenheit hat in der Gegenwart keine Realität. Sehen Sie ihn ohne seine Vergangenheit. Nehmen Sie ihn als neu geboren wahr. Seine Fehler gehören der Vergangenheit an, und wenn Sie ihn ohne sie wahrnehmen, lassen Sie ihn – und sich selbst – frei.

Sehen Sie den Heiligen Geist in Ihrem Bruder. Sehen Sie seine Unschuld. Sehen Sie seine Vollkommenheit. *Die Gegenwart bietet dir deine Brüder in dem Licht an, das dich mit ihnen vereint und von der Vergangenheit befreit. Möchtest du ihnen also die Vergangenheit zur Last legen? Denn wenn du das tust, dann beschließt du, in der Dunkelheit zu bleiben, die es nicht gibt, und lehnst es ab, das Licht anzunehmen, das dir angeboten wird (13).*

Die Illusion der Ungleichheit

Ungleichheit ist eine Illusion. Die Vorstellung, daß Sie nicht ebenbürtig sind, stammt aus mangelndem Selbstwertgefühl, ein Thema, über das ich bereits ausführlich geschrieben habe. Sich nicht ebenbürtig zu fühlen, ist die andere Seite der Überzeugung, daß Sie etwas »Besonderes« sind, anders als andere Leute. Wenn Sie sich nicht ebenbürtig fühlen, so kommt das auch daher, daß Sie vergessen haben, wer Sie sind, daß Sie die Wahrheit Ihrer Existenz vergessen haben.

Wenn Sie daran denken, daß Sie ein Ausdruck Gottes sind, genauso wie alle anderen Menschen auch, dann ist es unmöglich, sich nicht ebenbürtig zu fühlen. So sind Sie beispielsweise frustriert darüber, daß Sie sich ständig auf all die Dinge konzentrieren, die Ihr Gefährte kann und Sie nicht, obwohl Sie tief in Ihrem Innern wissen, daß Sie und Ihr Gefährte einander ebenbürtig sind! Was für ein frustrierendes Gedankenmuster, mit dem Sie da umgehen müssen! Wenn Sie die Botschaft von *Ein Kurs in Wundern* verstehen würden, wäre Ihnen klar, daß *die Unterschiede in Ihren Fertigkeiten unbedeutend sind, denn alle Unterschiede zwischen den* SÖHNEN GOTTES *sind vorübergehend (14).* Wir sind alle Teil der göttlichen Einheit. Jesus lehrte uns, daß wir sogar wie *er* sein können. Er war nur zufällig in der Lage, sich schneller zu vervollkommnen als alle anderen.

Außer einem geringen Selbstwertgefühl beherbergen Sie vielleicht auch noch negative Gedanken, die in Ihrer eigenen Geburt ihren Ursprung haben. Diese negativen Vorstellungen können zu Ihrem Gefühl der mangelnden Ebenbürtigkeit beitragen. Im Loving Relationships Training nennen wir diese Gedanken unsere »persönlichen Lügen«. Dazu gehören:

- »Ich bin nicht gut genug«
- »Ich bin schlecht«
- »Ich habe unrecht«
- »Ich bin schuldig«
- »Ich bin schwach«
- »Ich bin unvollkommen«
- »Mit mir stimmt etwas nicht«
- »Ich bin ein Versager«

Wir haben die negativen Auswirkungen solcher Denkweisen in vielen der Veröffentlichungen, die vom LRT geschrieben oder empfohlen wurden, ausführlich besprochen. Einer der wichtigsten Punkte, auf den diese Bücher hinweisen, ist der, daß diese »persönlichen Lügen« unbewußt sein können. Es kann sich um Schlußfolgerungen handeln, die Sie bei Ihrer Geburt getroffen haben und die, wenn man sie nicht korrigiert, Ihr Selbstwertgefühl dauerhaft zerstören können. Wir »ringen« solange damit, bis wir sie loslassen.

In Wahrheit ist der negativste Gedanke, den Sie überhaupt über sich selbst hegen können, das Märchen »Ich bin getrennt«. Es ist die größte, persönliche Lüge, und wenn Sie daran glauben, ist es die Vorstellung, die Ihr Leben am meisten zerstört. Wenn wir uns diesen persönlichen uns schwächenden Vorstellungen hingeben, ohne den Versuch zu unternehmen, sie zu verändern, begehen wir das Äquivalent zu »den Namen des Herrn mißbrauchen«. Wenn wir an die Worte »Ich bin« eine negative Vorstellung anhängen, entwerten wir unsere Göttlichkeit und mißbrauchen ihre Macht. Wenn wir diese Unwahrheiten bestätigen, leugnen wir den Gott in uns!

In *Ein Kurs in Wundern* heißt es: *Gib dich nicht mit Kleinheit zufrieden (15).* Sie werden nie Frieden haben ..., wenn Sie nicht der Meinung sind, daß Sie ihn verdienen. Immer und immer wieder begrenzen oder erweitern wir unseren Horizont gemäß unserer eigenen Wahrnehmung. Lassen Sie uns daran arbeiten, so großartig zu werden, wie wir sein können.

Kommunikation

Die Fähigkeit der Kommunikation scheint häufig ein innewohnendes Talent zu sein, das einige von uns besitzen und andere nicht – oder einfach eine Sache des Timings und einer funktionierenden Technik. Diese Faktoren erleichtern das Kommunizieren mit Sicherheit, aber andere – insbesondere sich selbst zu kennen und zu schätzen – spielen eine ebenso wichtige Rolle. Wenn Sie dessen, wer Sie sind, sicherer sind und sich selbst als ebenbürtig betrachten, verbessert sich Ihre Kommunikation mit anderen gewaltig. Sie haben nicht länger davor Angst, sich auszudrücken oder laut auszusprechen und zu fordern, was Sie wollen. Sie sind weder still noch laut, weder zögerlich noch aufdringlich. Sie sind spontan, und Ihre Worte kommen genau richtig heraus. Gute Kommunikation wird zu einem natürlichen Ausdruck Ihrer Göttlichkeit.

Wenn Sie mit dem Kommunizieren Schwierigkeiten haben, müssen Sie herausfinden, wo der Ursprung Ihres Problems liegt. Warum haben Sie diese Kommunikationsblockierung? Welcher negative Gedanke verursacht die Blockierung? Welche Botschaften übermitteln Sie sich selbst?

Wenn Sie in einem Haushalt aufgewachsen sind, in dem die Eltern sich gegenseitig mit Schweigen begegneten, in dem ein Familienmitglied alles mit seiner oder ihrer Kommunikation dominierte, in dem die Familienmitglieder Angst hatten, ihre Gefühle auszudrücken oder in dem es nicht sicher war, die Wahrheit zu sagen, dann wurde Ihnen ein Kommunikationsmodell beigebracht, das Ihre Kommunikation in Wirklichkeit eher behinderte als förderte. Sie müssen diese Fesseln abwerfen. Sie *können* und sie *müssen* es. Es ist absolut kein Grund vorhanden, warum Sie Ihr ganzes Leben mit schwachen Kommunikationsfertigkeiten verbringen müssen, nur weil Ihre Familie dies tat. Sie haben vielleicht deren Gewohnheiten angelernt, aber Sie können diese auch wieder »ent-lernen«.

Weil ich als Kind verbal dafür bestraft wurde, daß ich meinem Vater die Wahrheit sagte, hatte ich immer Angst, Männern, die ich liebte, die ganze Wahrheit zu sagen. Ich sagte stets nur das, was die Männer meiner Meinung nach hören wollten. Wenn meine Handlungen allerdings von meinen beruhigenden Worten abwichen, war Ärger vorprogrammiert. Schließlich begab ich mich aus diesem Grund in die Therapie. Durch Übung konnte ich meine Blockierung gegen das Aussprechen der Wahrheit besiegen, und nun sage ich *immer*, was ich fühle – und die Menschen, einschließlich der Männer, wissen immer, wie ich mich fühle. Keiner fühlt sich betrogen, und ich fühle mich stark und ganzheitlich. Sie mögen es, und ich mag es. Es fühlt sich gut an. Die Wahrheit funktioniert.

Wir haben ein Motto beim Loving Relationships Training, das lautet: »Sag schneller die ganze Wahrheit, und du hast jede Stunde mehr Spaß.« Mit anderen Worten, je eher Sie die Wahrheit sagen, desto mehr werden Sie das Leben genießen. Es folgt eine einfache

Übung, die Wahrheit zu sagen: Sie lassen Ihren Gefährten all seine Gefühle zu einem bestimmten Thema 15 Minuten lang ausdrücken. Sie hören zu, ohne zu unterbrechen. Dann sagen Sie ihm, was er Ihrer Meinung nach gesagt hat. Nun tauschen Sie die Rollen und führen die Übung erneut durch. Diese Feedbacktechnik wird Ihnen einen Einblick ermöglichen, wie gut Sie zuhören und kommunizieren.

Hier kommt noch eine Lernübung. Sagen Sie zu Ihrem Gefährten: »Etwas, was ich als Kind gesehen habe, aber irgendwie nicht kommunizieren konnte, war _____«, oder »Etwas, was ich jetzt gefühlsmäßig nicht kommunizieren kann, ist _____.« Füllen Sie die Lücken. Wenn zuviel Angst hochkommt, sagen Sie: »Der Grund, warum ich Angst habe zu kommunizieren, ist _____.« Beenden Sie den Satz mit scharfsichtigen und ehrlichen Überlegungen. Achten Sie darauf, wie Sie sich vorher und nachher hinsichtlich sich selbst und Ihres Partners fühlen.

Was fällt Ihnen hinsichtlich der beiden oben genannten Vorgehensweisen auf? Welchen Tenor haben diese bestimmten beiden Fragen? Wenn Sie diese Techniken anwenden, werden Sie bald erkennen, welchen Unterschied Höflichkeit, Respekt und klare Grenzen machen! Offenheit, die Bereitschaft, die Anstrengungen Ihres Partners und seine Fähigkeit, sich zu ändern, anzuerkennen und zu schätzen, erleichtern zweifellos diese Verhaltensveränderungen! Die Wahrheit schneller zu sagen, heißt nicht, dabei die Freundlichkeit zu opfern. Ununterbrochenes Nörgeln kann nur die nächsten Schritte unmöglich machen. Es gibt weitaus effektivere Mittel als das Nörgeln.

Halten Sie einen Moment inne, und fragen Sie sich selbst, warum Sie etwas auf eine Weise sagen, die der andere Mensch nicht hören kann. Wenn man gehört werden will, muß man das, was man zu sagen hat, ohne Schuldzuweisung sagen. Sobald jemand in dem, was Sie sagen, eine Schuldzuweisung wahrnimmt, haben die anderen nur die Möglichkeit, die Schuld zurückzuweisen oder sie abzuschalten. Wenn Sie beispielsweise Ihren Partner beschuldigen, Ihnen niemals beim Spülen zu helfen, implizieren Sie damit, daß er ein schlechter Mensch ist und auf irgend eine Weise versagt hat. Wenn Sie stattdessen erklären, daß Sie am Ende der Woche müde sind und Hilfe im

Haus brauchen, so ist es viel wahrscheinlicher, daß Sie diese Hilfe erhalten. Wenn Ihr Partner nörgelt, dann entscheiden Sie sich dafür, nicht die Schuld, sondern einfach die Information herauszuhören. Wenn er Sie beispielsweise beschuldigt, daß Sie Ihre Kleider nicht aufräumen, können Sie ihm dafür danken, Sie daran erinnert zu haben. Wenn Sie sich plötzlich mitten in einem Streit befinden, so kann das der Deckmantel für ein viel tieferes Problem sein. Wenn Ihr Partner Sex will und Sie nicht, sagt er im ersten Moment vielleicht nichts. Am Morgen danach wird er jedoch an etwas so Trivialem herummäkeln, wie der Art, wie Sie das Frühstück zubereitet haben. Wenn daraus ein Streit entsteht, so können Sie versichert sein, daß er sehr wenig mit Frühstück zu tun hat und viel mehr mit dem Freisetzen von Spannung und Wut. Das wirkliche Problem – die Zurückweisung – wird konsequent umgangen. Nörgeln wird die wirklichen Gründe, um die es geht, niemals offenlegen. Geduld und Verständnis dagegen sehr wohl.

Fügsamkeit und Rebellion

Tagein, tagaus neigen Sie dazu, zu rebellieren oder sich zu fügen – oder haben Sie diese Neigungen transzendiert und sind Sie selbst geworden? Wie steht es mit Ihrem Gefährten – ist er oder sie ein fügsamer oder ein rebellischer Mensch? Diese Information ist wertvoll. Während der Kindheit fügen wir uns für gewöhnlich den Wünschen unserer Eltern, oder wir lehnen uns dagegen auf. Vielleicht tun wir beides ein wenig, aber normalerweise ist eines der beiden Muster stärker ausgeprägt. Diese Verhaltensweisen sind in der Kindheit und Jugend ganz normal, aber in unserem Erwachsenenleben sind sie nicht ganz so nützlich. Wir müssen diesen Neigungen aus der Kindheit entgegentreten und sie auflösen, oder wir riskieren, daß sie in unseren Beziehungen als Erwachsene ständig Konflikte verursachen.

Wenn Sie Ihren Gefährten zu einem Elternteil von sich gemacht haben, dann werden Sie letztendlich fast alles tun, was er sagt (sich fügen) oder alles genau entgegengesetzt zu seinen Wünschen ausführen (rebellieren). Wie auch immer, Ihr Verhalten ist re-aktiv. Sie reagieren nicht in der *Gegenwart.* Sie befinden sich immer noch in der Vergangenheit. Ihr Gefährte schlägt etwas vor; wenn Sie zur Fügsamkeit neigen, werden Sie tun, was er sagt, auch wenn Sie die Idee eigentlich nicht mögen und sogar, wenn die Idee tatsächlich nicht gut für Sie ist. Später werden Sie sich wahrscheinlich dagegen auflehnen. Wenn Sie andererseits ein Rebell sind, kann Ihr Gefährte etwas vollkommen Vernünftiges vorschlagen, aber Sie werden es wahrscheinlich ablehnen, obwohl es viel Spaß machen würde. Wieder sind Sie beide geneppt.

Gehen Sie innerlich zurück, und betrachten Sie die Geschichte Ihrer Kindheit. Welche Rolle haben Sie in der Familie gespielt? Wenn Ihre Familienmitglieder Sie entweder als fügsam oder rebellisch bezeichnen müßten, welchen Begriff würden Sie wählen?

Jetzt werfen Sie einen Blick auf Ihre früheren Partnerschaften. Hat Ihr automatisches Rebellieren Konflikte verursacht, wo eigentlich keine existierten? Hat es einen relativ fairen Partner zu jemandem gemacht, gegen den Sie ankämpfen mußten? Oder hatten Sie die Neigung, sich zu fügen, sich manipulieren zu lassen, bis Ihr Partner jeglichen Respekt vor Ihnen verloren hatte – oder bis Sie selbst Ihr Selbstwertgefühl verloren hatten? Ganz wichtig: prüfen Sie Ihre gegenwärtige Beziehung genau. Welche Kräfte sind momentan zu Gange? Haben Sie Ihre Kindheitsneigungen, sich zu fügen oder zu rebellieren, verarbeitet? Darum geht es – manchmal werden Sie sie bei Ihrem Gefährten verarbeiten müssen. Wenn diese alten Neigungen Ihr Verhalten immer noch beeinflussen, übernehmen Sie die Verantwortung für sie, und fangen Sie an, an deren Veränderung zu arbeiten.

Geschwisterrivalität

In den letzten Jahren haben wir beim LRT die Muster studiert, die der Geschwisterrivalität zugrunde liegen. In den ersten Jahren unseres Trainings haben wir dieses Thema so völlig außer Acht gelassen, daß es in unserer Arbeit nicht einmal angesprochen wurde. Warum haben wir diese Punkte so völlig außen vor gelassen? Als wir dieses Versehen entdeckten, konnten wir keinen Sinn darin erkennen. Aber nach einiger Zeit sahen wir, daß die Gründe dafür gar nicht so geheimnisvoll waren. In Wirklichkeit war unser »Versehen« charakteristisch für eine der verbreitetsten Reaktionen von Kindern auf neue Geschwister: sie »lassen sie außen vor«. Das war kein Zufall. Als ich tiefer grub, sah ich allmählich alle möglichen Arten von Konkurrenzverhalten, die in unserer Organisation in den letzten Jahren aufgetaucht waren. Natürlich mußten wir neu anfangen und dieses Thema in unserem eigenen »Heim« behandeln.

Vielleicht glauben Sie – so wie wir das zuerst taten –, daß es in Ihrem Leben keine Reibungen gibt, deren Ursachen in Geschwisterrivalität liegen. Aber denken Sie einmal genauer darüber nach. Eifersucht oder Rivalität beginnen oft schon vor der Geburt des neuen Babys. Die Kinder denken: »Warum sollte Mutter ein neues Baby wollen, außer das alte (nämlich ich) wäre nicht gut genug?« Die Fakultät für Geburtsheilkunde der University of Minnesota hat diese Tatsache bestätigt und eine sehr interessante Broschüre zum Thema Geschwisterrivalität herausgegeben. In dieser Broschüre heißt es, daß Kleinkinder ihren Gefühlen und Unsicherheiten über die Geburt eines neuen Babys häufig durch eine Vielzahl von Verhaltensmustern Ausdruck verleihen.

Oft machen ältere Geschwister in die Hose oder ins Bett, verlangen nach dem Fläschen, wollen gestillt werden, verhalten sich albern, fordern mehr Aufmerksamkeit, sind quengelig, sprechen in der Babysprache, weinen viel, klammern sich an Sie, stellen Forderungen, stottern, haben Wutausbrüche, schlagen vor, man solle »es« wieder zurück ins Krankenhaus schicken oder in den Müll tun, fragen, ob Babies jemals sterben, umarmen das Baby wie eine Boa Constrictor, schaukeln das Baby zu schnell, schlagen, beißen, schreien, spucken, knuffen, stoßen, haben Alpträume, träumen, sie würden das Baby aus dem Fenster werfen, haben Hust-, Spuck- oder Asthmaanfälle, plappern ununterbrochen, werden sarkastisch, haben ständig kleine Unfälle, übertreiben ihre Ängste, haben Hautauschläge, kauen Nägel, reißen sich Haare aus, wollen durch ständigen Wettbewerb im Mittelpunkt stehen oder werden zu einem Mauerblümchen und meiden die Konkurrenz.

Diese Lawine an Reaktionen ist wirklich erstaunlich, nicht wahr? Wenn Kleinkinder auf die Existenz ihrer Geschwister derart intensive körperliche und emotionale Reaktionen zeigen, dann sind die Auswirkungen auf unser Erwachsenenleben mit Sicherheit ebenfalls tiefgreifend.

Eine der Reaktionen auf diese Erfahrung, die wir häufig mit in unser Erwachsenenleben nehmen, ist die Überzeugung, daß die Liebe begrenzt war. Wenn wir als Kind dachten, daß wir um die Liebe unserer Eltern in einen Wettbewerb treten mußten, werden wir süchtig nach der »Gewinner-Verlierer«-Mentalität. Beim LRT verarbeiten wir das nun; das hilft den Menschen, sich Geschwisterrivalität, das Gewinnen, Verlieren und die Entscheidungen hinsichtlich ihres Konkurrenzverhaltens ins Gedächtnis zu rufen. Wir finden heraus, wen sie *nicht* gewinnen lassen wollten – sowohl in der Vergangenheit als auch in der Gegenwart. Dann bitten wir die Gruppenteilnehmer, ihre Augen zu schließen und sich vorzustellen, daß beide Gegner gewinnen. Überraschenderweise können die Menschen sich das *nicht* vorstellen. Unser Verstand ist derart süchtig nach dem Gedanken »wenn ich gewinne, muß ein anderer verlieren«, daß er sich kein anderes Ergebnis vorstellen kann.

Sie können sich sicherlich vorstellen, wie diese Einstellung eine liebevolle Beziehung ruinieren kann. Deren gegenläufige Auswirkungen beginnen, sobald der Konkurrenzgedanke auftaucht. Das kann ganz offen oder klammheimlich geschehen. Diese Einstellung kann bei allen möglichen Fragen an die Oberfläche treten: Geld, Sex, Machtkämpfe oder wie man die Kinder erzieht. Ich habe einmal ein Paar beraten, das sogar über die Erleuchtung in Konkurrenz trat! Sie war wütend auf ihn, weil er nicht zum Rebirthing und zu Seminaren gehen wollte. Und er reagierte ganz ähnlich. Er wollte sich ihren Wünschen nicht fügen, aus eben dem Grund, daß sie das für ihn wollte; für ihn war klar, daß sie »gewonnen« und er »verloren« hätte, wenn er tat, was sie wollte! Und so drehten sie sich in diesem Tanz der Frustration und des Unmuts immer und immer wieder im Kreis.

Wettbewerb im Sport und am Arbeitsplatz kann exzellente Athleten oder Angestellte hervorbringen, aber Wettbewerb in persönlichen Beziehungen kann tödlich sein. Vielleicht ist Ihnen nicht bewußt, daß Sie mit Ihrem Gefährten in Konkurrenz treten; all dies kann sehr subtil vor sich gehen. Wenn Sie dem herkömmlichen Weg der Problemlösung in Beziehungen folgen, stellen Sie und Ihr Partner das Problem zwischen sich und kämpfen so lange, bis feststeht, wer »recht« hat. Diese Methode ist antagonistisch. Eine Beziehung ist nämlich kein Tennisspiel. Sie kann ein Spiel sein, aber dann sollte sie ein Spiel sein, bei dem beide gewinnen, ein Spiel, in dem Sie und Ihr Gefährte auf *derselben* Seite stehen und das Problem vor sich sehen – nicht zwischen sich. Sie sind beide Mitglieder eines Teams, das nach dem höchsten Guten strebt. Es mag ja utopisch klingen, aber es ist tatsächlich möglich, diese Perspektive zu entwickeln. Sie erfordert allerdings Zusammenarbeit, Erleuchtung und gute Konfliktlösungstechniken.

Der Kalte Krieg war ein eindrucksvolles Beispiel für den extremen Horror, den Geschwisterrivalität hervorrufen kann. Diese schreckliche Sackgasse hat uns zehn Billionen Dollar gekostet – Geld, das man zweifellos sinnvoller hätte einsetzen können. Wir müssen lernen, auf einer persönlichen Ebene miteinander zu arbeiten, eine Mentalität zu entwickeln, bei der beide Seite gewinnen können, damit wir die gewaltigen Vorteile der globalen Einheit ernten können. Denn Zusammenarbeit führt zu Synergien, macht kreativ und begeistert lebendig.

Doppelbotschaften: Das Ja-Nein-Problem

Ich komme nur selten ins Kino; ich sehe mir normalerweise keine Filme an, die mir nicht gefallen werden. Aber wenn ich schon mal im Kino bin und mir einen Film ansehe, den ich nicht leiden kann, so bedeutet das für gewöhnlich, daß ich hier eine Lektion vorfinde, der ich meine Aufmerksamkeit schenken muß.

Das geschah einmal, als ich mich vor einem Workshop, den ich in Toronto halten sollte, mehrere Tage dort ausruhte. Ich machte Pläne für den Abend und war der Meinung, ins Kino zu gehen würde mich entspannen. Die Frauen, bei denen ich wohnte, schlossen sich mir an. Wir suchten uns einen ausländischen Film aus, bei dem es sich um eine erotische Komödie handeln sollte und der sehr gute Kritiken bekommen hatte. Wir kamen im Kino an, erwarben unsere Eintrittskarten, besorgten uns einen Imbiß und etwas zu trinken und suchten unsere Plätze. Wir machten es uns in den gemütlichen Sitzen bequem, lachten und scherzten, bis das Licht ausging. Wir freuten uns auf den Film. Aber wir sollten eine Überraschung erleben.

Der Film erwies sich als einer der verdrehtesten und beunruhigendsten Filme, die ich bis dahin gesehen hatte. Meine Freundinnen und ich wollten aufstehen und gehen, blieben aber immer noch ein bißchen länger, weil wir dachten, die Handlung würde sich zum Besseren wenden. Unsere Hoffnung wurde nicht erfüllt. Nach drei Vierteln des Filmes standen wir schließlich auf und gingen. Mehrere andere aus dem Publikum verließen das Kino ebenfalls.

Der Film war für meine Gastgeberinnen und mich besonders unangenehm, weil wir gerade vier herrliche Tage mit Meditation, Gebet, Gesang und Hingabeübungen verbracht hatten. Wir waren wirklich in Hochstimmung. Aber der Film konfrontierte uns mit einem Aspekt des Lebens, mit dem wir nichts zu tun haben wollten. Es ging darin um eine ungelöste sexuelle Obsession, und der Film kam mir überhaupt nicht komisch vor. Es war eine Qual. Bei der ganzen Geschichte konzentrierte sich die Energie des Filmes auf Ja-Nein: »Ich will dich, und ich will mit dir spielen, aber ich werde dir niemals nachgeben.« Jeder, der auch nur im geringsten sensibel für Energieströme ist, würde das Gefühl bekommen, daß sie sinnlos miteinander spielten beziehungsweise »herumalberten«.

Obwohl der Film in uns ein tiefes Gefühl der Unzufriedenheit zurückließ, bin ich sicher, daß sein Regisseur der Ansicht war, der Film stelle das wahre Leben dar. Für viele Menschen ist es wohl auch so. Und darum brachte mich das unbefriedigende Thema des Films zum Nachdenken. Als wir zu Hause ankamen, beschlossen meine Freundinnen und ich, all die Gelegenheiten aufzulisten, bei denen wir den Menschen in unserem Leben Doppelbotschaften gaben. Die Liste wurde viel länger, als wir uns das vorstellten. Jede hatte auf ihre Weise ganz deutlich diesen Film sehen müssen, und wir waren alle entsprechend demütig.

Was genau sind Doppelbotschaften? Sie treten unablässig auf. So könnte beispielsweise jemand sagen: »Ich möchte wirklich, daß du bei mir bist.« Und währenddessen übermittelt er im selben Atemzug die Botschaft: »Komm mir nicht zu nahe.«

»Ich liebe dich wirklich, aber ich hasse dich auch von ganzem Herzen.«

»Ich wünsche mir wirklich eine funktionierende Beziehung, aber alles, was du machst, ist falsch.«

»Ich möchte wirklich Erfolg haben, aber zwing' mich nicht dazu, die Gebärmutter zu verlassen.«

»Ich möchte wirklich, daß du viel verdienst, aber ich wollte, du würdest nicht mehr so hart arbeiten und mich vernachlässigen.«

Wenn wir uns darauf konzentrieren, stellen wir oft eine ganze Bandbreite von Beispielen in unserem eigenen Leben fest. Wir behaupten, eine Sache zu wollen, aber unser Verhalten schafft ein genau gegenteiliges Ergebnis. Diese »vermischten« Botschaften verwirren andere und lassen uns wütend werden, weil wir nicht das bekommen, was wir in unseren Beziehungen wollen. Dieser immerwährende Zyklus von Doppelbotschaften und Frustration macht unseren Körper zu einem Wrack.

Wenn Doppelbotschaften kennzeichnend für den modus operandi von Ihnen oder Ihrem Partner sind, führt dies bei Ihnen vielleicht auch zu Entmutigung und der Frage, ob Sie jemals in der Lage sein werden, Ihre Beziehung zu klären. Es ist schwer, jede Art von Beziehung zu klären, wenn einer oder beide Partner nicht sehen, daß sie dem anderen – und manchmal sogar sich selbst – Doppelbotschaften senden. Lassen Sie mich illustrieren, was ich meine. Ein Mensch, der die Botschaft »Ich möchte mit dir schlafen« übermittelt und Sex dann nicht zuläßt, wurde bisher als »jemand, der alles verspricht, aber nichts hält« bezeichnet, und wir verachten normalerweise einen solchen Menschen. Simple Verachtung hält uns jedoch davon ab, weitergehende Fragen zu stellen. Lassen Sie uns einmal näher betrachten, warum jemand sich auf diese Weise verhält. Vielleicht will er dem anderen Geschlecht eins auswischen. Oder er hat zuviel Angst, mit einem wirklichen Menschen in intimen Kontakt zu treten. Vielleicht denkt er, er verdiene kein Vergnügen – oder die vorgetäuschte Verführung stammt aus einer Kombination all dieser Faktoren.

Obwohl wir Doppelbotschaften meistens mit sexuellen Interaktionen in Verbindung bringen, treten sie in Wirklichkeit immerzu in allen möglichen Bereichen unseres Lebens auf. Ob es um Sex, Kinder, Verpflichtungen oder Machtkonstellationen geht, die Ja-Nein Energie legt immer ungelöste Konflikte und einen Mangel an Selbsterkenntnis bloß. Um diese Situation zu vermeiden, müssen Sie nicht nur genau wissen, was Sie wollen, Sie müssen dies auch deutlich kommunizieren und sicherstellen, daß Ihre Botschaft frei ist von gegenteiligen Absichten.

Lassen Sie uns annehmen, Ihr Partner sagt Ihnen, er wolle Frieden – aber unbewußt glauben Sie »Ich brauchte die Wut, um zu überleben« oder »Wut gibt mir das Gefühl der Macht.« Es ist nicht leicht, eine Technik zu finden, die in diesem Fall wirksam für Ruhe sorgt, weil die zugrundeliegenden Gedanken den Frieden sabotieren. Solange Ihre unterbewußten Überzeugungen nicht herausgefordert werden, neigen Sie dazu, unbewußt Konflikte hervorzurufen und Geschehnisse so zu manipulieren, daß Sie eine Entschuldigung finden, um wütend zu werden. So ein Mensch will gar nicht wirklich Frieden; viel lieber ist er wütend. Auch wenn er darauf besteht: »Aber ich will Frieden. Ich kann nur meinen Ärger nicht unterdrücken.« Es ist keine Antwort, darauf hinzuweisen, daß sein Mangel an Kontrolle nur als Entschuldigung dient und seine Wut eine Art Sucht darstellt. In diesem Fall ist die einzige Sucht die Weigerung, loszukommen.

Eine unserer schwierigsten Aufgaben im Leben ist es, tief in unser Inneres zu blicken und zusammen mit unseren edleren Gefühlen unsere Irrtümer, unsere Kleinlichkeit und unseren Mangel an Liebe anzuerkennen. Es ist nicht leicht, zuzugeben, daß wir vielleicht anderen Menschen Doppelbotschaften vermitteln. Wenn Sie auf diese Weise die Menschen Ihrer Umgebung frustrieren und verletzen, so übernehmen Sie die Verantwortung dafür. Ambivalenz, die auf Faulheit basiert, schafft eine Situation, in der keiner gewinnen kann. Und wenn Sie derjenige sind, der von jemand anderem auf diese Weise herumgestoßen wird, müssen Sie auch dafür die Verantwortung übernehmen. Warum müssen Sie auf diese Weise behandelt werden? Warum sollten Sie an einer Situation partizipieren, in der Sie nicht gewinnen können?

Wenn wir klar sind, entsprechen unsere Taten unseren Worten. Wir senden weder unklare Botschaften, noch hegen wir »heimliche Pläne«. Es wird für andere leicht, uns das zu geben, was wir erbitten, weil der Wunsch offen kommuniziert wurde. Wenn wir gute Gefühle haben, können wir sicher sein, daß wir die Herrschaft des Ego besiegt haben. Klarheit im Sinne des Heiligen Geistes bedeutet eben dies: klare, leichte, sanfte, lohnenswerte und befriedigende Energie.

Im Jetzt bleiben

Ich habe schon erwähnt, wie wichtig es ist, in der Gegenwart zu bleiben. Im Jetzt zu bleiben ist ein segenswerter Zauber, wenn Sie das Leben wirklich lieben. Und Sie *werden* das Leben mehr lieben, wenn Sie im Jetzt bleiben; es ist ein wunderbarer Kreislauf. Im Jetzt zu bleiben, bedeutet, daß Sie die Vergangenheit nicht auf die Gegenwart projizieren. Es bedeutet, daß Sie sich keine Sorgen über die Zukunft machen. Sie sind *jetzt* voller Liebe und einhundertprozentig lebendig. Es gib nichts anderes als die Leidenschaft für *diesen* Augenblick, in dem Sie vollkommen aufgehen wollen und dem Sie Ihre ganze Vortrefflichkeit bieten.

Warum scheint man diese Art zu leben so schwer bewerkstelligen zu können? Nur aus dem einen Grund, weil wir die Magie der Gegenwart durch unser Ego verunreinigen. Zu Beginn von *Ein Kurs in Wundern* gibt es eine Lektion, in der heißt es: *Ich sehe nur die Vergangenheit (16).* Diese Lektion zwingt uns, einen Blick auf unsere Sucht zu werfen, die Vergangenheit auf die Gegenwart zu projizieren. Tatsache ist, wir befinden uns nicht einfach nur hier in der Gegenwart und sehen unseren Gefährten so, wie er jetzt ist. Für gewöhnlich sehen wir ihn als unseren Vater oder sie als unsere Mutter, als Schwester oder Bruder, als Geburtshelfer oder als sonst jemanden. Wir sehen die Wirklichkeit nicht klar. Wir laden unsere Ängste und Zweifel aus der Vergangenheit auf die Energie des Lebens und geben ihr keine Gelegenheit, frei zu fließen.

In *Ein Kurs in Wundern* heißt es auch: *Ich rege mich nie aus dem Grund auf, den ich meine (17).* Statt dessen regt uns ein früherer, ähnlicher Vorfall auf, und wir geben den falschen Quellen die Schuld für unsere wütenden oder schmerzlichen Gefühle. Die fundamentale Ursache für schlechte Gefühle ist immer das Ego, die Illusion der Trennung – nicht das oberflächlich zutage tretende Problem.

Wenn wir im Jetzt bleiben können, ohne die Vergangenheit auf den gegenwärtigen Augenblick zu projizieren oder uns über die Zunkuft Sorgen zu machen, und wenn wir die Fülle des Lebens hereinlassen können, wird es leicht sein, ewig zu leben. Unsere Beziehungen werden voll sein von Vitalität, und unsere Spontaneität wird uns so glücklich machen wie Kinder.

In gewissem Sinne bedeutet das im Jetzt bleiben, *keine Kontrolle* zu haben – und menschliche Wesen haben normalerweise Angst davor, keine Kontrolle mehr zu haben. Wir glauben, daß dann etwas Schreckliches geschieht. Aber in Wirklichkeit trifft das Gegenteil zu. Wenn wir die Kontrolle besitzen, blockiert unser Ego den natürlichen Fluß des Lebens – und genau da setzen die Schwierigkeiten ein. Wenn Sie keine Kontrolle haben, bedeutet das, daß Sie den Heiligen Geist ohne Hindernisse durch Sie hindurchströmen lassen. Es ist aufregend. Es macht Spaß. Es ist kreativ. Und es macht keine Angst. Keine Kontrolle zu haben, bedeutet, die Furcht aufzugeben (denn Furcht ist Kontrolle). Keine Kontrolle zu haben, bedeutet, zu unserem natürlichen Zustand zurückzukehren. Völlig im Jetzt zu bleiben, ist der Schlüssel zu Erleuchtung und Vitalität!

Zusammenfassung

1. Machen Sie sich klar, wer Sie und Ihr Gefährte spirituell sind.
2. Betrachten Sie alle anderen Menschen – Ihren Gefährten, Ihre Verwandten, Bekannten oder Fremde – wie sich selbst. Wie können Sie die anderen hassen oder angreifen, wenn Sie es selbst sind? Da Sie und die anderen eins sind, sollten Sie ihnen dabei helfen, ihre Ziele zu erreichen.
3. Wenn Sie einen anderen Menschen ansehen, bleiben Sie immer in der Gegenwart. Sehen Sie ihn in der Gegenwart, ohne Verurteilung.
4. Sehen Sie in Ihrem Gefährten und in allen anderen Menschen den Heiligen Geist. Sehen Sie ihre Vollkommenheit.
5. Machen Sie das Ego (beziehungsweise die »Lage«) des anderen Menschen nicht real, damit verstärken Sie es nur selbst.
6. Denken Sie daran, daß das erste Hindernis auf dem Weg zum Frieden der Wunsch ist, sich des Friedens zu entledigen.

7. Wenn Ihre Beziehung feststeckt, arbeiten Sie an Ihrer *eigenen* Lage, anstatt Ihrem Gefährten die Schuld zu geben.
8. Wenn Sie jemanden unterstützen und dieser Mensch das nicht annehmen kann, machen Sie sich klar, daß er Sie als seinen Geburtshelfer sieht oder umgekehrt.
9. Wenn Sie Hilfe von jemandem erhalten und Sie das Gefühl haben, dies sei gar keine Hilfe, dann sehen Sie ihn möglicherweise als Ihren Geburtshelfer. Sie können zu ihm sagen: »Ich habe das Gefühl, daß dies ein Angriff ist. Vielleicht projiziere ich da etwas auf dich.«
10. Wehren Sie sich gegen die Empfindung, Sie würden ungerecht behandelt. Vergessen Sie nicht, daß Sie jede Reaktion, die Sie von anderen erfahren, selbst erschaffen. Denken Sie darüber nach, daß diese Reaktion ein Ergebnis Ihres Karmas sein könnte.
11. Geben Sie Ihre Macht nicht aus der Hand. Sie wissen, daß Ihre Meinung zählt. Die Meinung der anderen zählt ebenfalls. Für beide Meinungen muß Raum geschaffen werden.
12. Denken Sie darüber nach, ob Sie ein »Opferbewußtsein« haben oder ob Sie Ihre »Gottesmacht« leben. Sie müssen den Unterschied erkennen.
13. Wenn Sie mit der Liebe und der Quelle verbunden bleiben, werden Sie in der Lage sein, aus Ihrer Mitte und für sich selbst zu denken.
14. Versuchen Sie nicht, die Welt zu verändern. Verändern Sie vielmehr Ihre Sicht der Welt.
15. Bekommen Sie Ihre persönlichen Lügen (persönliche unbewußte Entwertungen) in den Griff.
16. Denken Sie daran, daß wir nur in unserer eigenen Größe Zufriedenheit finden.
17. Erkennen Sie die Kommunikationsmuster in Ihrer engsten Familie. War diese Kommunikation positiv oder negativ? Stellen Sie fest, ob Sie diesem Muster folgen. Sollten Sie damit fortfahren?
18. Die Wahrheit funktioniert. Sagen Sie die ganze Wahrheit so schnell Sie nur können.
19. Führen Sie die Feedbackübungen in diesem Kapitel durch, um

sicherzustellen, daß Ihre Kommunikation auch richtig gehört wird.

20. Erkennen Sie sich selbst. Sind Sie ein Konformist oder ein Rebell? Wie läßt Sie das auf die Vorschläge Ihres Gefährten reagieren?
21. Fragen Sie sich, ob Sie mit irgend jemandem konkurrieren. Wen wollen Sie nicht gewinnen lassen? Pflegen Sie stets das Bewußtsein für Zusammenarbeit, keine Gewinner-Verlierer-Mentalität.
22. Meinen Sie immer, was Sie sagen. Geben Sie keine Doppelbotschaften, und halten Sie keine Informationen zurück. Ihre Handlungen sollten immer Ihren Worten entsprechen. Machen Sie sich klar, was Sie wollen und wie Sie dies ohne Gegenabsichten kommunizieren können.
23. Machen Sie sich klar, daß der Schlüssel zur Vitalität darin liegt, im Jetzt zu bleiben. Geben Sie Ihre Angst, die Kontrolle zu verlieren, auf.

Teil IV

Das Klären von Beziehungen

Wie Sie freikommen

Wenn Sie daran arbeiten, Ihre Beziehung wieder in Ordnung zu bringen, müssen Sie zuerst lernen, wie Sie selbst »freikommen«. Der erste Schritt – die Erkenntnis, daß Sie in einer Sackgasse angelangt sind – klingt täuschend leicht. Die Wahrheit ist, daß viele von uns dieses Grundproblem leugnen. Da wir uns sehr dagegen sträuben zuzugeben, daß wir überhaupt Probleme haben, finden Sie im folgenden sieben Anzeichen, die Ihnen helfen, ein mögliches Feststecken zu erkennen:

- ○ Sie fühlen sich unglücklich und isoliert.
- ○ Sie fühlen sich ängstlich oder launenhaft, haben kaum Spaß.
- ○ Sie fühlen sich hilflos, können sich zu nichts aufraffen, können ganz gewöhnliche Projekte und Aktivitäten nicht zu Ende bringen.
- ○ Sie sind krank, haben Schmerzen, so als ob Ihre vitale Energie blockiert wäre.
- ○ Sie spüren das drängende Verlangen, jemanden verbal oder körperlich anzugreifen.
- ○ Sie können Ihre persönliche Beziehung nicht bereinigen.
- ○ Ihre finanzielle Situation ist wackelig oder gar bedenklich.

Wenn Sie eine dieser Schwierigkeiten erfahren haben, müssen Sie sich selbst besondere Aufmerksamkeit schenken. Die Situation verlangt nach spiritueller Läuterung. In meinem Buch *Pure Joy* führe ich über zwanzig verschiedene Techniken auf. Rebirthing, Singen, *Ein Kurs in Wundern* lesen und Gebete sind diejenigen, die ich selbst am häufigsten anwende. Wenn Sie nicht in der Lage sind, eine dieser Techniken auszuführen, können Sie Ihre negativen Gedanken auf ein Stück Papier schreiben und sie in Affirmationen umwandeln. Das wird Ihnen zumindest unmittelbar etwas Erleichterung verschaffen.

Es gibt noch eine andere Schreibtechnik, die ich zur Klärung anwende. Sie besteht darin, einen Brief an Gott zu entwerfen und ihn auf meinen Altar zu legen. In diesem Schreiben lege ich meine Seele bloß, aber ich flehe Gott nicht an, meine Probleme von mir zu nehmen. Stattdessen sollten Sie Ihre Lage *bekennen*, Ihre negativen Gedanken beschreiben sowie Ihre Sucht nach diesen Gedanken. Bieten Sie Ihre Worte dem Heiligen Geist, Jesus, Babaji oder wer immer für Sie arbeitet. Entscheiden Sie sich dafür, anders zu denken, und bitten Sie Gott, Ihre neuen Gedanken mit Energie zu füllen. Diese Technik hat für mich immer funktioniert. Ich habe meinem Meister Babaji auf diese Weise jahrelang geschrieben, und danach setze ich meine Angst normalerweise durch Weinen frei. Wenn ich festgefahren war, konnte ich dann loslassen und wieder vertrauen.

Natürlich ist die beste Strategie, Probleme zu vermeiden. Spirituelle Läuterung bewahrt uns davor, festzufahren. Aber zu der Zeit, in der wir uns in einer völligen Sackgasse befinden, so festgefahren, daß wir nicht einmal atmen wollen, wenn uns nicht danach zumute ist, zu beten, zu schreiben oder zu singen – dann empfehle ich das Folgende: Nehmen Sie Ihren Kassettenrecorder und Ihren Kopfhörer, legen Sie eine Kassette mit Mantras ein wie beispielsweise *Om Namaha Shivai*, und drehen Sie die Lautstärke auf. Legen Sie sich vor Ihren Altar, und entspannen Sie sich, bis Sie die Sackgasse durchbrechen. Atmen Sie mehrmals tief, und lassen Sie Ihre Tränen zu. *Es funktioniert.*

Hilfe im Klärungsprozeß

So lange, bis wir alle spirituelle Meister und ununterbrochen heilig sind, werden wir Dinge klären müssen. Daher werden in allen Beziehungen Schwierigkeiten oder Konflikte auftauchen, die verarbeitet werden müssen. Die Art und Weise, wie wir dies tun, bestimmt den guten oder schlechten Ausgang einer Beziehung.

Die alte, unerleuchtete Art, mit Konflikten umzugehen, bestand darin, Dinge am anderen falsch zu finden, sie herauszupicken und ständig auf diesen Fehlern herumzuhacken; mit anderen Worten, den anderen Menschen ins Unrecht zu setzen. Sie wissen höchstwahrscheinlich, daß diese Straße nach »Nirgendwo« führt.

Wenn sowohl Sie als auch Ihr Partner sich auf dem Weg der Erleuchtung befinden und gleichermaßen an der spirituellen Läuterung zur Klärung Ihrer selbst beteiligt sind, kann das Aufarbeiten sogar Spaß machen. Sie können die gegenseitige Klärungshilfe zu einem Spiel machen. Gleichzeitig müssen Sie den Fehler vermeiden, Ihren Gefährten allzu sehr zu »verarbeiten«. Sonst kommt Ihre Beziehung einer fortwährenden Therapiesitzung gleich, und das ist nicht der eigentliche Sinn Ihrer Vereinigung.

Wenn der Klärungsprozeß zwei Partner betrifft, sollte er sich auf bestimmte Vereinbarungen gründen – eine Art von »Protokoll«. Der Partner, der einer Klärung bedarf, kann um die Hilfe seines Gefährten bitten oder derjenige, der in diesem Augenblick klar ist, kann seine Hilfe anbieten. Verarbeiten Sie niemals etwas mit jemandem ohne dessen Erlaubnis – man muß aus eigenem Antrieb herauskommen *wollen*. Selbst wenn Sie glauben, die Antwort auf die Probleme Ihres Partners zu kennen, wird Ihre Wahrheit keine Wirkung zeitigen, wenn Ihr Partner nicht offen dafür ist. Als Außenstehender ist es Ihre Aufgabe, die beiden in Ihrer Gegenwart sich selbst klären zu lassen, indem Sie für sie da sind und indem Sie ihnen einen höheren Gedanken anbieten, wenn sie dazu bereit sind. Velleicht kommen die beiden von allein auf den höheren Gedanken. Sie können zuhören und Fragen stellen, bis sie ihn entdecken.

Während einer Sitzung, wenn meine Patienten in ihrem gewaltigen Schmerz und Elend feststecken und Hilfe brauchen, versuche ich zuerst herauszufinden, ob sie bereit sind, Ausschau nach dem Gedanken zu halten, der ihr Elend verursacht. Ich achte sehr auf meinen Ton, damit sie nicht das Gefühl bekommen, ich setze sie dafür, daß sie einen negativen Gedanken hegen, ins Unrecht. Ich möchte sie spüren lassen, daß ich nicht versuche, sie zu ändern – die Menschen, die sie wirklich sind. Ich stehe nur zur Verfügung, um ihnen dabei zu helfen, destruktive Gedanken loszulassen, *wenn* sie dazu bereit sind und *in dem Augenblick*, wo sie dazu bereit sind. Nachdem ich festgestellt habe, daß meine Patienten bereit sind, tief in sich zu graben, versuche ich, ihnen mit folgender Frage zu helfen: »Welcher negative Gedanke verursacht diesen Schmerz?« Eine solche Frage hilft oft, die tief verborgenen Gedanken zu lokalisieren. Wenn meine Patienten meine Frage beantworten und ihre Gedanken verbalisieren, fangen sie an, ihre Emotionen freizusetzen.

Hin und wieder weigern sich Patienten einfach, ihre Gedanken kritisch zu prüfen. Ich versuche einfühlsam, ihnen das Verständnis für die Ursachen nahezubringen. Wenn es angemessen erscheint, verhelfe ich ihnen zu der Erkenntnis, daß sie sich unter Umständen besser fühlen, wenn sie ihre Gedanken prüfen. Wenn Sie auf meinen Rat nicht hören können, zwinge ich sie nicht zu ihrem Glück. Die meisten Menschen kommen dann wieder, wenn sie bereit dafür sind, Hilfe anzunehmen.

Wenn Sie wiederholt feststellen, daß Ihr Gefährte keinen seiner Gedanken prüfen möchte, müssen Sie vorschlagen, daß er seine eigenen Methoden zur Klärung findet. Wenn er eine Klärung absolut verweigert, könnte sich die Beziehung auf lange Sicht als schwierig erweisen. Wenn eine Beziehung funktionieren soll, müssen beide Partner wirklich dazu bereit sein, ihren Problemen gegenüberzutreten. Wenn Ihr Gefährte überhaupt nicht dazu bereit ist, müssen Sie sich selbst die folgenden Fragen stellen:

- ○ Was habe ich davon, daß ich mit jemandem zusammen bin, der zu einer Klärung nicht bereit ist?
- ○ Inwiefern spiegelt diese Situation meine Vergangenheit wider?
- ○ Benutze ich diesen Menschen, um mich selbst zurückzuhalten?
- ○ Bevor ich aufgebe, habe ich mir die Tatsache überlegt, daß er vielleicht zutiefst Angst hat? Vielleicht benötigt er Hilfe im Bereich der Furcht?

Um die Gewohnheit zu vermeiden, einander allzu sehr zu verarbeiten, ist es nützlich, wenn Sie beide ihren eigenen privaten Rebirther haben. In einer idealen Situation würden Sie einmal oder zweimal die Woche eine Rebirthing-Sitzung mit einem ausgebildeten Rebirther durchlaufen, dann zurückkommen und Ihre Erfahrung auf lockere Weise mit Ihrem Gefährten teilen. Sie könnten Ihren Partner bitten, Sie dabei zu unterstützen, diese Hindernisse weiter freizusetzen, indem Sie sich als geheilt sehen.

Beim *Loving Relationships Training* raten wir davon ab, daß sich Partner gegenseitig rebirthen. Wie ich an anderer Stelle schon erwähnt habe, ist es von entscheidender Bedeutung, daß Sie Ihre Beziehung davor bewahren, zu einer dauernden Therapiesitzung zu werden und die Gefahr vermeiden, sich gegenseitig als Geburtshelfer zu betrachten. Wie auch immer, es ist hilfreich, wenn Sie Rebirthing beherrschen, für den Fall, daß Ihr Partner spät in der Nacht in spontanes Rebirthing ausbricht und Sie das Gefühl haben, es sei nicht angebracht, Ihren Rebirther aus dem Bett zu holen! Wenn Sie die Bücher lesen, die wir beim LRT über dieses Thema geschrieben haben, so beispielsweise *Ideal Birth* und *Rebirthing in the New Age*, werden Sie genug wissen, um in einem Notfall helfen zu können. Wenn Sie Rebirthing selbst schon erlebt haben, wissen Sie vielleicht intuitiv, was Sie tun müssen; vielleicht können Sie sich daran erinnern, wie Ihr Rebirther Ihnen geholfen hat. Warum belegen Sie nicht einfach einen Kurs in Rebirthing?

Es kann ein wunderbares Erlebnis sein, jemandem zu helfen, der sich klären will – falls die nachfolgenden Umstände gegeben sind:

- ○ Ihr Freund bittet Sie ausdrücklich um Ihre Hilfe.
- ○ Sie widmen ihm in einer aufbauenden Umgebung Ihre ganze Aufmerksamkeit. Nichts lenkt Sie ab.
- ○ Ihre Haltung ist die von Liebe und Akzeptanz und Mitleid. Sie hören zu. Sie achten sorgfältig darauf, keine Urteile zu fällen oder negative Energie auszustrahlen.
- ○ Sie haben die Erlaubnis, ihm Fragen zu stellen, und Sie stellen sie auf eine Art und Weise, die ihm hilft, seine eigenen Antworten zu finden.
- ○ Sie sind der festen Überzeugung, daß er geheilt und vollkommen ist und diese Sache besiegen kann.
- ○ Sie erhalten die Erlaubnis, ihm einen höheren Gedanken anzubieten, wenn dies angemessen scheint, aber zuerst schaffen Sie den Raum, in dem er ihn selbst entdecken kann.
- ○ Sie danken ihm für die Gelegenheit, ihm dienen zu dürfen und nachdem Sie sich getrennt haben, fahren Sie in seiner Abwesenheit fort, den höchstmöglichen Gedanken für ihn zu hegen.

Dieser Prozeß kann relativ problemfrei ablaufen, wenn Sie jemandem helfen, in dessen Schwierigkeiten Sie nicht selbst verwickelt sind. Wenn Sie persönlich daran beteiligt sind, können Sie trotzdem fortfahren und dieselbe Vorgehensweise anwenden. Aber Sie müssen bereit sein, daß er (oder sie) denselben Klärungsprozeß bei Ihnen durchführt. Mit anderen Worten, Sie müssen auch bereit sein, ehrlich *Ihre eigene Rolle* in diesem Problem zu prüfen. Wenn die Atmosphäre allzu spannungsgeladen ist, sollten Sie sich darauf einigen, einen Außenstehenden hinzuzubitten, der Erfahrung mit Klärungsprozessen hat, und der nicht emotional am Problem beteiligt ist.

Zögern Sie niemals, Ihre Beziehung einem qualifizierten Menschen zu Füßen zu legen, der mehr erleuchtet oder klarer ist, als Sie das zu diesem Zeitpunkt sind. Das muß Ihnen nicht peinlich sein; Ihre Offenheit kann Ihnen jahrelange Auseinandersetzungen ersparen! Ich kenne Paare, die niemandem erzählen würden, daß sie Probleme haben, weil sie »ein gutes Bild« abgeben wollen. Diese Paare machen sich selbst etwas vor. Ich bin anderen Paaren begegnet, die ihre Probleme nie erwähnen, weil sie glauben, man sollte niemals »öffentlich schmutzige Wäsche« waschen. Sie haben die Überzeugung, daß es schlecht ist, etwas bloßzulegen, von ihren Eltern geerbt. Offen gesagt, gibt es Zeiten, in denen wir unsere Probleme selbst nicht lösen können. Wir brauchen Hilfe, und wir brauchen jemanden, der nicht selbst emotional an dem Dilemma beteiligt ist. Ein erleuchteter Freund kann zum Retter Ihrer Beziehung werden. Er kann nicht nur eine unerwartete Lösung bieten, sondern kann Sie auch zu dem passenden Rebirther oder zu den richtigen Büchern führen.

Bis Sie erst einmal einen Rebirther gefunden haben, werden Sie sicher schon unsere Bücher gelesen oder am Loving Relationships Training teilgenommen haben. Sie wissen dann für gewöhnlich, wie wertvoll Rebirthing ist und fühlen sich sicher, es in Gruppen durchzuführen. Es ist so überaus belebend, fähig zu sein, alles zu sagen! Ich habe vor langer Zeit gelernt, daß das, »was Sie geheim zu halten versuchen, von den Dächern gerufen werden wird«. Sie können ebensogut das Steuer in die Hand nehmen und es selbst tun.

Jeder hat Probleme – lassen Sie sich von den Ihren nicht beunruhigen. Suchen Sie einfach nach Lösungen. Die Dynamik, die Sie bei Problemlösung und Lösungssuche einsetzen, sollte erfreulich und belebend sein, »ein Gewinn« für Sie *und* Ihren Partner. Sie sollten dadurch in ein Hochgefühl versetzt werden. Wenn Sie der Prozeß erschöpft, wenn Sie ein Konkurrenzgefühl verspüren oder Groll hegen, sind Sie auf dem falschen Weg.

Wenn Sie bemerken, daß Ihre alten Methoden nicht länger funktionieren, ist es an der Zeit, neue Methoden zu entwickeln, die Ihr

Leben angenehmer machen. Eine gute Daumenregel bei der Konfliktlösung lautet, *immer nur eine Sache auf einmal anzugehen*. Lösen Sie erst das zur Diskussion stehende Problem, bevor Sie andere zur Sprache bringen.

Wenn zwei Menschen eine größere Auseinandersetzung haben und sie diese nicht allein lösen können, sollten sie sich auf die Hilfe eines Vermittlers einigen. Mich hat einmal ein Vermittlungsexperte aus Neuseeland auf eine sehr effiziente Konfliktlösungstechnik aufmerksam gemacht, die in diesem Zusammenhang hervorragend funktioniert. Natürlich ist es am besten, jemanden zu suchen, der sich bei der Vermittlung in persönlichen Konflikten sehr gut auskennt.

Der Vermittler bittet zuerst einen der beiden Partner um seine Version des Problems. Der andere Partner hört äußerst aufmerksam zu und unterbricht nicht. Er strengt sich an, den Standpunkt des ersten Sprechers zu sehen. Wie Sie sich vorstellen können, ist es für ein Paar schwerer, dies allein zu tun, da der andere immer versucht ist, zu unterbrechen, zurückzuschlagen oder sich zu verteidigen. Die Anwesenheit des Vermittlers beugt scharfen Entgegnungen und Unterbrechungen vor. Wenn der erste Sprecher seinen Bericht abgeschlossen hat, erzählt derjenige, der zugehört hat, seine Version. Dieser einfache Schritt klärt die Atmosphäre und nimmt den Druck weg, weil jede Partei sich *angehört* fühlt. Der Vermittler kann dem Paar dann helfen, hinsichtlich des Themas nach den höchsten spirituellen Gedanken zu streben und den Prozeß abzuschließen.

Es folgen nun einige hilfreiche Meditationen zu diesem Thema aus *Ein Kurs in Wundern*.

○ *Die Wahrheit kann sich nicht mit den Irrtümern befassen, die du haben möchtest.*

○ *Es liegt nicht bei dir, deinen Bruder zu verändern, sondern lediglich, ihn so anzunehmen, wie er ist. Jeder Versuch, den du unternimmst, um einen Bruder zu berichtigen, bedeutet, daß du glaubst, Berichtigung durch dich sei möglich, und das kann nur die Arroganz des Ego sein.*

○ *Wenn eine Situation gänzlich der Wahrheit hingegeben wurde, ist der Frieden unausweichlich (18).*

Streit beilegen

Die meisten Auseinandersetzungen beginnen damit, daß zwei Menschen unterschiedliche Ansichten haben, und jeder der beiden der Meinung ist, er habe recht und der andere habe unrecht. Hier folgt eine Methode, um dieses Verhaltensmuster aufzubrechen. Man nennt es das »Spiel des Höchsten Spirituellen Gedankens«. Beide am Konflikt beteiligten Partner müssen sich einverstanden erklären, das Spiel immer dann zu spielen, wenn eine solche Polarisierung auftritt. Beide müssen zuerst ihre Positionen verlassen und ganz neu von Null beginnen. Außerdem müssen sich beide Partner einverstanden erklären, den höchsten spirituellen Gedanken, der die Frage lösen könnte, zu suchen. Mit anderen Worten, der höchste spirituelle Gedanke ist das Liebevollste, das Positivste und fühlt sich in Ihrem Körper am besten an. Wenn ein solcher Gedanke auftaucht, wird jeder der Beteiligten ein Gefühl der Freude und Erleichterung verspüren; es kommt nicht darauf an, wer zuerst an diesen Gedanken gedacht hat. Es kann einer der beiden Partner sein – oder das Hausmädchen, die Sekretärin oder ein Kind.

Wenn mein Gefährte zufällig ein Kanal für den höchsten spirituellen Gedanken ist, bin ich bereit, meine niedrigere Position aufzugeben und mich auf seine höhere zu begeben. Ich habe nicht das Gefühl, daß er gewinnt und ich verliere. Ganz im Gegenteil, ich bin erleichtert, daß einer von uns dem anderen und der Beziehung dienen kann und den Weg zu unserem höchsten Potential weist. Das ist hier kein Wettbewerb. Es werden keine »mentalen« Akten geführt, in denen nachzulesen ist, wer am häufigsten den höchsten Gedanken hatte. Heute kann der eine offener sein, morgen ist es vielleicht der andere. Wie auch immer, in Wahrheit »ergeben« sich die höchsten Gedanken fast immer aus der Kommunikation zweier Menschen.

Wer eine solche Lösung sucht, muß das Problem zuerst *außerhalb* des Paares setzen. Beide Partner sehen es von *derselben* Warte aus. Wenn die beiden herausfinden, daß sie den höchsten Gedanken nicht bestimmen können, legen sie fest, darüber nicht zu streiten. Stattdessen beschließen sie, sich eine Weile zu trennen, um zu meditieren und um die Führung der Unendlichen Intelligenz zu bitten. Sie können auch eine dritte Partei aufsuchen, die diese Technik kennt.

In meiner jahrelangen Erfahrung habe ich niemals erlebt, daß dieses Spiel versagt hätte, wenn *beide* Parteien bereit waren, es zu spielen. Dennoch bin ich immer wieder erstaunt, wie oft die Menschen vergessen, dieses Spiel einzusetzen, selbst wenn sie wissen, daß es funktioniert. Das ist wahrscheinlich der alten Gewohnheit zuzuschreiben, sich für die Wut, anstatt für den Frieden zu entscheiden. Es ist eine Gewohnheit, mit der wir besser brechen sollten. In den heiligen Texten aus allen Teilen der Welt können wir nachlesen, daß wir nur dann Frieden finden können, wenn wir völlig vergeben. Es ist alarmierend, wie oft wir uns stattdessen für die Rache entscheiden.

Fast jeder, der von dem Spiel des höchsten Gedankens hört, bittet uns, ein Beispiel für dessen Funktionsweise zu nennen. Also werde ich mich auf eine ganz gewöhnliche, alltägliche Quelle der Spannung konzentrieren, die im Laufe einer Beziehung hochkommt: die Frage, wie man den Abend verbringt. Lassen Sie uns annehmen, Ihr Gefährte will zum Bowling und möchte, daß Sie ihn begleiten. Sie möchten dagegen ins Kino und wünschen sich, daß er mit Ihnen geht. Keiner von Ihnen will seine Position aufgeben: Sie hassen Bowling, und er hat kein Interesse an dem Film, den Sie sehen wollen. Wie Sie wahrscheinlich aus Erfahrung wissen, verursachen diese Umstände häufig ermüdenden Zank und unterschwellige Spannung.

Wenn Sie nun das Spiel des höchsten Gedankens einsetzen wollen, um diesen Streit zu schlichten, würden Sie es wie folgt tun: Sie geben beide Ihre Position auf und schlagen alle anderen Möglichkeiten vor.

○ Er könnte allein oder mit Freunden zum Bowling gehen. Sie könnten allein oder mit Freunden ins Kino gehen.
○ Sie könnten etwas völlig anderes tun als das, was Sie beide tun wollten.
○ Sie könnten vergessen, daß Sie Bowling hassen und ihn an diesem Abend begleiten, und er könnte seine Meinung über den Film ändern, und am folgenden Abend mit ins Kino gehen. (Tun Sie aber *niemals* das, was der andere will, nur ihm zu Gefallen, um es ihm dann heimlich später vorzuwerfen.)
○ Sie könnten zu Hause bleiben und sich gegenseitig massieren.
○ Andere Lösungswege.

Diskutieren Sie offen alle Möglichkeiten, und finden Sie heraus, welche am meisten Spaß machen und am wertvollsten sein würden – bis beide Partner eine der Möglichkeiten als »Gewinn« empfinden. Wenn Sie die richtige Lösung gefunden haben, werden Sie das in Ihrem Körper spüren.

Diese Technik ist einfach, macht Spaß, und Sie fühlen sich gut dabei. Wenn Sie dennoch lieber angreifen, werden Sie dieses Spiel letztendlich jedoch nicht einsetzen. Das Ego will einen Angriff und wird Sie davon überzeugen, daß es für Sie nötig ist, sich mit dem anderen auf einen Kampf einzulassen.

Ein Angriff kann viele Formen annehmen, außer einen anderen körperlich zu schlagen. Wir können den anderen mit Worten und Gedanken angreifen – oder mit Urteilen. Unseren Partner ins Unrecht zu setzen ist ein Angriff.

In *Ein Kurs in Wundern* heißt es, wenn wir uns klarmachen, daß der Angriff nur in unserem eigenen Geist begründet liegt, werden wir zumindest seine Quelle lokalisiert haben. Sobald wir wissen, woher der Angriff kommt, können wir daran arbeiten, ihn zum Aufhören zu bringen. Und wie in *Ein Kurs in Wundern* weiter zu lesen ist: *... und da, wo er beginnt, da muß er enden (19). – Jeder liebevolle Gedanke ist wahr. Alles andere ist ein Ruf nach Heilung und nach Hilfe, ungeachtet der Form, die es annimmt (20).*

All dies steht in *Ein Kurs in Wundern* zu lesen. Wenn Ihr Gefährte sich seltsam benimmt, ruft er nach Ihrer Hilfe. Sie müssen dankbar sein, sowohl für seine liebevollen Gedanken als auch für seine Hilferufe, denn selbst ungeschicktes Flehen ist fähig, mehr Liebe ins Bewußtsein zu bringen. Versuchen Sie immer, die Situation mit den Augen Ihres Gefährten zu sehen. Um dies zu üben, nehmen Sie sich jetzt etwas Zeit, und denken Sie an einen Streit, den Sie mit jemandem hatten. Fragen Sie sich nun, ob Sie bereit sind, es anders zu sehen. Stellen Sie sich vor, Sie seien der andere Mensch, sehen Sie die Sache von einem anderen Blickwinkel. Denn niemand, der ein anderes menschliches Wesen verurteilt, kann sich selbst ohne Schuld betrachten oder sich in Frieden mit der Menschheit befinden.

Verantwortung übernehmen

Wenn Sie Ihren Gefährten lieben, aber trotzdem dauernd und häufig ungerechtfertigterweise Fehler an ihm entdecken, kann mehr dahinterstecken als nur Launenhaftigkeit. Wenn Sie das Gefühl haben, mit Ihrem Gefährten stimme etwas nicht, so sehen Sie Ihren Gefährten in Wirklichkeit als Ihre Mutter, Ihren Vater oder einen anderen Menschen aus Ihrer Vergangenheit. Ihr Gefährte wird für Sie dann wirklich zu diesem Menschen, weil Sie ihn unbewußt zu diesem Menschen machen. Dieses Phänomen tritt häufig auf; man nennt es Projektion. Da es sich hierbei um eine unbewußte Verhaltensweise handelt, kann es schwierig sein, sich selbst dabei zu ertappen – aber es ist hilfreich, sich zumindest der Möglichkeit bewußt zu sein, daß Sie eventuell projizieren.

Manchmal interpretieren Sie aufgrund Ihrer Projektionen das Verhalten Ihres Partners falsch. Zu anderen Zeiten handelt Ihr Gefährte in Ihrer Gegenwart möglicherweise unbewußt auf diese Art und Weise. Da Sie mit diesem Verhalten vertraut sind, erwarten Sie es auch und können es in einem anderen Menschen sogar »hervorrufen«! Ihr Gefährte kann tatsächlich anfangen, sich *für Sie* wie ein Mensch aus Ihrer Vergangenheit zu verhalten.

In jedem Fall ist es Ihre Aufgabe, die hundertprozentige Verantwortung für alles zu übernehmen, was in Ihrer Sphäre geschieht. Wenn Ihre Beziehung kaputt ist, welche Rolle haben Sie dabei gespielt? Was ist Ihr »Fall«? Wenn Ihre Beziehung in einer Sackgasse angelangt ist, können Sie sicher sein, daß Sie beide in einem Muster gefangen sind. Schuldzuweisung wird zur nutzlosen Ablenkung. Wenn Sie in Schuld gefangen sind, betrügen Sie sich selbst um die Gelegenheit, größere Erleuchtung zu erlangen. Manchmal sieht es so aus, als ob das Problem völlig die Sache Ihres Partners ist und nicht ihre eigene. Lassen Sie sich nicht täuschen! Fragen Sie sich selbst: »Warum brauche ich diese Art von Verhalten in meinem Umfeld? Was habe ich davon?« Wenn wir die ganze Verantwortung übernehmen, kann die Wahrheit, die freigelegt wird, sich als sehr interessant erweisen.

Wenn ein Paar festgefahren ist, empfehle ich eine Eheberatungstechnik, die ganz besonders wirksam ist. Der Prozeß besteht aus zwei Teilen. Man setzt sich zuerst seinem Gefährten gegenüber und sagt: »Was mich an dir wirklich aufregt, ist _____« oder »Was mich wirklich an dir beunruhigt, ist _____«: Dann vollendet man den Satz.

Der zweite Teil der Übung beginnt mit: »An dir schätze ich wirklich _____.« Vervollständigen Sie den Satz mit *derselben* Antwort, die Sie anfangs gegeben haben. Die Vorstellung dahinter will Ihnen natürlich klar machen, daß Sie aus irgend einem Grund in Wirklichkeit diese Herausforderungen Ihres Lebens *wollten*: vielleicht um eine Lektion zu lernen, sich ein Muster bewußt zu machen oder ein Bedürfnis zu befriedigen. Die Übung endet damit, daß beide Partner einander dafür danken, daß sie da sind und ihr Muster offenlegen. Ihr Gefährte ist in Wirklichkeit Ihr Guru!

Klare Beziehungen zu allen Menschen

Von Zeit zu Zeit gibt es in unseren Beziehungen einen Stillstand. Wir fragen uns, wie wir damit umgehen sollen – ob wir das direkt ansprechen oder es eine Weile ruhen lassen sollen. Die einfache Antwort lautet: Wir dürfen niemals zulassen, daß eine Beziehung »feststeckt«, in der Hoffnung, daß die Störungen sich mit der Zeit in Luft auflösen werden. Wir müssen *aktiv* etwas tun, um die Probleme zu lösen.

Idealerweise sollte die Beziehung zu jedem Menschen am Ende einer Begegnung immer klar und vollkommen sein. Aber wie steht es mit all den Gelegenheiten, in denen Ihnen klar wurde, daß Sie sich unwohl fühlen über etwas, das gesagt wurde – aber am Ende der Begegnung war Ihnen entweder noch nicht klar, daß Sie der Austausch aufregt oder Sie haben Ihre Gefühle »unterdrückt«, anstatt sie herauszulassen? Wenn Sie bei der Gelegenheit nicht in der Lage waren, die Sache zu handhaben, sollten Sie diesen Menschen sofort anrufen und es klären. Wenn er die Stadt verlassen hat, selbst wenn er ins Ausland gegangen ist, können Sie immer noch anrufen. Oder Sie können sich dafür entscheiden, ihm zu schreiben. Es ist nur wichtig, *mit* dem Gefühl zu bleiben, bis Sie beide sich gut fühlen und die Schwierigkeit gelöst ist.

Es wird sich für Ihre Gesundheit, Ihr Selbstwertgefühl und Ihren Seelenfrieden als äußerst segensreich erweisen, wenn Sie die Gewohnheit entwickeln, die Dinge immer umgehend zu klären. Obwohl Sie sich anfangs vielleicht komisch fühlen, wird der Klärungsprozeß nach einer Weile immer natürlicher für Sie werden. Wenn jemand eine Bemerkung macht, die starkes Unwohlsein in uns hervorruft, sind viele von uns daran gewöhnt, es durchgehen zu lassen und später darüber aufgebracht zu sein. Man hat uns beigebracht, daß dies »höfliches« Benehmen sei. Es ist aber besser, zum Beispiel folgendes zu äußern: »Was Sie gerade gesagt haben, regt mich wirklich auf. Ich bin bereit, mir zu überlegen, warum das so ist und welche Rolle ich darin spiele, aber ich dachte, ich sage Ihnen das gleich jetzt. Können wir darüber sprechen, bis wir die Sache geklärt haben?« Wenn Sie eine Frage stellen wollen, könnte diese lauten: »Warum tun Sie das?« Dabei weisen Sie deutlich auf den beunruhigenden Kommentar oder die alarmierende Handlung hin. Wenn Sie anderen Menschen die Gelegenheit geben, ihre Gedanken zu erklären, macht deren Einstellung häufig mehr Sinn.

Seien Sie im Klärungsprozeß ehrlich. Und geben Sie anderen Menschen nicht Recht, nur weil Sie vorläufig Frieden halten wollen. Wenn Sie sich etwas beugen, mit dem Sie nicht einverstanden sind, wird der Konflikt zu einem späteren Zeitpunkt in anderer Form wieder auftauchen. Sie werden ärgerlich darüber sein, daß Sie nachgegeben haben, und das wird der Beziehung schaden.

Beim *Loving Relationships Training* führen wir einen Prozeß durch, der zur Klärung aller Arten von Beziehungen beiträgt. Es ist wichtig, keine alten, ungelösten Beziehungen in sich zu haben – sie schaffen einen psychischen Abfluß Ihrer Energie und verursachen unterbewußtes Schuldgefühl. Sie müssen insbesondere die Punkte hinsichtlich Ihrer Eltern klären. Beim LRT tun wir dies durch die Briefschreibetechnik, die ich schon in *Auch Lieben will gelernt sein* beschrieben habe.

Da alle in Bezug auf Ihre Eltern ungelösten Punkte in Ihrer derzeitigen Beziehung hochkommen, müssen Sie diese Punkte unbedingt aufrollen. Um ehrlich zu sein, gilt dies für alle alten Beziehungen; wir müssen in unserem ganzen Leben gründlich aufräumen. So unmöglich das auch klingt, wir *können* alle unsere Beziehungen klären – die wirklich alten, die erst kürzlichen und die derzeitigen. Ich spreche davon, *alle* Beziehungen in Ihrem Leben funktionieren zu lassen. Das ist nicht nur eine Möglichkeit, das ist ein Muß.

Vielleicht müssen Sie einem Ihrer Bekannten einen sehr unerleuchteten Brief schreiben, bis zum Rand voller Schuldzuweisungen, einfach um Ihre aufgestaute Rage loszuwerden – und anschließend verbrennen Sie den Brief. Später können Sie eine umsichtigere Version erstellen. Dieser letzte Brief sollte einer sein, in dem Sie »Ich-Sätze« wie »Ich habe es so empfunden« benützen, anstatt »Schuldzuweisungsätze« wie beispielsweise »Du hast mir das angetan.« Der Zweck des Briefes sollte darin liegen, die Harmonie wiederherzustellen, nicht darin, quitt zu werden. Eine gute Methode der Überprüfung besteht darin, einen erleuchteten Freund zu bitten, den Brief zu lesen und sicherzustellen, daß er keine Ausdrücke versteckter Feindlichkeit enthält. Diese letzte Version des Briefes sollte so sein, daß Sie *selbst* nichts dagegen hätten, einen solchen Brief zu erhalten.

Vergebung und die Angst vor der Vergebung

Vergebung ist eine einfache und doch häufig falsch verstandene Vorstellung. In den letzten zweitausend Jahren wurde viel darüber geschrieben und ganz besonders in den letzten zehn Jahren. Vergebung ist wieder in den Brennpunkt der philosophischen und praktischen Denkweisen gerückt, die den Anspruch erheben, ein harmonisches Leben zu fördern.

Wenn wir diagonal durch diese Lehren lesen, erweitern wir unsere Vorstellung von Vergebung und lernen, wie man sie im täglichen Leben anwendet. Wie Sie sich vorstellen können, empfehle ich angelegentlich, *Ein Kurs in Wundern* zu studieren und dabei besonders auf die Lehren zu achten, in denen es um Vergebung geht. Als praktische Hilfe möchte ich Sie auch an die »Vergebungs-Diät« erinnern, die ich in meinem Buch *The Only Diet There Is* (*Schlank durch positives Denken*, Kösel Verlag, München) entwickelt habe. Ich habe diese Methode ursprünglich entworfen, um Frauen bei der Gewichtsabnahme zu helfen, aber man kann sie auch als Übung im Vergebungs-Bewußtsein einsetzen.

Wenn Sie sich der Vergebung bewußt werden wollen, müssen Sie Ihrer Furcht vor der Vergebung ins Gesicht sehen. Wenn Sie herausfinden, daß Sie feststecken und nicht vergeben können – obwohl Sie es versucht haben – müssen Sie Ihre Furcht vor der Vergebung besonders sorgfältig unter die Lupe nehmen. Sie können es für sich auf Papier schreiben oder sich durch einen Freund klären lassen: »Der Grund, warum ich diesem Menschen *nicht* vergeben will, ist _____.« Oder, was noch viel wichtiger ist: »Meine Angst, in dieser Situation völlig zu vergeben, ist _____.« Vervollständigen Sie den Gedanken. Häufig finden wir in der Tiefe versteckt die Furcht vor Freude und Glück. Denn wenn Sie vergeben, sind *Sie* diejenige, die Frieden, Freude und Glück besitzt.

Obwohl Sie möglicherweise der Ansicht sind, Sie wollten Harmonie, können Sie dies unbewußt sabotieren und sich vor der Harmonie fürchten, weil sie Ihnen unvertraut ist. Anfangs müssen Sie daher eventuell Ihre Furcht vor Freude und Glück klären. So fremdartig es auch scheint, viele Menschen glauben tief in ihrem Innern, wenn Sie wirklich glücklich seien, würden Sie sterben. Diese irrige Annahme muß zuerst geklärt werden, bevor ein Mensch sich so verhält, daß er sein Glück fördert.

Zitate zur Vergebung:

Catherine Ponder

Wenn Sie ein Problem haben, haben Sie auch etwas zu vergeben. Jeder, der Schmerzen empfindet, muß vergeben. Jeder, der sich in unerfreulichen Umständen befindet, muß vergeben. Jeder, der Schulden hat, muß vergeben. Wo es Leid, Unglück, Mangel, Verwirrung oder Elend welcher Art auch immer gibt, gibt es auch das Bedürfnis, zu vergeben.

Groll, Mißbilligung, Wut, der Wunsch, »quitt« zu werden oder jemanden bestraft oder verletzt zu sehen, sind Dinge, die Ihre Seele verrotten lassen und Ihre Gesundheit ruinieren. Sie müssen die Verletzungen und Schmähungen

der Vergangenheit vergeben, nicht so sehr zum Wohle des anderen Menschen, als zu Ihrem eigenen Wohle.
Verletzung oder Haß jeglicher Art läßt die Seele vernarben und manifestiert sich im Fleisch als Krankheit. Die Krankheit wird erst dann voll geheilt sein, wenn Sie aufhören, unversöhnlich zu sein.
Vergebung beginnt bei demjenigen, der die Beleidigung erkennt. Wenn Sie die Beleidigung aus Ihrem eigenen Herzen entfernen, haben Sie vergeben. Die Versöhnung, die Sie in sich selbst hervorrufen, wird sich auf Ihren Bruder auswirken, und er wird Ihnen automatisch vergeben.
Wirkliche Vergebung ist nichts Beiläufiges. Das Wort bedeutet die »Klärung« beziehungsweise das Auslöschen von Vergehen. Es braucht Zeit und Ausdauer, bis wahre Vergebung die unbewußten Ebenen durchdrungen hat.
Vielleicht ist Ihnen nicht bewußt, wem oder was Sie in Vergangenheit oder Gegenwart vergeben müssen. Es ist auch nicht nötig, daß Sie das wissen, obwohl es Ihnen häufig klar werden wird, wenn Sie die Vergebung hervorgerufen haben. Die einzige Voraussetzung besteht darin, daß Sie bereitwillig Worte der Vergebung aussprechen und zulassen, daß diese Worte ihre klärende Arbeit tun.
Vergebung bedeutet, etwas für das kranke Gefühl »herzugeben« oder dieses Gefühl zu »ersetzen«, den Sinn für Frieden und Harmonie wieder zu erlangen. Vergebung bedeutet buchstäblich, das »aufzugeben«, was Sie überhaupt erst gar nicht hätten hegen sollen.
Bereits wenn ein Mensch es wagt zu vergeben, kann das Problem gelöst werden, ungeachtet dessen, wer noch daran beteiligt ist oder ob noch irgend jemand vergeben will. Der Mensch, der es wagt zu vergeben, erlangt die Kontrolle über die Situation. Vielleicht schien es nicht so, als ob er die Macht hätte, das Problem zu lösen. Aber plötzlich wird es eine Veränderung geben. Dem Menschen, der vergibt, wird eine göttliche Lösung erscheinen.
Sie müssen vergeben, wenn Sie dauerhaft geheilt werden wollen. Die Gesundheit kann keinen Körper akzeptieren,

der voller Gifte ist, die durch Unversöhnlichkeit hervorgerufen wurden.
Wenn sich Ihr Gutes verzögert, dann ist es an der Zeit, zu vergeben. Vergebung kann alles wegschwemmen, was Ihnen auf Ihrem Weg zum Guten im Wege war.
Wenn Jesus es am Kreuz nicht gewagt hätte zu sagen »Vater, vergib ihnen, denn sie wissen nicht, was sie tun«, hätte er die Wiederauferstehung nicht erfahren können.
Die Vergebung ist überaus machtvoll. Die Vergebung heilt alle Leiden. Die Vergebung macht den Schwachen stark. Die Vergebung macht den Feigling mutig. Die Vergebung macht den Unwissenden weise. Die Vergebung macht den Trauernden glücklich. Die Vergebung kann auflösen, was immer zwischen Ihnen und Ihrem Guten stand. Lassen Sie Vergebung zu.

GANDHI
Vergebung hält das Universum zusammen.
Vergebung ist die Macht der Mächtigen.
Vergebung ist der Friede des Geistes.

EIN KURS IN WUNDERN
Der Geist, der nicht vergibt, ist voller Angst und läßt der Liebe keinen Raum, sie selbst zu sein.
Der Geist, der nicht vergibt, ist traurig, ohne Hoffnung auf eine Ruhepause und Erleichterung aus dem Schmerz.
Den Geist, der nicht vergibt, zerreißt der Zweifel; er ist verwirrt über sich selbst und alles was er sieht.
Der Geist, der nicht vergibt, ist voller Angst, voranzugehen, und voller Angst zu bleiben.
Der Geist, der nicht vergibt, glaubt nicht, daß Geben und Empfangen dasselbe sind (21). – Nur Illusionen können vergeben werden, und dann verschwinden sie. – Deshalb kann man Vergebung wahrhaft Erlösung nennen. Sie ist das Mittel, durch das Illusionen verschwinden. – Durch deine Vergebung kehrt die Wahrheit über dich wieder in

deine Erinnerung zurück. Deshalb liegt deine Erlösung in deiner Vergebung (22). – Vergebung wird erworben. Sie ist dem Geist nicht eigen, der nicht sündigen kann. Da Sünde eine Idee ist, die du dich selbst gelehrt hast, muß die Vergebung ebenso von dir erlernt werden, aber von einem LEHRER, der anders ist als du und der das andere SELBST in dir verkörpert (23). – Vergebung ist der Schlüssel zum Glück. – Du, der du Frieden willst, kannst ihn nur durch vollständige Vergebung finden. – Deshalb ist jede Vergebung eine Gabe an dich selbst (24). – Der heiligste von allen Orten dieser Erde ist der, an dem ein alter Haß zu gegenwärtiger Liebe wurde (25).

Kümmern Sie sich um Ihre Beziehung

Was tun Sie, wenn Ihr Körper verrückt spielt oder zusammenbricht oder sich eine Entzündung, einen Schmerz, einen Bruch, eine Infektion einhandelt? Wie Sie wissen, ist es am vernünftigsten, sich *sofort* darum zu kümmern. Was geschieht, wenn Sie das nicht tun? Aller Wahrscheinlichkeit nach wird Ihr Körper nicht heilen. Was geschieht, wenn Sie sich immer noch nicht darum kümmern? Höchstwahrscheinlich wird es immer schlimmer, bis Sie ein ausgewachsenes Leiden haben. Wenn Sie andererseits jedes Problem in dem Moment heilen, in dem es auftaucht, können Sie gesund bleiben. Ihr Körper kann funktionieren. Und wenn Sie gesund leben, sich vernünftig ernähren, Schmerzen, Krankheiten und Spannungen vermeiden, so ist das sogar noch besser. Sie genießen die *Vitalität* des Lebens. Sie beherrschen Ihren eigenen Körper und fühlen sich großartig.

Lassen Sie uns nun Ihre Beziehungen auf dieselbe Weise betrachten. Wenn Sie etwas an Ihrem Gefährten stört oder Sie etwas an der Beziehung beunruhigt, Sie sich aber nicht sofort mit dem Problem befassen, unterdrücken Sie Ihren Ärger. Wenn sich auf dieser ersten Unstimmigkeit noch mehr Unmut anhäuft, baut sich Spannung auf. Die Beziehung wird schnell ungesund. Wenn Sie es vernachlässigen, sich um die »kleinen Dinge« zu kümmern, sammeln Sie Gifte in Ihrer Beziehung an, ebenso wie Sie das in Ihrem Körper tun – und schließlich ist die Beziehung krank. Wenn Ihre Beziehung unbehandelt bleibt, wird sie noch kränker. Wenn Sie sich dann endlich um Hilfe in der Not bemühen, kann es zu spät sein – die Krankheit ist zur Gewohnheit geworden. Durch Bitterkeit, Haß und Auseinandersetzungen breitet sich die Krankheit aus. Bald schon werden die Feindseligkeiten zügellos, der Schaden scheint nicht wiedergutzumachen. Er scheint unmöglich zu beheben. Die Trennung scheint der einzige Ausweg zu sein, denn die Beziehung ist tot.

Ist es Ihnen nach diesem allzu häufigen Szenario nicht ganz klar geworden, daß Sie sich die Zeit nehmen müssen, selbst die *kleinsten* Probleme in Ihrer Beziehung zu klären? Vielleicht klingt das nach Arbeit, aber was ist die Alternative? Und muß die Verarbeitung der Probleme *wirklich* in Arbeit ausarten? Nicht, wenn Sie wissen, daß Klärungstechniken Spaß machen können. Es kann alles Teil einer praktischen neuen Lebensweise sein, in der Sie Augenblick für Augenblick Ihre Beziehung und auch Ihren Körper klären.

Zur Heilung Ihres Körpers würde ich Ihnen nicht automatisch raten, sich in die Hände einer normalen, auf Medikamente und Krankenhausbehandlung ausgerichteten Institution der westlichen Medizin zu begeben, die so entmutigend sein kann. Ich würde Ihnen auch nicht dazu raten, sich ausschließlich an eine herkömmliche Eheberatung oder an eine teure Psychotherapie zu wenden, wenn es darum geht, Ihre Beziehung zu pflegen. So wie neue Vorstellungen der holistischen Gesundheit die moderne Medizin durchdringen, so tauchen auch neue Vorstellungen in der Beziehungstherapie auf. Der Schwerpunkt in der westlichen Medizin von heute zielt jedoch in die richtige Richtung. Wie Dr. Deepak Chopra in seinem Buch *Quantum Healing* beschreibt, legen medizinische Institutionen mittlerweile zumindest Wert auf das Heilungspotential *im* Patienten. Mit anderen Worten, der Patient selbst wird zum Arzt. Auf dieselbe Weise können die Partner in einer Paarbeziehung lernen, wie sie ihre Beziehung innerhalb der Beziehung heilen können.

Für die meisten von uns hat die formelle Erziehung keine Anleitung darin geboten, uns selbst oder unsere Beziehungen zu heilen; wir können nicht auf unseren Unterricht zurückgreifen, wenn wir in diesen wichtigen Bereichen Hilfe suchen. Stattdessen müssen wir von der Grenzenlosen Intelligenz lernen, von anderen, die mehr Erfahrung haben, von der New Age Forschung – wo immer eben möglich. Das wichtigste Prinzip ist die ständige Aufmerksamkeit gegenüber unserem Bedürfnis nach Wissen und die ständige Offenheit, zu lernen und uns selbst zu korrigieren.

Bei der Wiedererlangung dieses Wissens besteht der erste Schritt darin, aus unserer Verleugnung herauszufinden. Wie viele Menschen leugnen die Wahrheit darüber, daß ihr Körper die Belastungen nicht länger aushält oder daß sich ihre Beziehung in Schwierigkeiten befindet? Leugnen führt zu Unterdrückung. Unterdrückung führt zu Krankheit und Tod, Elend und Scheidung. Ich habe Menschen getroffen, die jeden Tag ihres Lebens unter Schmerzen verbringen, und weil sie glauben, daß Schmerz »normal« sei, tun sie nichts dagegen. Ich kenne Paare, die die ganze Zeit über streiten; sie glauben, Streiten sei »normal«, also ändern sie diesen Zustand nicht. Schon bald wird ein Partner eine Affäre beginnen und der andere »geschockt« sein – obwohl alle Anzeichen dagewesen wären, hätten sie darauf geachtet. Dasselbe trifft auf Krankheiten des Körpers zu. Ich will damit sagen, im Umgang mit unseren Beziehungen und unseren Körpern, müssen wir auf die Schrift an der Wand achten. Wir müssen herausfinden, was genau aus dem Gleichgewicht ist und es in Angriff nehmen, bevor es zu spät ist.

Dieser Ratschlag klingt möglicherweise nur nach simplem, gesundem Menschenverstand. Aber häufig ist es vernünftig, sich auf seinen gesunden Menschenverstand zu verlassen und dementsprechend zu handeln. Wie sehr wollen Sie ein volles Leben führen, in hundert Prozent der Zeit? Binden Sie sich in Wirklichkeit mehr an Mittelmäßigkeit, Leiden, Unterdrückung, Schmerz, Mangel an Freude und Versagen? Ich vermute, Sie würden Freude, Vortrefflichkeit und Vergnügen vorziehen. Sobald Sie einmal einen Vorgeschmack bekommen haben, wie es sich anfühlt, ein geklärtes Leben zu führen, werden Sie Ihre bisherige Lebensweise nicht länger tolerieren.

Es gibt noch eine gesunde Möglichkeit, Ihre Beziehung lebendig und in großartiger Form zu halten: Sagen Sie, was Sie wollen, anstatt sich über das zu beschweren, was Sie nicht haben (eine Taktik, die zu chronisch ungesunder Kommunikation führen kann). Bleiben Sie positiv, dann können Sie und Ihr Gefährte zusammen daran arbeiten, Ihre Wünsche zu erfüllen. Es ist viel effizienter zu sagen »Ich wünsche mir wirklich, wir würden mindestens einmal die Woche zusammen ausgehen«, als zu sagen »Du verbringst viel zu wenig Zeit mit mir«.

Denken Sie daran, daß Ihre Beziehung denselben Regeln folgt wie Ihr Körper: Wenn Sie Ihren Körper falsch behandeln, anstatt ihm das zu geben, was er will und braucht, wird er schließlich zusammenbrechen. Ihrer Beziehung wird es ebenso ergehen. Wenn Sie sie mit der Sorgfalt behandeln, die sie verdient, werden Sie mit Sicherheit ihre Vorzüge ernten.

Früheres Leben und Karma

Manchmal strahlen unsere Handlungen aus früheren Inkarnationen oder früheren Leben einen überaus starken Einfluß auf unsere gegenwärtigen Beziehungen aus – und machen selbst die kunstfertigsten Bemühungen, unsere Probleme der Gegenwart zu lösen, zunichte.

Wenn diese Kräfte auftauchen, ist es enorm wichtig, sie zu respektieren, denn in diesen Augenblicken kann eine Korrektur jenseits unserer Kontrolle liegen. Daher kann es sinnvoll sein, etwas darüber zu lernen, wie Ihr früheres Leben Ihre Beziehungen beeinflussen kann. Am besten fangen Sie mit den Büchern *Other Lives, Other Selves* von Dr. Roger Woolger (*Die vielen Leben der Seele. Wiedererinnerung in der therapeutischen Arbeit*. Verlag Hugendubel, München) und *We Were Born Again to Be Together* von Dick Supter an. Auch die Arbeit des Mediums Edgar Cayce auf diesem Gebiet sind exzellent.

Das Gesetz des Karma bestimmt den Charakter jeder Inkarnation und bietet den Schlüssel zum Verständnis der Gegenwart. Linda Goodman's Buch *Star Signs* (Star Signs–Sternzeichen. Knauer Verlag, München) enthält einige der besten Passagen, die ich zu diesem Thema gefunden habe. Das Kapitel *Deja Vu* und andere Kapitel über die körperliche Unsterblichkeit sind besonders wertvoll.

Karma ist die »Gesamtheit der Handlungen eines Menschen in jedem der aufeinanderfolgenden Zustände seiner Existenz, die sein

Schicksal im folgenden Zustand bestimmen«. Die wissenschaftliche Parallele zum Karma ist das Gesetz von Ursache und Wirkung: auf jede Aktion folgt eine Reaktion. Denken Sie darüber nach, was es zum Beispiel bedeutet, wenn Ihnen jemand etwas stiehlt. Gemäß dem Gesetz des Karma können Sie sicher sein, daß *Sie* während einer Beziehung in einer früheren Existenz *etwas gestohlen haben*, höchstwahrscheinlich von demselben Menschen, der Sie heute bestiehlt. Linda Goodman schreibt, daß Reinkarnation und das Gesetz des Karma eine deutliche Erklärung bieten für die Unterschiede zwischen den Gesunden und den Kranken, den Armen und den Wohlhabenden. In zwischenmenschlichen Beziehungen sind dieselben Kräfte am Werk.

> John verletzt Mary und Mary trifft John (in einer künftigen Existenz) in einem neuen Körper, unter anderem Namen (manchmal mit einem anderen Geschlecht) und verletzt nun John aufgrund des nebulösen (unbewußten) Bewußtseins, daß er sie zuerst verletzt hat. Dann kommt für beide ein neues Leben, und nun ist John an der Reihe, Mary zu verletzen – dann verletzt Mary wieder John – und jeder wird zum Kanal für das Boomerang-Karma des anderen in einer Kette von trostlosen, scheinbar endlosen Existenzen (Inkarnationen).

Was für ein langweiliger Kreislauf von Existenzen! Besonders, wenn so einwandfrei feststeht, daß diese Kette unterbrochen werden kann, indem entweder Mary oder John – oder beide – erleuchtet werden. Linda Goodman stellt die Behauptung auf, daß entweder der Potentialgeber des Karma oder der Potentialnehmer dieses Muster radikal ändern können. Denken Sie an diese Feststellung, wenn in Ihrer eigenen Beziehung Schwierigkeiten auftauchen. Wenn Ihr Partner sich Ihnen gegenüber auf eine Art und Weise verhält, die Sie für unverzeihlich halten, versuchen Sie, auf diese Weise darüber zu denken: Sie müssen diesen Menschen früher verletzt oder ihm geschadet haben und verdienen daher möglicherweise eine solche Behandlung.

Karma spielt auch bei positiven Ereignissen eine gleichermaßen wichtige Rolle. Und das bedeutet, daß Sie, wenn Sie finanzielle Unterstützung, Mitgefühl oder Güte erleben, dies *auch* verdienen – Sie müssen in einem früheren Leben denselben Dienst für diesen Menschen, der nun Ihr Wohltäter ist, geleistet haben.

Unser Karma kommt nicht nur aus einem vergangenen Leben zu uns zurück, es beeinflußt uns ständig, allezeit, überall. Linda Goodman berichtet, daß es sich bei der Vorstellung des Karma nicht um imaginären Hokuspokus handelt; vielmehr gründet sich das Karma fest auf Newtons Gesetz. Karma ist auch ein spirituelles Gesetz, das sich in Jesu Worten wiederfindet: »Alles nun, was ihr von den Menschen für euch erwartet, sollt auch ihr ihnen tun.« (Matthäus 7, 12)

Vor kurzem habe ich in meinem eigenen Leben etwas erlebt, was die Wirkung karmischer Gesetze offenlegt. Bei einer Reise nach Madrid im letzten Jahr litt ich Schmerzen und wurde von einem begabten blinden Körpertherapeuten völlig geheilt. Er erklärte sich bereit, an einem Sonntag zu mir zu kommen, um mit mir zu arbeiten. Er besuchte mich nicht nur an seinem einzigen freien Tag, er weigerte sich darüber hinaus, für seine Dienste Geld zu verlangen. Seine Berührung war absolut erstaunlich. Während ich mich anzog, versuchte ich vergeblich, mir vorzustellen, warum er mir nichts berechnen wollte. Als ich gerade gehen wollte, stand plötzlich eine Verbindung klar vor mir – etwas, was viele Jahre zurücklag. Als ich noch auf das College ging, las ich den Blinden in meiner Freizeit vor, als Dienst an der Gemeinschaft. Ich hatte an meine Handlungen niemals auch nur einen Gedanken verschwendet, bis zu diesem Tag in Spanien, Jahre später, aber ganz plötzlich machte die Großzügigkeit des Körpertherapeuten Sinn.

Sie können Ihr Karma auf kreative Weise ausarbeiten und schweren Schaden an sich selbst verhindern. In ihrem Buch erzählt Linda Goodman die erstaunliche Geschichte eines Mannes, der sich eine seltene und unheilbare Krankheit zuzog. Man sagte ihm, die Krankheit würde ihn schließlich völlig lähmen. Er war ein ganz klar erleuchteter Mensch und nahm seinen Zustand als Aspekt seines Karmas an im Wissen, daß er in einem anderen Leben Menschen gelähmt haben mußte. Er fing an, seine Dienste offen behinderten Kindern anzubieten und gab später seine Arbeitsstelle ganz auf, um diesen Dienst in Vollzeit zu verrichten. Nach mehreren Monaten, in denen er fleißig diese Dienste leistete, verschwanden seine Symptome völlig. Wie man sich vorstellen kann, standen die verblüfften Ärzte angesichts dieser offensichtlichen »spontanen Remission« vor einem Rätsel. Aber für uns zählt am meisten die Tatsache, daß er die volle Verantwortung für das, was er schuf, übernahm.

Gemäß Linda liegt der eine, sofortige und allumfassende Weg, um die karmische Kette zu unterbrechen, darin, jedem, der Sie verletzt, zu vergeben, noch bevor er Sie darum bittet und auch, wenn er Sie niemals darum bittet. Dieser Akt an sich stellt eine spirituelle Läuterung dar, die uns von dem endlosen Zyklus befreit.

Zusammenfassung

1. Lernen Sie, zu erkennen, wann Ihre Beziehungen festgefahren sind.
2. Wenden Sie spirituelle Läuterungsmethoden an, um sich selbst zu klären.
   - Schreiben Sie Ihre negativen Gedanken auf, und geben Sie sie frei.
   - Schreiben Sie einen Brief an Gott, und bekennen Sie Ihren »Fall«.
   - Gewöhnen Sie sich daran, Klärungsmethoden einzusetzen, wie in dem Buch *Pure Joy* beschrieben.
3. Machen Sie es sich zur Gewohnheit, mit jedem sofort oder so bald wie möglich ins reine zu kommen. Machen Sie sich die Anleitungen zur Klärung von Beziehungen bewußt.
   - Entweder bittet derjenige, der feststeckt, um Hilfe oder sein Partner erhält die Erlaubnis, zu helfen.
   - Wenn Sie derjenige sind, der Unterstützung gewährt, seien Sie einfach für Ihren Partner da, übernehmen Sie nicht seine Arbeit.
4. Denken Sie daran, daß jeder Partner in einer Beziehung seine eigene Unterstützung außerhalb der Beziehung haben sollte.
5. Wenn Sie mit den vorgeschlagenen Techniken Ihre Beziehung nicht klären können, suchen Sie einen Außenstehenden oder einen Vermittler auf.
6. Suchen Sie immer nach einer Lösung.

7. Spielen Sie immer das Spiel der Suche nach dem Höchsten Gedanken.
8. Seien Sie sich bewußt, wann Sie projizieren, und übernehmen Sie dafür die Verantwortung.
9. Lernen Sie Techniken der Paarberatung. Denken Sie daran, daß genau die Dinge, die Sie an Ihrem Gefährten stören, die Dinge sind, die Sie schätzen sollten.
10. Üben Sie immer Vergebung. Wenn es jemanden gibt, dem Sie nicht vergeben wollen, finden Sie heraus, warum Sie sich vor der Vergebung fürchten.
11. Sorgen Sie dafür, jeden kleinen Riß in Ihrer Beziehung auf dieselbe Weise zu »stopfen«, wie Sie für Ihren Körper sorgen, um Krankheiten zu vermeiden.
12. Lernen Sie etwas über frühere Inkarnationen. Seien Sie sich bewußt, daß Ihr früheres Leben Ihre gegenwärtigen Beziehungen beeinträchtigen kann.
13. Verstehen Sie das Gesetz des Karma. Lernen Sie, wie Sie die Karmakette unterbrechen können.

Teil V

Krisen und Veränderungen

Die Todessehnsucht in Beziehungen

Die Todessehnsucht ist der geheime oder unterdrückte Wunsch zu sterben. Es ist kein natürlicher Drang, sondern ein im menschlichen Geist erschaffener. In meinen anderen Büchern habe ich über den unbewußten Drang zu sterben geschrieben und wie uns dies körperlich beeinflussen kann: der Körper wird sich buchstäblich selbst zerstören, wenn man diesen Drang nicht direkt angeht. Darüber hinaus kann derselbe Impuls Ihre zwischenmenschlichen Interaktionen beeinträchtigen und Ihre Beziehungen »abtöten«, wenn Sie nicht aufpassen.

Die unbewußte Todessehnsucht entstand vor Äonen, als wir uns dafür entschieden, uns von Gott zu trennen. Alle Disharmonien entspringen dieser Trennung, die die ultimative Selbstbestrafung darstellt. Die Vorstellung der Trennung ist auch integraler Bestandteil der Überzeugung, gemäß der das Sterben unvermeidbar ist.

Die Todessehnsucht kann eine Nebenwirkung der religiösen, familiären und gesellschaftlichen Programmierung hinsichtlich des Todes sein oder unserer tatsächlichen Erfahrungen mit dem Tod eines geliebten Menschen. Sie kann aus unserer Wut und unserer Ablehnung des Lebens herrühren oder aus einer Kombination dieser Faktoren. Der Drang zu sterben ist in jedem Gedanken, der sich gegen das Leben richtet, gegenwärtig. Er kann sich auf offensichtliche Weise manifestieren oder die Verkleidung einer religiösen Doktrin annehmen – so zum Beispiel der Glaube, daß sich der Himmel an einem anderen Ort befindet – damit der Tod wünschenswert oder attraktiv erscheint.

Ein Kurs in Wundern sieht den Tod so: *Und der Tod ist die Folge des Gedankens, den wir Ego nennen, so sicher wie das Leben aus dem* GEDANKEN GOTTES *folgt (26).* Gott hat den Tod nicht erschaffen; das haben *wir* getan. Wir haben ihn mit vielen Leben voller negativer Gedanken aufgebaut.

Seit unserer frühen Kindheit wurde uns von der möglichen Unsterblichkeit unserer *Seele* erzählt. Die Vorstellung, daß auch unser Körper sich möglicherweise selbst regenerieren kann, wird niemals erwähnt, obwohl Jesus tatsächlich sagt: »Die Macht des Lebens und des Todes liegt in der Zunge.« Da wir die Fähigkeit besitzen, ewig zu leben, ist jeder Tod in Wirklichkeit Selbstmord. Ich befasse mich mit dem Thema der körperlichen Unsterblichkeit ausführlich in meinem Buch *How to Be Chic and Fabulous and Live Forever* und empfehle Ihnen, es zu lesen. Hier möchte ich die Todessehnsucht diskutieren und wie sie sich auf unsere Beziehungen auswirkt.

Die meisten Menschen töten sich selbst jeden Tag, einfach indem sie sich dem Gedanken hingeben: »Tod ist unvermeidbar«. Sobald diese Vorstellung in unseren Köpfen festsitzt, wird sie auch auf unsere Beziehungen zu anderen Menschen projiziert. Daher muß jedes Paar früher oder später das durchleben, was wir die »Todessehnsucht der Beziehung« nennen. Wir können diesen Vorgang in Aktion erleben; entweder einer der Partner oder beide zerstören schleichend die Beziehung – häufig, ohne es zu wissen. Ob die Partner sich dieser zerstörenden Handlungen nun bewußt sind oder nicht, ein bewußter Außenstehender kann das Paar beobachten und viele Hinweise aufzeigen, wie das Paar die Beziehung abtötet.

Einige Menschen leben die Todessehnsucht innerhalb ihres eigenen Körpers aus und erschaffen Krankheiten. Andere leben sie aus, indem sie ihren beruflichen Erfolg sabotieren. Einige leben ihre Todessehnsucht in ihrer Beziehung aus und reißen diese auseinander. Und einige Menschen leben sie auf allen drei Gebieten aus und zerstören alles, was sie haben.

Sie können leicht feststellen, wann ihre eigene Todessehnsucht auftaucht. Dinge sterben unter Ihren Händen weg. Ihre Pflanzen gehen ein, Ihre Haustiere werden alt, Ihre Hausgeräte fallen auseinander, Ihr Auto bricht zusammen, Ihr Körper spielt verrückt, und Sie fühlen sich niedergeschlagen, launisch oder wirklich krank.

Gelegentlich erscheint keines dieser Symptome, weil Sie Ihre Todessehnsucht unterdrücken. Sie können die Art Mensch sein, die ihre Todessehnsucht nur in einem Bereich auslebt – in ihren Beziehungen. Menschen, die sich auf diese Weise verhalten, fällt es normalerweise schwer, das Auftauchen ihrer Todessehnsucht durchzustehen. Ihre Bindungen leiden und lösen sich auf. Andere haben bessere Möglichkeiten gelernt, damit umzugehen. Wenn Sie bemerken, daß Ihre Todessehnsucht auftaucht und etwas dagegen tun, können Sie die Gefahr solange verzögern, bis Hilfe verfügbar ist. An diesem Punkt wäre es ratsam, ein Seminar zu belegen, so zum Beispiel das LRT, das Paar-Programm, die Spirituelle Freizeit, das Sechs-Monate-Programm, die Indien-Suche oder irgend ein Seminar, das Sie belegen können. Ich würde auch empfehlen, in *Ein Kurs in Wundern* einzutauchen. Sie benötigen spirituelle Läuterung während dieser Zeit, und Sie müssen dabeibleiben!

In unseren alltäglichen Interaktionen gibt es eine Anzahl von Anzeichen, daß wir die Vitalität unserer Beziehungen abtöten. Diese können korrigiert werden, wenn wir wachsam sind.

Sie sind nicht in der Gegenwart präsent.
Sie sind spirituell nicht erweckt oder durchdrungen.
Sie decken sich ein mit Prophezeiungen von Tod und Verderben.
Sie drücken Ihre Kreativität nicht aus.
Sie machen dauernd alles nieder und nörgeln.
Sie können nicht vergeben.
Sie unterdrücken Ihre Gefühle.
Süchte
Sie stopfen sich mit Nahrungsmitteln voll und werden fett.
Kontrolle und Abhängigkeit
Sie geben Ihre Macht aus der Hand.

Einige Beziehungen überstehen die Todessehnsucht, aber – offen gesagt – ist das bedauerlich. Manchmal ist eine Scheidung in Wirklichkeit ein positiver Schritt. Wenn eine Partnerschaft spirituell bankrott ist, kann es an der Zeit sein, aufzugeben. Und zweifellos müssen Sie eine Trennung in Betracht ziehen, wenn Sie oder Ihre Kinder körperlich oder seelisch verletzt werden.

In der Regel ist eine Scheidung eine persönliche Entscheidung. Sogar als Beraterin bin ich nicht diejenige, die entscheidet, ob zwei Menschen zusammenbleiben sollten oder nicht. Wenn ich zweifelnde Paare sehe, gebe ich ihnen jedoch für gewöhnlich ein besonderes Gebet: »Ich bete, daß diese Beziehung geheilt wird oder für etwas Besseres für uns beide.« Auf diese Weise ist jedes Ergebnis ein Gewinn.

Es *gibt* Fälle, in denen eine Beziehung bereits tot ist, wenn ein Paar Hilfe sucht. Die Partner wünschen sich einfach nicht genug, die

Beziehung wiederzubeleben. Aber viel häufiger sehe ich Menschen, die wirklich zusammenbleiben wollen und einfach das Problem der Todessehnsucht in ihrer Beziehung haben. Wenn dem so ist, können wir ihnen da hindurchhelfen.

Wenn Sie und Ihr Partner wirklich zusammenbleiben wollen und dennoch das Gefühl haben, Ihre Beziehung liege im Sterben, sollten Sie ernsthaft in Betracht ziehen, mit jemandem zu sprechen, der die Funktionsweise der Todessehnsucht versteht. Ich würde empfehlen, daß Sie einen Rebirther oder einen Berater aufsuchen, der seine eigene Todessehnsucht bereits geklärt hat und etwas über den Tod weiß. Idealerweise sollte Ihr Berater oder Rebirther die körperliche Unsterblichkeit verstehen und wissen, daß Tod unnötig ist. Schon die Gegenwart eines Unsterblichkeitsdenkers wird Sie daran erinnern, daß aus dem großen Licht Gottes der Funke kam, der menschliches Leben war. Dieser Funke hat dieselbe Energie und Intelligenz und Macht wie Gott. Sie können diesen Funken wiedererlangen und Ihren Lebenswunsch erneuern. Und die Unendliche Intelligenz kann Ihnen helfen, Ihre Beziehung neu zu erhellen.

Dies ist die Zeit, in der Sie wirklich Hilfe benötigen, um diese innere Macht, die ewige und göttliche Macht, anzuzapfen und in einen Zustand der Harmonie mit Ihrem inneren Führer zurückzukehren. Solch eine neue Ausbalanzierung geschieht häufig während der Meditation oder mitten in Ihrer Rebirthing-Sitzung. Ich habe schon Menschen gesehen, die Tonnen negativer Energie aus Ihrer Todessehnsucht in einer solchen Sitzung herausgeholt haben.

Lassen Sie zu, daß alles um Sie herum – Pflanzen, Tiere und Menschen – lebt. Und lassen Sie auch zu, daß Ihre Beziehung lebt. Geben Sie sich ständig selbst die Freiheit, die Vitalität Ihres Körpers und Ihrer Beziehungen zu erhöhen, und tun Sie dies unter klaren Prinzipien.

Ich erinnere mich, wie ich einmal einer spirituellen Freizeit in Ägypten beiwohnte. Dazu gehörte unter anderem eine Nilfahrt. Am Wegesrand hielten wir an und besuchten uralte Tempel, die extrem machtvoll waren. Eines der Paare bei dieser Reise, das ich sehr mochte, durchlief dort eine schwierige Zeit. Tatsächlich hatte jeder dort eine schwierige Zeit: drei Viertel der Leute an Bord hatten Durchfall. Ich spürte, daß die Freizeit und die Tempelanlagen selbst bei jedem

Verarbeitungsprozesse anregten. Der Mann des verheirateteten Paares stand eines Morgens auf und erzählte mir, daß es zwischen ihm und seiner Ehefrau aus sei. Er sagte, sie wären fertig. Sie hätten diesen Kreislauf beendet, und das war es nun. Mir fiel auf, daß er zu keiner Zeit sagte: »Ich will aus dieser Beziehung heraus.« Dennoch erzählte er mir, sie stünden kurz vor der Scheidung. Ich holte einen der anderen Trainer, der sich mit mir an Bord befand. Wir verbrachten mehrere Stunden mit diesem Ehemann in einem Verarbeitungsprozeß und halfen ihm, klar zu kommen. Seine Frau wurde sehr krank. Ich wußte, es war ihre Todessehnsucht, die an die Oberfläche trat. Ich kannte sie beide sehr gut und fühlte, daß sie das, was sie in diesem Moment durchlebten, überstehen könnten. Eine weitere Trainerin und ich gingen in die Kabine der Frau und legten uns zu ihr aufs Bett. Wir konnten mit ihr über ihre Familienmuster sprechen. Da sowohl der Ehemann als auch die Ehefrau die Hand ausstreckten und wir alle füreinander da waren, klärte sich die Krise und dem Paar geht es heute, mehrere Jahre später, großartig. Das ist das absolut Herrliche daran, Teil einer sorgenden Gemeinschaft zu sein. In der Loving Relationships Training Familie, dem Ohana, helfen wir uns alle durch solche Krisen hindurch. Es geht soviel schneller und leichter (und ist soviel billiger) als andere Formen der Therapie. Wenn dieses Paar sich in jener Woche getrennt hätte, nur weil Ihre Beziehung zu Ende war, so wäre das sehr traurig gewesen, weil sie eine wunderbare Ehe führten (und noch führen) und beide absolut großartige Menschen sind.

In sterblichen Beziehungen, in denen beide Partner davon überzeugt sind, daß Tod unvermeidbar ist, wird ihre Verbindung von Furcht, Druck, Mißtrauen und ständigen Sorgen beherrscht. »Wann wird dieser Mensch sterben und mich verlassen?« Wenn beide Partner an der Eliminierung ihrer Todessehnsucht arbeiten und unsterblich werden, verbessert sich die Beziehung dramatisch. Unsterbliche Beziehungen werden von Liebe, Sicherheit, Freude, Vertrauen und einer Fülle an Zeit beherrscht. Es existiert ein durchdringendes Gefühl für Wohlbehagen und eine unleugbare Magie.

Wenn zwei Menschen wissen, daß es ihnen freisteht, ewig zu leben, entfalten sich unbegrenzte Möglichkeiten. Aber sie müssen die Unsterblichkeit wirklich wollen, um sie zu erlangen. Sie müssen es *wollen*, den Kreislauf, der durch gegen das Leben gerichtete Muster angeheizt wird, zu unterbrechen. Wenn Ihr Leben nicht funktioniert, haben Sie kein Verlangen danach, ewig zu leben, dennoch ist der Grund, warum Ihr Leben *nicht* funktioniert, der, daß Sie nicht davon überzeugt sind, wirklich leben zu wollen!

Einige von uns halten die Möglichkeit körperlicher Unsterblichkeit einfach nicht aus, weil sie die Aufregung nicht ertragen können – sebst wenn sie sagen, sie wollten ein aufregendes Leben. Welchen Weg werden Sie wählen? Die Optionen sind da, aber die Entscheidung liegt ganz bei Ihnen.

Bestimmte Zeiten, bestimmte Tage

Im letzten Mai besuchte mich eine meiner Freundinnen, die immer ausgelassen und »gut drauf ist«. Sie plauderte über ihren bevorstehenden Geburtstag, als sie sich plötzlich erschöpft und ausgelaugt fühlte. Ich wußte, daß um den Geburtstag herum das eigene Geburtstrauma häufig machtvoll an die Oberfläche drängt, aber irgendwie war die Reaktion meiner Freundin anders. Darüber hinaus besaß sie seit zehn Jahren einen Rebirther und hatte ihr eigenes Geburtstrauma erfolgreich gelöst. Überzeugt davon, daß ihre Erschöpfung aus einer anderen Quelle stammen mußte, entschied ich mich, sie weiter zu befragen – aus einem anderen Blickwinkel. »Was ist mit deiner Mutter passiert,« fragte ich sie, »als sie so alt war, wie du das bald sein wirst?« Bestürzt antwortete sie: »Meine Mutter hörte mit dem Sex auf. Sie hat seither nie wieder mit jemandem geschlafen. Mein Vater hatte eine Affäre, und meine Mutter hat sich völlig verändert. Sie alterte rapide.« Daraufhin beichtete sie, daß sie in den letzten Wochen furchtbare Angst davor hatte, ihr Freund könnte sich mit anderen Frauen treffen.

Ich sprach einige Zeit mit ihr, erinnerte sie ruhig daran, daß sie die Lebensgeschichte ihrer Mutter nicht wiederholen müßte; sie konnte ihr eigenes Leben in die Richtung führen, die *sie* wollte. Nach fünf Minuten unseres Gesprächs hatte sich ihre Stimmung völlig verändert. Sie war wieder ihr altes, energiegeladenes Selbst! Aber was wäre gewesen, wenn wir diese unerwartete Unterhaltung nicht geführt hätten? Was wäre gewesen, wenn sie diese Schlußfolgerung nicht gezogen hätte? Sie hätte leicht in das unbewußte Muster gezogen werden können, ihren Freund dazu zu bringen, sie zu verlassen und mit einer anderen Frau wegzugehen. Selbst wenn er sie nicht verlassen hätte, hätte sie vielleicht Sex aufgegeben, ohne zu wissen, warum. Sie wäre vielleicht auch rapide gealtert. Ich habe solche Reaktionen immer wieder erlebt.

Es ist wichtig, sich der Neigung bewußt zu sein, die Lebensgeschichtsmuster von Familienmitgliedern zu wiederholen, die in bestimmten Altersstufen und zu bestimmten Daten ausgelöst wurden und in uns einen Eindruck hinterlassen haben. Wenn ein Verwandter stirbt und Sie Ihre Gefühle über seinen Tod nicht gelöst haben, können Sie sich zu der Jahreszeit, in der Ihr Verwandter starb, äußerst seltsam fühlen. Sie werden vielleicht sehr traurig oder krank oder verlieren all Ihre Energie. Sie können unbewußt bedeutende Beziehungen »abtöten«. Paranoia kann Verwirrung in Ihnen und Ihrer Liebesbeziehung verursachen.

Im Januar starb der Vater einer meiner Freundinnen. Daher durchlief sie fünfzehn Jahre lang in jedem Januar eine vollständige Persönlichkeitsveränderung! Schließlich nahm sie an dem sechsmonatigen Intensivkurs beim LRT teil und klärte dieses Muster. Eine Frau aus unserem Team durchlebte ein extrem schweres Jahr als sie das Alter erreichte, in dem ihre Mutter Selbstmord begangen hatte. Um sie herum starben alle möglichen Dinge. In der Zwischenzeit wurde die Beziehung zwischen uns beiden immer distanzierter und problematischer und erreichte ihren Höhepunkt in der Zeit des Jahres, in der meine eigene Schwester gestorben war. Keine von uns beiden hatte den Verlust des geliebten Menschen verarbeitet. Stattdessen hatten wir den Verlust in unsere Freundschaft getragen, und dies trieb uns auseinander. Für sie war ich zu ihrer Mutter, in mir war sie zu meiner Schwester geworden.

Ich habe schon erwähnt, wie traumatische Vorfälle, die während unserer pränatalen Phase und in den frühen Kindheitsjahren geschehen sind, Sie als Erwachsene beeinflussen können. Lassen Sie uns diese Diskussion nun einen Schritt weiterführen und sehen, wie wir diese Ereignisse neu schaffen können in jenen Zeiten, die mit dem Zeitpunkt, als das Trauma auftrat, korrespondieren.

Betrachten Sie einmal den Fall eines Mannes, der immer wieder in offenbar zufriedenstellende Beziehungen verwickelt wird, doch neun Monate später hatte er stets das Gefühl, »fliehen« zu müssen. Was kann der Grund für dieses eigenartige Verhaltensmuster sein? Als wir die Ereignisse seiner Geburt untersuchten, fanden wir heraus, daß seine Geburtserfahrung besonders brutal war. Es überrascht nicht, daß er aus seinen Beziehungen als Erwachsener nach einem Zeitraum, der dem der Schwangerschaft entsprach, zum »Ausbrechen« neigte. Jedesmal wurde dieses urspüngliche Trauma neu produziert. Seine Handlungen waren auch für ihn selbst verwirrend. Obwohl er denkt, daß er in der Beziehung bleiben will, hat er den unbewußten Drang, auszubrechen, und das setzt ihn so unter Druck, daß er von der Beziehung loskommen muß, um zu überleben. Sein Geburtsgedanke ist mächtiger als der Gedanke zu bleiben und verursacht das Auseinanderbrechen der Beziehung.

Überlegen Sie, wie lange Ihre Beziehungen dauern, und prüfen Sie, ob es da ein Muster gibt. Wenn Ihnen beispielsweise als Frau auffällt, daß die meisten Ihrer Beziehungen nach drei Jahren endeten, müssen Sie herausfinden, was Ihnen im Alter von drei Jahren geschehen ist, um diesen Vorfall zu klären. Das ist der einzige Weg, um zu vermeiden, in einem »Zahlensyndrom« festzufahren. Der Vorfall kann etwas sein, was eigentlich ziemlich harmlos zu sein scheint. Vielleicht ließ Ihr Vater Sie nicht länger auf seinem Schoß sitzen, als Sie drei Jahre alt waren, weil er dadurch erregt wurde. Als er »nein« sagte und sich dafür entschied, Sie nicht länger zu halten, waren Sie vielleicht sehr verletzt und haben nicht verstanden, warum Sie zurückgewiesen wurden. Später in Ihrem Erwachsenenleben, als das dritte Jahr Ihrer Beziehung kam, entwickelte dieses tiefe Gefühl der Ablehnung ein Eigenleben, und Sie erschaffen tatsächlich die Situation, daß Ihr Partner Sie zurückweist. Wenn Ihnen diese Geschichte zu weit hergeholt klingt, kann ich nur sagen, daß wir dies immer wieder im Rebirthing und beim Loving Relationships Training gesehen haben. Das kommt viel häufiger vor, als Sie vielleicht denken. Die Menschen schaffen Situationen und traumatische Vorfälle immer wieder, bis sie die ungelösten Gefühle hinsichtlich dieser Ereignisse aufgearbeitet haben. Zahlen und Daten korrespondieren dabei mit den traumatischen Ereignissen, die diese Vorfälle auslösen.

Veränderung

Viele von uns fürchten sich vor Veränderung. Vielleicht fürchten wir uns, weil der erste große Wandel, den wir erfahren – von einer flüssigen Umgebung im Schoß der Mutter hinaus in die Atmosphäre – sehr schnell geschah und wir verletzt wurden. Unser Geburtstrauma hat uns verletzt. Und aus diesen Ereignissen schließen wir oft die irrige Vorstellung, daß Veränderung schmerzvoll sei. Wir müssen diese Vorstellung aufgeben. Denn wenn wir über unsere zwischenmenschlichen Probleme in unseren Beziehungen triumphieren, so bedeutet das auch, daß die Beziehung sich sehr verändern wird. Und diese Art von Veränderung ist essentiell. Sie hält uns glücklich und vital.

Unsere Umwelt verändert sich rasend schnell. Wie reagieren Sie auf Veränderung? Wie gehen Sie mit dem Chaos um, das oft mit Veränderung einhergeht – reagieren Sie darauf ängstlich oder kreativ? Ihre Furcht vor Veränderung entsteht aus dem Bedürfnis, alles zu kontrollieren, und aus der irrigen Annahme, daß Sie das überhaupt können. Aber Kontrolle ist eine Illusion, die uns ein Gefühl von Rigidität und Isolation vermittelt. Das Universum kann nicht still stehen. Die Welt wird nicht aufhören sich zu drehen, nur weil Sie das so wollen. Die Wirklichkeit ist immer in Bewegung, und wenn Sie nicht loslassen und sich ändern, sobald sich Ihre Umwelt verändert, werden Sie leiden. Sie müssen sich nicht an das Alte klammern, wenn etwas Neues kommt. Sie müssen lernen, es *loszulassen.* Veränderung macht Spaß und ist aufregend – selbst wenn Ihre Beziehung »endet« oder ihre Form verändert. Denken Sie an die Worte meines weisen Freundes: »Jeder Verlust ist ein nicht erkannter Gewinn.«

Das Ende einer Beziehung

Niemand will darüber nachdenken, wie eine Beziehung endet – und das aus gutem Grund. Wenn Sie bei diesem Gedanken verweilen, sich deswegen sorgen oder ihn fürchten, verleihen Sie ihm Energie, und die Trennung kann tatsächlich geschehen. Was Sie für wahr halten, erschaffen Sie auch. Was Sie fürchten, ziehen Sie an. Wenn Sie glauben, daß Ihre Beziehung endet, dann erschaffen Sie genau das.

Eine Beziehung zu beenden, selbst wenn Sie es *wollen*, verursacht beträchtlichen Schmerz. Wenn Sie nicht wollen, daß Ihre Partnerschaft endet und sie es trotzdem tut, kann der Schmerz unüberwindlich scheinen. Wie kommen Sie ohne unerträgliche Schmerzen durch diese schwierige Zeit?

Wie ich schon viele Male zuvor gesagt habe, wenn jemand Sie verläßt, ist er nicht länger der beste Partner für Sie; das Universum versucht, Ihnen etwas Besseres zu geben! Nichts wird Ihnen genommen, ohne daß es nicht durch etwas Besseres ersetzt würde. Wenn Sie sich an diese Wahrheit erinnern, trifft Sie die Enttäuschung nicht ganz so hart. Wenn Sie den Gedanken »für mich gibt es da draußen niemanden mehr« loslassen, wird es leichter. Sie können das größere Gute, das kommt, erst dann annehmen, wenn Sie Ihre Bindung loslassen.

Ich benütze den Begriff »auseinanderbrechen« nicht so gern. Er scheint allzu hart und, was noch viel wichtiger ist, ich glaube nicht, daß Beziehungen jemals wirklich enden, sie verändern nur ihre Form. Es ist leichter, das potentielle Trauma der Trennung in den Griff zu bekommen, wenn Sie es zu einer nicht ganz so großen Krise machen. Wenn Sie und Ihr langjähriger Gefährte sich für eine Trennung entscheiden, können Sie dennoch Freunde bleiben. Es ist die Form Ihrer Beziehung, die sich verändert. Zuerst kann es hart sein, in Freundschaft verbunden zu bleiben. Sie reagieren empfindlich, und der Kontakt schmerzt allzu sehr. Aber sprechen Sie darüber als eine zukünftige Möglichkeit. Wenn Sie Ihr Herz einem anderen Menschen gegenüber verschlossen halten, so leiden Sie. Geben Sie sich selbst Zeit, um sich zu erholen, aber denken Sie daran, daß Ihr Gefährte Ihr Lehrer ist, Ihr Heiler, und letztendlich ist Dankbarkeit die einzig angemessene Reaktion auf ihn. Um Ihnen hierbei zu helfen, empfehle ich die Lektüre von *Ein Kurs in Wundern*.

Denken Sie daran, daß das Scheitern Ihrer Beziehung tatsächlich zu Ihren Gunsten sein kann. Das Scheitern kann ein nicht erkannter Gewinn sein: ungeachtet des Ergebnisses Ihrer Beziehung, Sie wollten dieses Ergebnis! Sie sind sich dessen vielleicht nicht bewußt, aber Sie bekommen immer das, was Sie wollen. Selbst wenn Sie scheiterten, wollten Sie scheitern, entweder um einen Teil Ihres Ego zu bestätigen, um eine Entschuldigung zu haben, wütend zu sein oder um etwas zu haben, dem Sie die Schuld geben können. Weil Sie scheitern wollten, hatten Sie auch Erfolg damit. Darum sind Sie in Wirklichkeit ein erfolgreicher Mensch. Selbst wenn Sie im Augenblick diese Logik nicht verstehen, Sie werden es eines Tages tun, also können Sie es genauso gut jetzt schon akzeptieren! Es wird mit Sicherheit Ihre Seele erleichtern.

Zusammenbleiben oder trennen

Im Laufe meiner Arbeit als Paarberaterin fragen mich die Menschen manchmal, ob sie sich scheiden lassen sollten. Wenn mir diese Frage gestellt wird, muß ich sehr aufpassen. Ich denke nicht, daß es meine Aufgabe ist, diesen Menschen zu sagen, was sie tun sollen, aber es ist meine Aufgabe, ihnen bei der Klärung ihrer eigenen Wahl zu helfen. Wie ich schon sagte, meistens rate ich ihnen zu beten, ihre Beziehung möge heilen *oder* etwas Besseres möge für beide kommen.

Manchmal ist eine Scheidung das positive Zeichen für Ihre Weiterentwicklung. Sie haben beispielsweise in Ihren frühen Jahren schlechtes Urteilsvermögen bewiesen und jemanden geheiratet, der sich genauso wie ein Elternteil von Ihnen verhielt, dessen Verhalten Sie ablehnen. Oder Sie haben sich mit jemandem zusammengetan, der Ihr genaues Gegenteil ist und mit dem Sie nichts oder wenig gemeinsam haben. Wenn Ihre Ehe spirituell stagniert und es keine Hoffnung zu geben scheint, dies zu ändern, oder wenn Ihnen klar wird, daß Ihre Partnerschaft Ihre spirituelle Entwicklung behindert, kann eine Scheidung oder Trennung in Ordnung sein.

Wenn Ihre Beziehung jedoch nur eine Dürreperiode durchläuft, oder wenn Sie einfach »in Ihren Ansichten feststecken«, sollten Sie versuchen, spirituelle Läuterungsmethoden anzuwenden, bevor Sie an eine Trennung denken. Eine Wiederherstellung der Beziehung kann schwierig sein, wenn Ihr Gefährte nicht bereit ist, die notwendigen Schritte zu unternehmen, um Ihre Beziehung zu läutern, aber wenn Gott für Sie beide die oberste Priorität darstellt, werden Sie diese rauhen Zeiten wahrscheinlich durchstehen.

Sobald Sie einmal verstanden haben, daß der Sinn des Lebens spirituell ist und der Sinn einer Verbindung in der noch größeren Erweiterung der Spiritualität liegt, werden Sie Ihre Beziehung auf dieser Basis neu bewerten. Wenn die Partnerschaft einen von Ihnen abhängiger, selbstsüchtiger oder starrer macht, befinden Sie sich eindeutig auf dem falschen Weg. Aber wenn die Verbindung Ihr Ego läutert, Sie stärker macht, weitherziger und spiritueller, werden Sie die stürmischen Zeiten durchstehen und daran wachsen.

Ich habe viele Menschen gesehen, die Ihren Gefährten dazu benutzen, um sich selbst spirituell zurückzuhalten. Obwohl sie sich auf einem erleuchteten Weg befinden, sind sie an jemanden gebunden, der sich gegen die Erleuchtung wehrt. Ohne es zu erkennen, benützen diese Menschen den Widerstand ihres Partners als Entschuldigung, sich nicht weiterzubewegen und nicht all das zu sein, was sie sein könnten. Sie ersticken ihre eigene Entwicklung, um ihren Gefährten nicht zu bedrohen. Immer wieder glimmt Unmut auf, und später wünschen dieselben Menschen, sie hätten den Mut gehabt, diese Beziehung zu verlassen, bevor sie so viel investiert hatten.

In einer Beziehung zu bleiben, von der Sie insgeheim wissen, daß sie vorüber ist, einfach weil Sie zuviel Angst haben, zu gehen, ist weder gnädig noch tapfer. Es ist Ihnen und Ihrem Gefährten gegenüber unfair. Wenn Sie sich in dieser Situation befinden, wenden Sie sich an jemanden, der Ihnen bei der Verarbeitung Ihrer Ängste hilft. Diese Ängste können durch spirituelle Läuterung ausgelöscht werden. Wenn Sie sich trennen, ist es wahrscheinlich, daß während der Phase der Anpassung ein gewisses Unbehagen da ist, aber Sie werden sich selbst viel mehr respektieren, weil Sie sich selbst gegenüber treu gewesen sind und entsprechend gehandelt haben.

Viele von uns denken irrtümlicherweise, daß es »da draußen niemanden mehr für uns gibt«, oder selbst wenn es jemanden gäbe, würden wir diesen Menschen niemals finden. Diese Vorstellung ist reiner Unsinn. Es gibt für jeden Menschen, überall, viele potentielle Gefährten. Sie werden neue Gefährten finden – gemäß Ihrem Selbstwertgefühl und der Qualität Ihrer Gedanken. Sie können ganz leicht einen neuen Gefährten finden, wenn Sie daran glauben.

Wenn eine Beziehung endet, ist es wichtig, sich selbst zu läutern und über sich nachzudenken. Das wird Ihnen helfen, denselben Fehler nicht noch einmal zu begehen. Ich weiß das aus persönlicher Erfahrung. Obwohl ich es zu der Zeit niemals hätte sehen können, bin ich mir heute sicher, daß ich jetzt sehr krank und unglücklich wäre, wenn ich in meiner ersten Ehe geblieben wäre. Meine innere Wahrheit war mir keineswegs klar, als ich das erste Mal heiratete. Zum einen war ich wütend auf Gott, weil er meinen Vater hatte sterben lassen. Jeder bestand darauf, »daß der Herr ihn zu sich genommen hatte«, und ich wollte nicht mit einem Gott unter einer Decke stecken, der Menschen tötete. Meine »Lösung« bestand darin, einen Atheisten zu heiraten. Natürlich konnte diese Ehe nicht funktionieren, weil sie keine spirituelle Basis hatte. Aber zu jener Zeit konnte ich weder Gott noch der Religion vertrauen.

Heute bin ich aus Erfahrung klüger, und ich weiß, daß es ohne eine Scheidung kein LRT geben würde. Ich wäre nicht der kreative Mensch, der ich heute bin. Ich war wirklich zu jung und zu beunruhigt über den Tod meines Vaters, um auch nur das Geringste darüber zu wissen, wie man sich einen Gefährten wählt oder eine Ehe funktionieren läßt.

Als ich das erste Mal heiratete, rebellierte ich gegen Gott und versuchte, so schnell ich nur konnte von ihm fortzukommen. Heute bin ich ein ganz anderer Mensch. Jetzt ist das Erste, was ich über einen Mann herausfinden möchte, wie *nahe* er Gott ist und ob seine Spiritualität für ihn die höchste Priorität besitzt oder nicht. Wenn nicht, bin ich nicht daran interessiert, ihn zu meinem Gefährten zu machen. Allen, die heiraten wollen, aber auch allen, die bereits verheiratet sind, empfehle ich die Lektüre des Buches *How To Spiritualize Your Marriage* von Swami Kriyananda. Dieses Buch vermittelt die geheiligte Freude, die wir in der richtigen Verbindung finden können und die uns dazu bringt, den in uns bereits vorhandenen Geist bereitwillig anzunehmen.

Loslassen ohne Bitterkeit

Vor kurzem mußte ich plötzlich an eine Bekannte denken, die ich schon lange Zeit nicht mehr gesehen hatte. Ich erfuhr, daß sie immer noch allein lebte und es lange Zeit schon keinen Mann mehr in ihrem Leben gegeben hatte. Ich fragte eine gemeinsame Freundin, zu der ich einen engen Kontakt hatte, ob diese Bekannte aus freier Wahl allein lebte. Meine Freundin erzählte mir, sie sei sich fast sicher, daß diese Frau sich niemals von ihrer traumatischen Ehe erholt hätte und sich wahrscheinlich nie wieder auf einen Mann einlassen würde. Diese Feststellung schockierte mich. In all den Jahren, die ich sie kannte, hatte sie niemals etwas über ihre frühere Ehe gesagt. Und wir hatten uns ziemlich lange gekannt! In der folgenden Woche traf ich zufällig eine andere Frau, die ich jahrelang nicht mehr gesehen hatte. Ich erkundigte mich nach ihrer Beziehung zu Männern. Sie schien eine Menge Unschlüssigkeit, Zweifel und Angst hinsichtlich Beziehungen zu hegen. Sie vertraute mir Einzelheiten aus ihrer Ehe an, die vor Jahren endete, und sie beschrieb die schmerzliche Trennung. Sie war ganz offensichtlich völlig am Boden zerstört. Sie hatte zwar ihre Mädchen groß gezogen, ging aber niemals mehr eine wirklich intime, gesunde Beziehung zu einem Mann ein. Warum? Weil sie niemals ihre Bitterkeit aufgegeben hatte.

Diese beiden Frauen mieden Beziehungen wie die Pest. Sie waren immer noch verletzt, bitter oder voller Furcht. Die geschiedene Mutter erzählte mir, sie hätte tatsächlich die Entscheidung getroffen, niemals mehr einem Mann zu vertrauen! Das machte mich traurig, weil ich sehen konnte, wie diese Vorstellung sie gefangen hielt. Sie hielt sich durch diesen Gedanken nicht nur selbst davon ab, Männer zu erschaffen, wenn einer zudem zufällig aus eigener Initiative Interesse zeigte, schenkte sie ihm kein Vertrauen. Indem sie *alle* Männer ablehnte, fühlte sie sich vielleicht beschützt, aber sie wurde auch nicht heil. Wenn sich Menschen an Schmerz und Bitterkeit klammern, tötet das ihre Lebendigkeit und Sinnlichkeit. Und ironischerweise treibt es andere Menschen noch weiter von ihnen weg.

In Ihren Beziehungen eine *Pause* einzulegen, um etwas über sich selbst zu lernen, kann ein sehr hilfreicher Schritt sein. Aber Beziehungen *gänzlich* zu meiden, weil Sie alte Verletzungen nicht verarbeiten wollen, macht Sie psychisch und emotional zum Krüppel. An diesem Punkt muß man über Rückfederung meditieren. Die Fähigkeit zurückzufedern, ist sehr wichtig im Leben.

Die meisten Menschen haben in Ihrem Leben Enttäuschungen erschaffen. In meinen eigenen grauen Momenten bin ich so weit gegangen, enttäuscht darüber zu sein, daß ich *Enttäuschungen erschaffen* hatte! Aber letztendlich gewann mein Glaube an mich selbst und an das Universum. Ich habe herausgefunden, je erleuchteter ich wurde, desto schneller konnte ich zurückfedern. Ich erkannte, daß weiterzumachen und ein Risiko einzugehen belebender war, als sich zurückzuhalten, nur weil man einmal verletzt worden war. In der nächsten Beziehung lernte ich mehr. Als sie endete, schuf ich viel weniger Schmerz. Das wichtigste Ziel ist es, immer weiter zu wachsen.

Ich möchte Ihnen eine ganz besondere Geschichte erzählen. Es geht darum, wie mein Meister Babaji mir half, zu lernen, wie ich mich von schmerzhaften Beziehungen erholen konnte – und das geschah, noch bevor ich ihn überhaupt getroffen hatte! Ich weiß jetzt, daß ich in einem früheren Leben, an das ich mich nicht erinnern konnte, bei ihm war. Wie auch immer, die Geschichte spielt in diesem Leben, zu einer Zeit, als ich nach Indien gerufen worden war.

Als ich plante, nach Indien zu gehen, war ich gerade als Rebirtherin ausgebildet worden und hatte eine großartige Beziehung zu einem anderen Rebirther. Mein Partner hatte seine Ausbildung mit mir zusammen gemacht, und wir reisten und arbeiteten zusammen als Team. Wir hatten seit zwei Jahren eine Beziehung miteinander, als er eines Tages nach Hause kam und einfach zu mir sagte: »Ich muß gehen.« Ich war geschockt. Ich hatte gedacht, wir würden sehr gut miteinander auskommen. Ich fragte ihn: »Warum? Stört dich etwas an mir?« Und er antwortete: »Nein.« »Stört dich etwas an unserer Beziehung?« Wieder antwortete er: »Nein.« Dann meinte er: »Ich muß einfach gehen.« Und das tat er auch. Er lieferte keine Erklärung, und ich habe ihn niemals wieder gesehen. In derselben Woche gingen auch andere Dinge schief. Ein Freund fuhr meinen Sportwagen zu Schrott und ließ ihn im Straßengaben liegen. Und zu alledem wurde das wunderschöne Haus, in dem ich lebte, plötzlich verkauft, und man teilte mir mit, ich müßte es unverzüglich räumen. Ich hatte alles verloren, an dem mir etwas lag.

Obwohl ich versuchte, erleuchtet zu sein und es »in den Griff zu bekommen«, war ich in Wahrheit ziemlich erschüttert. Tagelang fühlte ich mich, als ob meine Füße niemals wirklich den Boden berührten. Der Schock löschte meine Reisepläne völlig aus. Dann eines Morgens, nach einer weiteren Nacht unruhigen Schlafes, wachte ich auf und erinnerte mich, daß ich auf dem Weg nach Indien war. »Ah, ich verstehe«, dachte ich. »Ich muß zum Meister gehen, nackt, ohne Bindungen.« All die Verluste, die ich erlitten hatte, machten plötzlich Sinn. Ich war nun ruhiger, riß mich zusammen und brach nach Asien auf.

Wochen später ging ich allein durch Neu Delhi und verspürte plötzlich ein schmerzliches Verlangen nach meinem früheren Partner. Ich gab mich völlig meiner Einsamkeit hin und vergrößerte mein Elend dadurch nur noch. Plötzlich, ohne zu wissen woher, hörte ich eine Stimme – die Stimme war Teil einer »Präsenz«, die ich zu meiner rechten Seite spürte. Sie fragte: »Was wäre, wenn Verlassen werden eine Freude sein könnte?« »Das ist lächerlich!« schluchzte ich. Ich konnte mir so etwas nicht vorstellen. Aber so sehr ich mich auch gegen diese Präsenz wehrte, schien sie nur zu wachsen. Schließlich sprach sie weiter: »Warte einfach und siehe, was ich als Nächstes für dich habe!« Ich war so verblüfft, daß ich zu Boden fiel, demütig. Ich weinte und schießlich flüsterte ich: »Verzeih mir meinen geringen Glauben.« Ich erhob mich und reiste ins Himalayagebirge, wo ich schließlich alles verstand.

Erst später wurde mir klar, daß die Stimme, die ich in den Straßen Neu Delhis gehört hatte, Babaji gehörte. Er erinnerte mich daran, wenn etwas oder jemand uns verläßt, ist es beziehungsweise er nicht länger das Beste für uns, und nichts wird von uns genommen, ohne daß es nicht durch etwas Besseres ersetzt würde. Babaji lehrt uns, daß *Glaube alles ist*. Später wurde mir so viel mehr geschenkt als in meinem früheren Leben.

Wenn eine Beziehung endet und Sie sich entmutigt fühlen, weil Sie nicht wollen, daß die Beziehung endet, kann es hilfreich sein, einen Wahrheitsprozeß durchzuführen und einen Satz wie den folgenden zu vervollständigen: »Der Grund, warum ich will, daß diese

Beziehung endet, ist _____.« Diese Übung ist besonders hilfreich, wenn der andere Mensch Sie verließ, obwohl Sie die Bindung nicht aufgeben wollten.

Die Wahrheit ist, daß »Folgen und Konsequenzen Ihr Guru sind«. Sie haben es vielleicht noch nicht erkannt, aber in Wirklichkeit wollten Sie, daß die Beziehung endet. *Ein Kurs in Wundern* mahnt uns, uns vor der Versuchung zu hüten, uns selbst als ungerecht behandelt zu fühlen. Niemand kann Sie verletzen, außer Sie selbst!

Eine Phase der Trauer ist selbstverständlich natürlich. Aber wenn Sie wollen, können Sie die Zeit verkürzen, indem Sie Ihr Selbstwertgefühl aufbauen. Denken Sie daran, daß Sie selbst aufbrechen und neue Beziehungen schaffen können, wann immer Sie wollen. Wenn Sie eine Frau sind, müssen Sie nicht darauf warten, bis Sie ein Mann bittet, mit ihm auszugehen. (Lesen Sie *Auch Lieben will gelernt sein* und lernen Sie, wie Sie einen Gefährten in Ihrem Leben erschaffen können.) Sie können die Zeit der Trauer auch durch spirituelle Läuterung verkürzen. (Lesen Sie *Pure Joy*.)

Ich halte es für sehr wichtig, sich davor zu hüten, sich selbst gegenteilig zu beurteilen, wenn Sie eine Reihe von kurzen Beziehungen hatten, anstatt wenigen, langen Beziehungen. Kürzere Beziehungen sind nicht automatisch »schlecht«. Manchmal brauchen Sie Menschen, die nur eine kurze Zeit in Ihr Leben kommen. Jeder wird eine Zeit lang Ihr Guru sein, gefolgt vom Nächsten, der ebenfalls Ihr Lehrer sein wird. Die wichtige Frage lautet: Sind Sie mit jeder neuen Erfahrung liebevoller geworden?

Marianne Williamson spricht über verschiedene Alternativen auf ihrem hervorragenden Band über Beziehungen und *Ein Kurs in Wundern*. Hören Sie diese Kassetten, anstatt Trübsal zu blasen. Fangen Sie ein neues Leben an. Es gibt neue Menschen, die Sie treffen können, neue Erfahrungen, die Sie genießen können. Freude wartet auf Sie um die Ecke. Der Trick ist, ein Gefühl der *inneren* Freude zu schaffen, das nicht davon abhängt, ob die äußeren Umstände gut laufen.

Zusammenfassung

1. Verstehen Sie die Todessehnsucht, und machen Sie sich klar, wie sie in Ihrem Leben wirkt. Inwiefern beeinflußt sie Ihre Beziehung? Töten Sie unbewußt Ihre Beziehung ab? Holen Sie sich die Hilfe, die Sie brauchen, von jemandem, der die unbewußte Todessehnsucht in Beziehungen versteht.
2. Unterstützen Sie einander in dem wunderbaren Prozeß, ewig zu leben.
3. Seien Sie sich bestimmter Daten und Zeiten bewußt, die Sie stark beeinflussen könnten: Jahrestage traumatischer Vorfälle, Todesfälle, Scheidungen oder Veränderungen.
4. Nutzen Sie Veränderung als kreative Macht. Verändern Sie die Gedanken, die Ihnen Veränderung als erschreckend erscheinen lassen. Wenn Sie dazu neigen, in der Gegenwart von Veränderung beunruhigt zu sein, üben Sie die Kunst des »Fallenlassens«. Hören Sie auf, beunruhigenden Gedanken nachzuhängen!
5. Wenn jemand geht, machen Sie sich klar: er ist nicht länger der beste Partner für Sie. Etwas Besseres wird in Ihr Leben treten.
6. Lassen Sie am Ende einer Beziehung alle Bitterkeit los. Das wird Ihnen helfen, zurückzufedern und etwas Besseres auftauchen zu lassen.
7. Wenn Sie scheinbar nicht loslassen können und Sie in Schuld feststecken, suchen Sie Hilfe. Durchlaufen Sie insbesondere den Wahrheitsprozeß.
8. Verurteilen Sie sich nicht selbst, wenn Ihre Beziehungen kurz sind. Vielleicht brauchen Sie viele Gurus. Das Ziel ist, mit jeder Beziehung liebevoller zu werden.

Teil VI

Beziehungen und der Alltag

Freundschaften außerhalb der Beziehung

Es ist sowohl gesund als auch belebend, enge Freundschaften mit anderen Menschen außer Ihrem Gefährten zu pflegen. Wieviel Raum läßt Ihre Beziehung für externe Freundschaften?

Ein Kurs in Wundern rät uns sehr davon ab, eine »besondere Beziehung« zu kultivieren – ausschließlich einen einzigen Menschen zu lieben, diesen Menschen über alle anderen Menschen zu setzen, über uns selbst und sogar über Gott. *Ein Kurs in Wundern* sagt uns: *Die besondere Liebesbeziehung ist die Hauptwaffe des Ego, um dich dem* HIMMEL *fernzuhalten (27). – Du kannst keine wirklichen Beziehungen mit irgendeinem der* SÖHNE GOTTES *eingehen, wenn du sie nicht alle und gleichermaßen liebst. Liebe kennt keine Besonderheit (28).*

Davon abzuhängen, daß ein einziger Mensch *alle* Ihre Bedürfnisse erfüllt, setzt Ihren Partner enorm unter Druck. Enge, intime, nicht-sexuelle Freundschaften mit anderen Menschen können Ihre Beziehung etwas von diesem Druck entlasten. Sie müssen natürlich sicher sein, daß Sie diese Freundschaften nicht als heimliche Waffe benützen – oder als Flucht, die es Ihnen ermöglicht, sich vor der Beschäftigung mit den wesentlichen Fragen Ihrer wichtigsten Beziehung zu befassen. Sie müssen sich auch darüber im Klaren sein, wie geschickt und bewußt Sie Eifersucht, Konkurrenzdenken und Zeitfaktoren handhaben können. Diese Fertigkeiten erfordern einiges an Übung und Erfahrung – aber man kann sie erwerben.

Externe Beziehungen machen uns runder und lassen unsere Beziehung atmen. Dabei verhindern sie die rigiden Begrenzungen, an die sich kein gesundes Individuum halten kann.

Wir müssen erkennen, daß die Liebe in Fülle vorhanden und keine endliche Ressource ist, die nur sparsam verteilt werden darf. Lassen Sie uns daran denken, daß wir, wenn wir wirklich die Bewußtseinsebene erreichen, die wir anstreben, letztendlich jeden lieben können und sollen.

Geld und Beziehungen

Der Streit ums Geld ist eine der häufigsten Scheidungsgründe. Das sind für uns keine überraschenden Neuigkeiten, denn wir wissen aus Erfahrung, daß man über Geld tatsächlich leicht streiten kann. Auf jeden Fall unterscheiden sich Geldkonflikte im wesentlichen nur wenig von anderen Konflikten. Das Ego liebt Konflikte. Wenn wir uns von unserer Sucht nach Konflikten und dem Wunsch nach Friedlosigkeit lösen, werden wir bereitwillig aufhören, uns über alles, einschließlich Geld, zu streiten. Sogar Streitfragen hinsichtlich der Finanzen können friedlich gelöst werden.

Wo fangen wir an, wenn wir Geldkonflikte lösen wollen? Jeder muß zuerst seine eigene »Geldsache« regeln. Das beinhaltet alle negativen Konditionierungen, die jeder von uns in Bezug auf Geld hat – Konditionierungen, die vom Mangel an Wohlstand bis zu unserer Gier und Geldverschwendung alles beeinflußt haben.

Meiner Meinung nach können Sie alle möglichen Seminare über Geld besuchen, eine unglaubliche Anzahl Bücher darüber lesen und sich ein breites Wissen aneignen, wie man mit Geld am besten umgeht, aber wenn Sie Ihre eigenen emotionalen Blockierungen über Geld nicht verarbeiten, werden auch die ausgetüfteltsten Werkzeuge und Techniken nicht funktionieren. Wenn sie unsere gegenwärtigen Proleme auch zu lösen scheinen, ist es doch wahrscheinlich, daß Sie selbst dies später sabotieren oder Ihren finanziellen Gewinn in den Sand setzen.

Wenn Sie sich zu sehr an die materielle Welt binden, ohne zuerst das angemessene Bewußtsein für das, was Sie haben, aufzubauen, kann dieses Ungleichgewicht Chaos und Desaster verursachen. Mit welchen Unausgewogenheiten muß man rechnen? Am einen Ende der Skala steht die Gier und am anderen Ende der Skala befindet sich das, was wir einen *Geldablehnungskomplex* nennen. Keines dieser beiden Extreme wird Sie glücklich machen. Sie brauchen ein vernünftiges Gleichgewicht.

Gier ist der unkontrollierbare, unersättliche Appetit nach mehr als Sie brauchen. Obwohl der von Gier betroffene Mensch keinen offensichtlichen Grund hat, denkt er, er müsse mehr und immer mehr haben. Er strebt dauernd danach. Gier hat ihre Ursache normalerweise in Konkurrenzdenken, in der Vorstellung, man müsse besser sein und mehr besitzen als andere, um sich für wertvoll zu halten. Ironischerweise sammelt der gierige Mensch zwar immer mehr an, fühlt sich innerlich jedoch immer leerer, eine Leere, die wiederum das Verlangen nach noch mehr Besitz anheizt. Der Kreislauf geht immer weiter. Wie meine Freundin Constance sagte: Sie werden niemals zufrieden sein, solange Sie von Gier beherrscht werden.

Am anderen Ende des Spektrums befindet sich der »Geldablehnungskomplex«; er gründet sich auf der Überzeugung, Geld sei sündig oder schlecht, und darum blockieren Sie die Annahme von Geld. Sie werden niemals zufrieden sein, solange Sie diese Überzeugung haben. Warum? Anzunehmen ist nicht selbstsüchtig. Es ist einfach eine Vervollständigung des Energiekreislaufs. Im Loving Relationships Training sprechen wir darüber, daß Geld *unschuldig* ist. Es ist einfach etwas Papier und Energie. Ihre eigene Energie bestimmt, ob Geld frei zu Ihnen fließt oder nicht. Je höher Ihre Energie, desto mehr Geld können Sie anziehen und handhaben. Da Ihre eigene Energie diesen Fluß reguliert, können nur Sie selbst sich berauben, und alles, was Sie erhalten, liegt ebenso an Ihnen. Entscheiden Sie sich dafür, das zu erhalten, was Sie wert sind. Lernen Sie, im allgemeinen auf unbegrenzte Art und Weise zu denken, nicht einfach nur groß zu denken, sondern kreativ.

Wenn wir höhere spirituelle Qualitäten entwickeln, verändern sich unsere Vibrationen. Wir können unsere Vibrationen magnetisch machen. Die Aufgabe besteht darin, zuerst glücklich zu werden. Wenn wir mit einem Aspekt unseres Lebens unglücklich sind, kann dies alle anderen beeinträchtigen. Wenn Sie sich wirklich nach Fülle sehnen, muß jeder Bereich Ihres Lebens funktionieren. Wenn Sie hinsichtlich Geld und Spiritualität verwirrt sind und nicht glauben, daß diese beiden gleichzeitig wirken können, überprüfen Sie am besten Ihre Überzeugungen in Bezug auf Gott. Gott ist opulent! Gott ist allgegenwärtiger Wohlstand!

John Randolph Price, der Autor von *The Abundance Book* (*Deine Zukunft ist jetzt*, Goldmann Verlag, München), erklärt, daß Gott uns nicht mit Geld oder Häusern versorgt – er gibt uns sich selbst. Er gibt uns *göttliche Substanz*, und diese Substanz wird zu Geld und zu Häusern. Diese Substanz beziehungsweise diese kreative Energie strömt durch den Geist der Menschen und manifestiert sich als Spiegel unserer Gedanken und Überzeugungen. Geld, so erklärt er, ist eine *Auswirkung*, ein Nebenprodukt dieses Vorgangs. Wenn wir uns auf die Auswirkung konzentrieren, vergessen wir oft die Ursache. Wenn wir die Ursache aus dem Blickfeld verlieren, verringert sich auch die Auswirkung. Wenn wir unsere Aufmerksamkeit auf das *Geldansammeln* richten, werden wir in Wirklichkeit unsere Versorgungsquelle austrocknen.

Fazit: Wenn Sie Ihren Wohlstand wahrhaft erhöhen wollen, müssen Sie genau jetzt Ihre Überzeugung aufgeben, Geld sei Ihre Unterstützung, Ihre Sicherheit oder Ihre Absicherung – Geld kann das nicht sein, Gott jedoch schon! Wenn Sie diese Wahrheit verstehen und erkennen, wird aus ununterbrochener Versorgung Fülle werden. Sie müssen Gott als Ihre einzige Quelle betrachten. Wollen Sie mehr Geld, mehr Wohlstand in Ihrem Leben? Dann verändern Sie Ihr Bewußtsein: von einem Bewußtsein für Wirkungen – Materialismus – zu einem Bewußtsein für Ursachen – Spiritualität.

Es gibt viele nützliche Bücher über Geld und Wohlstandsbewußtsein. Wir verkaufen eine Anzahl davon in unserer Gemeinschaft. Wenn Sie ein LRT-Zentrum anrufen, können wir Ihnen die klassischen Führer ebenso empfehlen wie wichtige Neuerscheinungen in diesem Bereich.

Bei einem Paar sollte jeder Partner die finanziellen Gewohnheiten seiner eigenen Familie sowie die seines Gefährten genau kennen. Partner sollten einander helfen, das Gefühl des »Feststeckens« zu überwinden, anstatt sich an Schuldzuweisungen zu klammern.

Phil Laut und Jeanne Miller beschreiben in ihrem Buch *Money, Sex and Communication* einen wunderbaren Prozeß für Paare, die ihre Kommunikation hinsichtlich Geld verbessern wollen. Zu Beginn dieses Prozesses sagt Partner A zu Partner B: »Beschreibe das finanzielle Leben deiner Familie.« B antwortet. Die folgenden Fragen veranlassen B zu weiteren Ausführungen:

○ Wer hat das Geld verdient?
○ Wer entschied, wieviel das Geld wert war?
○ Wie haben Sie Geld bekommen?

○ Was dachten Sie über ihre Arbeit?
○ Was haben sie Ihnen über Geld gesagt?
○ Welchen Streit gab es in der Familie über Geld?
○ Welche Meinung hatte man von den Reichen und den Armen?

Wenn B seinen Bericht abschließt, tauschen die Partner ihre Rollen und B stellt A dieselben Fragen.

Viele von uns glauben, wir wüßten bereits alles, was man über die Ansichten unseres Partners hinsichtlich Geld wissen muß. Aber konzentrierte Fragen können Einstellungen unseres Partners offenlegen, die sich sehr von dem unterscheiden, was wir dachten. Diese Informationen sind absolut notwendig, denn eben diese Einstellungen diktieren die finanziellen Entscheidungen, die beide Partner betreffen.

Allzu oft ist das Thema Geld tabu. Laut und Miller regen an, sich regelmäßig einmal die Woche zu zweit zusammenzusetzen und finanzielle Angelegenheiten zu diskutieren, einschließlich laufender Vereinbarungen, Geldziele, Rechnungen, zukünftige wirtschaftliche Aussichten, Sparguthaben, Ängste und Gefühle. Wenn Sie also über Geld streiten, hören Sie *jetzt* damit auf. Was nützt Ihnen das? Wut blockiert Geld. Schuld blockiert Geld. Setzen Sie sich ruhig hin, und gehen Sie finanzielle Fragen nüchtern gemeinsam an, das wird die Anspannung auflösen und den Raum klären für andere Interessen. Ich wünschte nur, das hätte man in meiner Familie getan, als ich noch ein Kind war.

Es ist verführerisch, einfach nicht hinzusehen, wenn es in Ihren finanziellen Angelegenheiten zur Sache geht. Gleichen Sie Ihr Scheckbuch regelmäßig aus? Bezahlen Sie Sonderkäufe aus dem normalen Budget? Haben Sie eine »aufgeblähte« Sammlung von Kreditkarten? Können Sie Ihr eigenes Finanzverhalten von dem Ihres Gefährten unterscheiden? Haben Sie ein gemeinsames Bankkonto, um dies zu verstecken? Bei all dem ist es wichtig, ein deutlicheres Bild zu bekommen, wie Sie Ihre finanzielle Energie verwenden.

Am wichtigsten für Ihre innere Präsenz oder Ihr höheres Selbst ist jedoch der Geldmacher. Die göttliche Präsenz in Ihnen sorgt für Ihr Wohlergehen. Wenn Sie dies anerkennen, werden Sie in Ihren Geldangelegenheiten auf dem richtigen Kurs bleiben. Konzentrieren Sie sich auf die verschwenderische Fülle der göttlichen Substanz in der ganzen Welt.

Persönliche und globale Gier

Was bedeutet es in Wirklichkeit, wenn Ihre Finanzen völlig durcheinander sind? Wenn Sie sich zufällig dafür entschieden haben, daß Sie über Geld einfach nicht nachdenken wollen, warum sollte sich dann jemand anderes darum kümmern? Die Antwort liegt gar nicht so im Verborgenen. Jeden Tag muß jeder von uns der Tatsache ins Gesicht sehen, daß wir eine Welt auf der Basis materialistischer Gier schaffen. Es ist eine Fixierung. Wir verhalten uns wie Süchtige.

Jose Arguelles, der Meister der planetaren Verwandlung, der 1987 die Harmonische Konvergenz schuf, sagt, daß die höheren Wesen über uns lachen, weil wir die Tatsache ignorieren, daß *wir das Krebsgeschwür der Erde sind*. Wir können nicht verstehen, daß weltweite Krisen wie Umweltverschmutzung, Krebserkrankungen, aussterbende Tierarten, Terrorismus und die Zerstörung der Ozonschicht allesamt unsere kollektiven Süchte ausdrücken. Jose erklärt, daß diese globalen Krisen von der materialistischen Gier stammen. Je mehr menschliche Wesen sich darin verwickeln, materiellen Wohlstand für sich selbst zu schaffen, desto mehr trennen wir uns von unseren Lichtkörpern und schaffen das Zeitalter der Dunkelheit. Wir können beim Kampf gegen diese Sucht Hilfe bekommen, räumt er ein, aber zuerst müssen wir unsere Ablehnung und unsere Arroganz ablegen und uns klarmachen, daß Hilfe von außen Not tut.

In seinem Buch *Surfers of the Zuvuya* beschreibt Jose unser tragisches Schicksal, falls wir uns weigern, unseren Weg zu ändern. Er drängt alle von uns, *Earthlings Anonymous (E. A.)* beizutreten, einer internationalen Organisation, in deren Satzung es heißt: »Wir geben zu, machtlos zu sein hinsichtlich unserer Gewohnheiten und bei der Entmachtung jener Institutionen, die wir geschaffen haben, um unsere Gewohnheiten zu unterstützen.« Wie es in dieser Grundsatzerklärung weiter heißt, sind wir nur machtlos, wenn wir uns im Ego befinden, in dem Teil unseres Geistes, der nicht loslassen will und der sich gegen Gottes Willen, den wahren »Kontrolleur«, stellt. Unser Gott-Selbst kann uns dazu anleiten, unsere Taten auf diesem Planeten zu bereinigen.

Schuldgefühle

Schuldgefühle sind nicht nur ungöttlich, sie stellen auch einen Angriff auf Gott dar. Wenn Sie Ihr »Gott-Selbst« mit Schuld bestürmen, werden Sie sich letztendlich selbst bestrafen, denn Schuldgefühle verlangen nach Bestrafung. Nehmen Sie Ihr Leben unter die Lupe. Bestrafen Sie sich selbst in Ihrer Karriere? In Ihren finanziellen Angelegenheiten? In Ihren zwischenmenschlichen Beziehungen? In Ihrem Körper? In all diesen Bereichen?

Beim *Loving Relationships Training* haben wir ein weit verbreitetes Schuldverhalten beobachtet. Da viele von uns zu der Ansicht neigen, daß wir etwas falsch gemacht haben oder daß inhärent in uns etwas mit uns nicht stimmt, denken wir, daß wir die Liebe, die wir uns wünschen, nicht verdienen. Und häufig sabotieren wir unbewußt die Liebe, die wir erhalten. Dieses Muster trifft ebenso auf Geld und Erfolg zu. Wenn wir nicht glauben, daß wir es verdienen, reich zu sein, werden wir Geld entweder von uns fernhalten oder es verschwenden, wenn wir es erhalten.

Schuldgefühle können Ihr Glück und Ihre Beziehung sehr schnell zerschlagen. Wenn Sie sich schuldig fühlen, haben Sie auch das Gefühl, Sie würden die Liebe Ihres Gefährten nicht verdienen. Möglicherweise unterdrücken Sie diese Schuldgefühle ja lange genug, um eine Beziehung aufzubauen, aber Sie können sie nicht ewig unterdrücken. Sobald Sie eine Bindung eingegangen sind, werden die Schuldgefühle wieder an die Oberfläche drängen, und Sie werden die Liebe Ihres Gefährten zurückweisen. Vielleicht stoßen Sie Ihren Partner ganz offen zurück – oder Sie werten ihn ab, indem Sie vermuten, seine Liebe für Sie sei nicht ehrlich. Auf jeden Fall werden Sie ihn zwingen, Sie zu verlassen.

Die Saat der Schuld kann sich bereits bei Ihrer eigenen Empfängnis entwickelt haben. Sie haben einen Körper angenommen und fühlen sich nun schuldig, weil Sie denken, Sie seien von Gott getrennt. Wenn Sie dieses schmerzliche Gefühl nicht auflösen, werden Sie sich selbst Ihr ganzes Leben lang bestrafen und schließlich Ihren eigenen Tod erschaffen. Vielleicht erleben Sie eine andere Art von Schuldgefühl – wir nennen es das »Kleinkind-Schuldsyndrom«. Es ist gekennzeichnet durch das intensive Schuldgefühl, Ihre Mutter bei der Geburt verletzt zu haben. Zusätzlich hegen Sie vielleicht religiöse Schuldgefühle, soziale Schuldgefühle und Schuldgefühle für alles, was Sie jemals falsch gemacht haben. Sie können sogar Schuldgefühle aus einem vergangenen Leben mit sich herumtragen.

Die einzige Möglichkeit, den Schuldgefühlen zu entfliehen, liegt in der Vergebung. In einem letzten, verzweifelten Versuch, die Kontrolle über das Ego zu erlangen, werden die Schuldgefühle von Ihnen fordern, sich für schuldig zu halten, weil Sie zu denken wagten, Sie seien unschuldig.

Nehmen Sie zum Beispiel den Fall einer ziemlich netten Frau, die objektiv keinen Grund hatte, Schuldgefühle zu hegen. Diese Frau erzählte mir, sie habe Angst, ihre Schuldgefühle loszulassen, denn wenn sie dies täte, »könnte sie vielleicht etwas Schreckliches tun«. Ich versuchte, ihr zu erklären, daß sie es falsch herum aufgerollt hatte. Wenn Sie glauben, Sie seien als Sünder geboren, werden Sie sich unbewußt selbst zerstören wollen. Auf ihre Weise zwangen sie ihre Schuldgefühle, unbewußt Dinge zu tun, für die sie dann Schuldgefühle empfand. Wenn diese Frau erkennt, daß sie unschuldig ist, wird sie sich garantiert auf eine aufrechte Weise verhalten, die sie befähigen wird, sich unschuldig zu *fühlen*.

Sex

Wir sind uns alle bewußt, daß sexuelle Probleme ein Hauptgrund bei Scheidungen sind. *I Deserve Love*, das erste Buch, das ich geschrieben habe, konzentriert sich darauf, Konflikte in diesem Bereich zu lösen. Obwohl es zu jener Zeit bereits eine große Anzahl Bücher zum Thema Sex gab, schrieb ich mein eigenes Buch, weil ich nicht das Gefühl hatte, irgend eine der neuen Veröffentlichungen würde wirklich der Ursache sexueller Fehlfunktionen auf den Grund gehen. In *I Deserve Love* führe ich die Vorstellung ein, daß die *Ursache* für sexuelle Probleme immer ein negativer Gedanke im

Gedankensystem des Ego ist. Das Buch ist heute noch so populär wie damals, als es zum ersten Mal erschien. Wie ich damals schloß, ist alles, worauf es ankommt, dies: »Befinden Sie sich, wenn es um Sex geht, im Denksystem des Heiligen Geistes oder im Denksystem des Ego?«

Obwohl einige Menschen immer noch die Warnungen ignorieren, ist sich fast jeder in diesem Land heute zumindest der Gesundheitsrisiken bewußt, die mit flüchtigem Sex einhergehen. Ich frage mich allerdings, ob sich die Menschen auch der Tatsache bewußt sind, daß flüchtiger Sex sie tatsächlich devitalisieren kann – ganz abgesehen von der Frage der Krankheiten. Ich habe gehört, wie spirituelle Lehrer erklärten, wenn zwei Menschen Sex aus rein körperlichen Gründen haben, so können buchstäblich gefährliche psychische Schockwellen ausgetauscht werden, die unsere spirituelle Aufladung stören. Wenn nicht der richtige magnetische Austausch stattfindet, wird ein Ungleichgewicht dieser Energie entladen. Je mehr Sex Sie unter solchen Umständen haben, desto mehr breitet sich dieses Ungleichgewicht aus.

Mit der Zeit wurde klar, daß wir ein weiteres Buch brauchten, eines, in dem beschrieben wird, wie das Geburtstrauma unsere Sexualität beeinflußt. Es schien am vernünftigsten, daß ein erfahrener Rebirther es schreiben sollte. Außerdem hatte ich das Gefühl, daß ein LRT-Trainer es schreiben sollte – jemand, der die Beziehungstechnologie verstand.

Schließlich trat ich an Rhonda Levand heran, eine Trainerin, die sich für dieses Thema sehr interessierte. Rhondas wunderbares Buch *Sexual Evolution* ist genau das Buch, das wir brauchten. Ein Essay von Rhonda erscheint in *Teil 2 dieses Buches*.

Wenn Sie mit Ihrem wahren Gefährten zusammen sind und ihn wirklich lieben, wenn Sie die Heiligkeit dieses Augenblicks verstehen und im Gedankensystem des Heiligen Geistes bleiben, wird Ihr ganzes Wesen durch kosmische Gnade erleuchtet. Revitalisierung findet statt. Heiliger Sex verbindet uns mit unserem wahren Selbst. Wenn Ihr Geist und Ihr Herz rein sind und Sie Ihre Sexualität dem Heiligen Geist anbieten, entsteht plötzlich die Gelegenheit zur kosmischen Ekstase Gottes.

Haben Sie jemals darüber nachgedacht, sich mit Tantra-Sex zu befassen – sowohl den uralten Disziplinen als auch dem spirituellen System? Lesen Sie *New Age Tantra Yoga* von John Zitko und *Tantra: The Art of Conscious Loving* (*Tantra: Die Kunst bewußten Liebens*, Heyne Verlag, München) von Charles und Caroline Muir. In der tantrischen Lehre stellt die sexuelle Liebe ein Sakrament dar – ihr höchstes Ziel ist die Vereinigung mit Gott. Diese Lehren erheben Ihre sexuelle Beziehung, gemäß den Muirs, auf die Ebene der Kunst. Darüber hinaus, so schreibt Zitko, können Sie und Ihr Gefährte Tantra anwenden, um zusammen körperliche Unsterblichkeit zu erlangen!

Ihre Privatsphäre und Ihre Umgebung

Inwiefern unterstützt Ihre Umgebung Ihre Beziehung? Während des *Loving Relationships Trainings* lachen oft alle darüber, wie unerbittlich ich bin, wenn es um Ordentlichkeit im Umfeld geht. Aber ich weiß aus Erfahrung, daß Ordentlichkeit Ihren Geist und Ihre Beziehung beeinflußt. Wenn ich irgendwo zu Besuch bin, kann ich sofort den »Lebendigkeitsquotienten« der Familie bestimmen – wie sehr sich die Familienmitglieder gegenseitig respektieren – durch die Art und Weise, wie ihr Heim aussieht. Das hat nichts mit Geld oder teuren Gegenständen zu tun; die Art und Weise, wie Sie für Ihren Wohnraum sorgen, spiegelt wider, wie Sie über sich selbst und über die Menschen, mit denen Sie leben, denken.

Ihr Heim und die verschiedenen dazugehörigen Räume bieten Ihnen eine deutliche, greifbare Möglichkeit, Ihr Selbstwertgefühl und Ihre Vitalität zu messen.

Nehmen wir beispielsweise die Küche:

Ist der Herd schmutzig und sind die Töpfe alle ruiniert? Fehlen die Griffe? Schimmeln die Lebensmittel im Kühlschrank? Sind die Schränke sauber? Starren die Schwämme im Spülbecken vor Dreck? Stapelt sich das schmutzige Geschirr? Liegt Vogelsand auf dem Boden? Quillt der Mülleimer über?

Und im Wohnzimmer:

Sind die Pflanzen tot? Haben die Katzen alle Möbel zerkratzt? Sind die Glühbirnen ausgebrannt? Beherrscht das Fernsehgerät den Raum?

Im Badezimmer:
Sind die Handtücher muffig? Schimmelt der Duschvorhang? Kann man sich im Spiegel sehen? Haben Dusche und Badewanne schmutzige Ringe? Liegen alte Flaschen herum? Rostet die Waage?

Im Schlafzimmer:
Liegt Müll herum? Schachteln und Dinge, die nicht gerade sinnlich sind? Quellen die Schränke über vor alten Kleidern, die wenig schmeichelhaft sind oder Kleidern, die viel zu klein sind, um Sie noch dazu anzuregen, Gewicht zu verlieren? (Das sabotiert mit Sicherheit Ihr Selbstwertgefühl!)
Warum öffnen Sie nicht einfach Ihre Schränke und probieren alles an? Schauen Sie dann in den Spiegel und fragen Sie sich: »Macht mich das an?« Wenn die Antwort nein lautet, verschenken Sie es. (Wie soll sich denn Ihr Partner erregt fühlen, wenn Sie selbst es nicht sind?) Ziehen Sie sich immer nett an, sogar zu Hause, das hebt Ihre Stimmung und Ihre Sinnlichkeit. Es ist eine Möglichkeit, Ihrem Gefährten zu zeigen, daß Sie ihn schätzen. Es macht ihm deutlich, daß Ihnen etwas an seiner Meinung liegt und daß Sie ihn noch genug mögen, um ihm durch Ihr Aussehen und das Aussehen Ihres Heimes eine Freude zu machen.

Wie sieht Ihr Wagen aus?
Ist er voller Beulen? Ist er meistens schmutzig? Sind die Sitze voller Hunde- oder Katzenhaare? Liegen Zigarettenkippen, Kaugummipapier und Getränkedosen überall herum? Stapeln sich alte Zeitungen und Berge von Müll auf dem Boden? Funktionieren wichtige Teile des Autos nicht richtig? Ist es eigentlich nur noch ein altes Wrack? Was sagt das darüber aus, was Sie von Ihrem Körper halten?

Und schließlich Ihr Hof?
Ist Ihnen klar, daß der ganze Planet Ihr Hinterhof ist? Warum verkaufen Sie Ihren alten Trödel nicht einfach auf dem Flohmarkt? Raum und Ruhe verleihen Ihnen Vitalität.

Natürlich wollen Sie sich in Ihrem Zuhause entspannt fühlen. Achten Sie auf den Unterschied in Ihrer Stimmung und in der Vitalität Ihrer Beziehung, wenn Ihr Umfeld sauber und ordentlich ist. Vielleicht müssen Sie einmal die Woche eine Putzfrau einstellen. Manche Menschen reinigen nur alle Oberflächen, aber lassen überall darunter Schmutz zurück. Wenn dies eine Beschreibung ist, wie Sie mit Ihrem Lebensraum umgehen, haben Sie niemals innegehalten und sich überlegt, daß Schmutz, Dreck und auseinanderfallende Dinge Ihre Todessehnsucht repräsentieren?

Ich habe nie verstanden, warum die Menschen nicht alle Dinge, die repariert werden müssen, sofort reparieren, anstatt sie liegen zu lassen. Wenn Sie etwas liegen lassen und es nicht sofort reparieren, befinden Sie sich eines Tages in einem auseinanderfallenden Haus mit kaputten Besitztümern. Mit der Zeit wird Ihr Heim zu einem deprimierenden Ort. Dennoch haben Sie das Gefühl, die umgehende Reparatur so vieler Dinge sei viel zu teuer. Wenn Sie noch länger warten, fühlen Sie sich schließlich völlig heruntergekommen, und in der Zwischenzeit bricht Ihr Umfeld auseinander.

Andererseits löst die sorgfältige Pflege Ihres Eigentums und Ihrer Besitztümer einen Kreislauf positiver Energie aus. Wenn Ihr Geist klar ist und Ihre Gedanken ordentlich sind, wollen Sie alles reparieren. Auf dieselbe Weise, wie Sie alles reparieren, pflegen Sie auch sich selbst und Ihre Beziehungen angemessen.

Dennoch läßt eine erstaunliche Zahl von Menschen ihre Häuser verkommen, bis sich eine scheinbar undurchdringliche Unordnung angesammelt hat. Wenn sie schließlich alles aufräumen, erschöpft sie diese Arbeit so sehr, daß sie wieder wochenlang eine Pause einlegen. Der Müll wächst wieder an, und ihre Häuser verwahrlosen erneut. Der Kreislauf geht sinnlos so weiter. Es ist viel vernünftiger, alles umgehend aufzuräumen, damit Ihre Räume immer ordentlich sind. Für die schwereren Arbeiten und um Schmutz und Dreck zu vermeiden, heuern Sie einen Reinigungsdienst an, wenn Sie sich einen leisten können; das ist gar nicht so teuer, wie Sie denken. Wenn ein solches Arrangement wirklich jenseits Ihrer finanziellen Möglichkeiten liegt, versuchen Sie, Ihre eigenen Anstrengungen zu bündeln. Die ganze Familie kann als Reinigungstrupp zusammenarbeiten.

Vielleicht bin ich als Sternzeichen Jungfrau ganz besonders besessen von dem Thema der Sauberkeit und Ordentlichkeit. Aber immer wieder habe ich erlebt, wie Ordentlichkeit einige Beziehungen verbessert und mangelnde Ordentlichkeit andere Beziehungen ausgelöscht hat.

Ein Paar muß seine eigene Art und Weise, Haushaltspflichten zu erledigen, besprechen und ausarbeiten – eine Art und Weise, die wirklich und wahrhaftig für beide Partner funktioniert. Das kann sich als tückisch erweisen, wenn ein Partner in einem Heim aufwuchs, in dem es sehr ordentlich zuging, während der andere aus einem Haushalt stammt, der ziemlich unordentlich war. Verhaltensweisen, die von in der Kindheit erworbenen Gewohnheiten herrühren, können zu einer heftigen Kontroverse führen – aber es gibt dennoch Lösungsmöglichkeiten. Haushaltspflichten müssen nicht notwendigerweise Spannungen erzeugen: es macht Spaß und Vereinbarungen können leicht ausgearbeitet werden. Probieren Sie sie aus, und verhandeln Sie sie dann erneut, bis beide Parteien zufrieden sind.

Ich werde Ihnen eine wahre Geschichte erzählen. Ich lebte einmal mit einem Mann zusammen, der viel ordentlicher war als ich. Wenn Sie mich kennen, ist das vielleicht schwer zu glauben, da ich in meinen Gewohnheiten schon immer sehr heikel war. Er war jedoch noch eigenartiger. Ein absoluter Perfektionist. Dauernd polierte er den gläsernen Kaffeetisch und das Porzellan, niemals ließ er es zu, daß auch nur eine einzige Kaffeetasse im Spülbecken lag! In seiner Gegenwart fühlte ich mich dauernd nervös. Ich konnte mich nie entspannen. In meinen Augen war er besessen – und natürlich betrachtete ich meine Maßstäbe als »genau richtig«. Nachdem wir mehrere Monate zusammengelebt hatten, wuchs die Spannung in mir an. Mehrere Male war ich kurz davor, mit ihm zu streiten. Zum Glück konnte ich mich zurückhalten, und zum Schluß entschied ich mich dafür, das Problem etwas intelligenter anzugehen. Eines Samstag morgens, als wir Zeit für ein Gespräch hatten, setzte ich mich zu ihm. Ich sagte: »Mir ist aufgefallen, daß sich unsere Art von Ordentlichkeit voneinander unterscheidet. Ich habe Schwierigkeiten, es so wie du zu tun, aber vielleicht würde es mir helfen, wenn du mir deine Einstellung zu diesem Thema erklärst.« Seine Reaktion überraschte mich zutiefst. »Weißt du, Sondra, es ist in Wirklichkeit ganz einfach:

Bereite jeden Raum für Gott.« Ich war wie vor den Kopf geschlagen. Zwischen uns beiden hatte er den absolut höchsten Gedanken. Ich löste mich von all meinen niedrigeren Gedanken, erhob mich zu seinem und bat ihn, mir zu helfen, ebenfalls diese Ebene zu erreichen. Unsere Beziehung hat mich viel gelehrt.

Ehe

An dem Tag vor vielen Jahren, an dem meine Ehe endete, ereignete sich die folgende Szene: Im oberen Stockwerk eines zweistöckigen Wohnhauses packten mein Ehemann und ich traurig unsere Besitztümer. Nach sieben Jahren und vielen gemeinsamen Erfahrungen zogen wir aus und trennten uns voneinander. Gleichzeitig hörten wir schlurfende Bewegungen, leises Gelächter und das dumpfe Aufschlagen von Möbelstücken aus dem Stockwerk unter uns. Ein frisch verheiratetes Paar zog in die Wohnung unter uns!

Die Ironie der Situation war niederschmetternd – und überhaupt nicht komisch. In Wirklichkeit sind viele Witze über die Ehe ziemlich traurig. Das trifft auch auf die folgende Anekdote zu, die eigentlich ein Witz sein soll. Humor ist nur ein schwacher Deckmantel für Zynismus und verletzte Gefühle.

Eine Dame hat im Restaurant eines Hotels gegessen und verlangt nach der Rechnung. Die Kellnerin meint überrascht: »Ich habe Ihr Frühstück dem Herrn berechnet, der neben Ihnen saß und eben gegangen ist!« »Warum haben Sie das getan?« fragt die Dame. »Ich kenne diesen Mann nicht einmal. Ich habe ihn in meinem ganzen Leben noch nie gesehen!« »Es tut mir sehr leid«, erklärt die Kellnerin. »Sie beide haben sich nicht miteinander unterhalten, darum dachte ich, Sie wären verheiratet!«

Dieser Witz verdeutlicht in Wirklichkeit ein allzu weit verbreitetes Phänomen. Wußten Sie, daß ein Psychologe 40000 verheiratete Paare zu ihrem Kommunikationsverhalten interviewt hat, und es sich herausstellte, daß diese sich im Schnitt nur 27 Minuten pro Woche unterhielten? Was hat die Ehe an sich, daß sie so viele Menschen einander entfremdet? Ich habe diese Frage in den vielen Jahren nach meiner Scheidung untersucht, und ich muß gestehen, daß die meisten meiner Erkenntnisse eine Wiederverehelichung nicht gerade sehr wünschenswert machen.

Als die Schauspielerin Glenn Close vor einiger Zeit schwanger wurde und zu ihrem Lebensgefährten zog, fragten sie die Reporter, ob sie nun heiraten wolle. Glenn Close antwortete: »Warum sollte ich die *Regierung* mit hineinziehen?« Als ich diesen Kommentar las, wurde mir bewußt, daß ich ihre Sichtweise teilte. »Ja,« entschied ich mich, »vielleicht würde ich eines Tages wieder heiraten – spirituell, aber nicht vor dem Gesetz.«

Während meiner folgenden rebellischen Phase zog ich ein Buch mit dem Titel *A New Vision for Women's Liberation* an. Dieses Buch rüttelte mich wach, denn es enthielt die radikalsten Feststellungen über die Ehe, die ich jemals gelesen hatte. Der Autor, Bhagwan Rajneesh – ein Mann – erklärt, daß die Ehe altmodisch sei und daß sie alle Möglichkeiten, glücklich zu sein, zerstöre. Er meint, daß die Ehe jeden Menschen zum Zootier mache, daß sie den Willen zu sterben verstärke und zur Prostitution führe. Er glaubt, daß die Ehe eine anachronistische Barriere ist, die verschwinden muß, und daß sie den Status der Frauen ruiniert hat.

Mit den Jahren studierte ich dieses Thema immer gründlicher und las weitere Bücher wie beispielsweise *How to Spiritualize your Marriage* von Swami Kriyananda, in dem aus ganz anderen Gründen die Ehe *befürwortet* wird. Langsam spürte ich, daß die Institution der Ehe an sich gar nicht so negativ war. Fehlerhaft waren die falschen Vorstellungen darüber, was eine Ehe sein sollte sowie die Art und Weise, wie die Leute aufeinander reagierten, sobald sie erst einmal verheiratet waren. Mit anderen Worten, die Ehe wird nur dann zu einem heiligen Bund, wenn sie heilig *gemacht* wird – ansonsten ist sie ein simpler Gesellschaftsvertrag. Zu den fundierten Gründen, sich zu verheiraten, über die ich gelesen und über die ich nachgedacht habe, gehören die folgenden:

○ Die Ehe kann den Menschen helfen, ihr inneres Gleichgewicht zu erlangen (insbesondere das Gleichgewicht zwischen Vernunft und Gefühl).

○ Die Ehe ist ein Hilfsmittel, die Begrenzungen von Selbstsucht und Ego zu zerbrechen. Man lernt in ihr, in einer größeren Wirklichkeit zu leben als nur der eigenen.
○ In der Ehe kann man die eigene Identität erweitern.
○ Die Ehe bietet ein »Versuchsfeld« für die eigene spirituelle Entwicklung. Sie ist ein Prüfstein für die spirituellen Eigenschaften der verheirateten Gefährten.
○ Die Ehe ist ein Hilfsmittel, durch das man die Vereinigung mit Gott erlangen kann (nachdem Sie sich mit Gott in Ihrem Gefährten vereinigt haben).

Ich suchte weiter und fand Yoganandas Lehren über die Ehe. Ich stieß auf diese Weisheit: »Das Verlangen nach der Ehe ist universal, weil die kosmische Macht der Liebe alles zur Einheit zurückzieht.« Der Guru betont, wie wichtig es ist, daß sich die Ehe auf einer göttlichen Freundschaft zwischen Gleichstehenden mit bedingungsloser Liebe, bedingungsloser Loyalität und den göttlichen Eigenschaften »Güte, Respekt, Vertrauen und Glaube« gründet. Er setzt bei den wesentlichen Grundlagen der Ehe folgende Prioritäten:

1. Einheit der Seelen (ähnliche spirituelle Ideale und Ziele sowie die Bereitschaft, sie durch Studium und Selbstdisziplin zu erlangen).
2. Ähnliche Interessen.
3. Körperliche Anziehung (die bald ihre Anziehungskraft verliert, wenn Seeleneinheit und Interessensgleichheit nicht vorhanden sind).

Wie oft kehren die Menschen diese Prioritäten um und leiden darunter!

Die Ehe ist eindeutig kein Allheilmittel. Der Ehestand an sich löst keine Probleme. Tatsächlich betont eine Ehe bestehende Probleme nur umso stärker. Die Ehe muß in einem spirituellen Kontext verwirklicht werden, denn wenn Ihre Ehe spirituell stagniert, wird Scheidung zur einzig möglichen Lösung.

Nachdem ich alle möglichen Ansichten über die Ehe gelesen hatte, drängte es mich danach, einige Schlußfolgerungen zu diesem Thema zu ziehen. Für mich war dies besonders schwierig, weil ich zum Teil mit den extrem radikalen Argumenten gegen die Ehe sympathisierte *und* zum Teil mit den erfreulichen spirituellen Positionen, die dafür sprechen.

Am Ende wurde mir klar, daß es nicht die Ehe an sich ist, sondern vielmehr, was Sie aus der Ehe machen, das bestimmt, ob Sie Befreiung oder Täuschung erlangen. Da ich Befreiung bevorzugte, merkte ich, daß es nur auf eine Frage ankam: Befand ich mich hinsichtlich der Ehe im Gedankensystem des Ego, einer Täuschung, oder im Gedankensystem des Heiligen Geistes, in der wahren Wirklichkeit? Mit anderen Worten, handelt es sich um eine *heilige* Beziehung oder um eine *unheilige* Beziehung?

Lassen Sie uns einige der Eigenschaften prüfen, die diese beiden Arten von Verbindungen charakterisieren.

Unheilige Beziehung kontra heilige Beziehung

Unheilige Beziehung	**Heilige Beziehung**
Der Geist des Ego	*Der Geist des Heiligen Geistes*
Kontakte in dem begrenzten Zustand der Selbsteingeschlossenheit.	Reicht hinaus in größere Wirklichkeiten.
Vorherrschender Gedanke: Was nützt mir der andere?	Vorherrschender Gedanke: Was können wir einander geben?
Verstärkt Ihre Angelegenheiten (Negativität)	Läutert durch spirituelle Disziplin, löst die Negativität in beiden Partnern
Verursacht Anklammerung, Furcht, Abhängigkeit	Vertrauen und die Freiheit, zu sein; Verstärkung der Selbsterweiterung
Betrachtet den Körper als Sexobjekt	Betrachtet den Körper als Tempel Gottes

Eine Ego-Beziehung wird beherrscht von:	**Eine spirituelle Beziehung wird regiert durch:**
Trennung	Lebendigkeit
Konflikt	Liebe
Furcht	Harmonie
Schmerz	Frieden
Wut	Zuverlässigkeit
Sorgen	Sicherheit
Elend	Vertrauen
Mangel	Glück-Freude
Krankheit	vollkommene Gesundheit
Depressionen	Fülle
Tod	Unsterblichkeit

Wenn wir eine typische, auf das Ego gegründete Ehe taxieren, scheinen alle Kritikpunkte am Ehestand in Rajneesh's Buch *A New Vision For Women's Liberation* zuzutreffen. Aber wenn wir die Ehe betrachten, die durch das Gedankensystem des Heiligen Geistes lebt, sehen wir ein gänzlich anderes Bild. Ich möchte nicht, daß Sie denken, ich würde versuchen, Sie zur Übernahme meines Glaubenssystems zu bringen, insbesondere zum Thema Ehe; Glaubenssysteme werden von menschlichen Wesen geschaffen und sind veränderbar. Der Geist Gottes ist etwas anderes. Gottes Geist ist ein Zustand des Seins. Und ich weiß, wenn wir alle mit dem Geist des Heiligen Geistes in Einklang sind, dann befinden wir uns auf dem richtigen Weg.

Kinder

Wenn Sie planen, Kinder zu bekommen, so gibt es ein faszinierendes Buch mit dem Titel *The Child of your Dreams*, das Sie schon einige Zeit vor der Empfängnis lesen sollten. Huxley erklärt, daß ein spirituell kompatibles Paar bei der Empfängnis die Fähigkeit hat, hoch spirituelle Seelen anzuziehen. Vor der Empfängnis können Sie eine Einladung an die Art Kind aussenden, das Sie gerne hätten. In der Meditation heißen Sie dieses Kind willkommen. Eine Seele, die den

Frieden liebt, wird von friedlichen Eltern angezogen. Ich habe ein Buch mit dem Titel *Ideal Birth* geschrieben und empfehle Ihnen, es ebenso zu lesen wie *The Secret Life of the Unborn Child* von Dr. Thomas Verny. Ich möchte Sie daran erinnern, daß Ihr Kind, solange es sich in Ihrem Schoß befindet, durch Vibrationen *alles* mitbekommt, was Sie fühlen und was Sie tun.

In den letzten zehn Jahren wurden erstaunliche Fortschritte gemacht im Bereich der prä- und perinatalen Psychologie. Eine der bedeutendsten Erkenntnisse zeigt, daß jene Eindrücke, die die Neigungen zu disfunktionalem Verhalten in Kindheit und Erwachsenenleben bestimmen, während der pränatalen Phase geformt werden, von Empfängnis bis Geburt und während der ersten 12 Monate. Diese Entdeckung widerspricht der früher geltenden Theorie, daß sich diese Eindrücke entwickeln, wenn das Kind ein bis drei Jahre alt ist. Kinder mit verringerten pränatalen, Geburts- und perinatalen Traumata sind im allgemeinen klüger, lebhafter, intuitiver, selbstsicherer und kreativer. Sie zeigen ein unabhängiges Lernverhalten, drücken ihre eigenen Bedürfnisse deutlicher aus, zeigen ein hohes Maß an Selbstwertgefühl und erreichen deutlich höhere Ergebnisse bei Intelligenztests. Diese Unterschiede sind für jene von uns, die in diesem Bereich und im Rebirthing arbeiten, schon seit einiger Zeit klar. Ich danke Margaret Grant, die mir eine Broschüre mit dem Titel *The Dialogue On Conscious Education* sandte, die unter anderem von der Pre- and Perinatal Psychology Association of N. A. (Verband für Prä- und Perinatale Psychologie in Nord Amerika) und der *Task Force On Conscious Education* (Arbeitskreis zur bewußten Erziehung) gesponsort wurde.

Kinder großzuziehen ist ein anstrengender und doch faszinierender Vorgang. Beim *Loving Relationships Training* legen wir großen Wert darauf, unsere Teilnehmer und Teilnehmerinnen daran zu erinnern, daß *Kinder unsere Gurus sind.* Kleine Kinder leben unerschrocken ihre unterbewußten Gedanken aus und legen die innere Funktionsweise unseres Geistes offen. Ihre ungefilterten Reaktionen können uns eine Menge über uns selbst beibringen und darüber, verantwortlich miteinander umzugehen. Wer unter uns die größte Weisheit besitzt, wird sorgsam auf ihre Worte achten.

Wenn Sie Vater oder Mutter sind, ist es manchmal schwer, unser

Kind als getrennt von uns selbst wahrzunehmen. Aber genau das ist die Aufgabe der Eltern. Man muß daran denken, daß Kinder bereits entwickelte Seelen aus ihrem vergangenen Leben sind. Weil Kinder als Gäste in Ihre Familie kommen, sollten Sie niemals versuchen, ein Kind zu besitzen. Wie Roger Woolger in seinem Buch *Other Lives, other Selves* (*Die vielen Leben der Seele. Wiedererinnerung in der therapeutischen Arbeit*. Verlag Hugendubel, München) schreibt, ist ein Kind bei seiner Geburt *kein* unbeschriebenes Blatt. Wir dürfen nicht erwarten, daß unsere Kinder aufwachsen und unsere eigenen Wünsche widerspiegeln. Wir können es uns auch nicht leisten, uns selbst zu täuschen und zu denken, sie müßten alles von uns lernen, oder Kinder seien hilflose Kreaturen. Die Erziehung sollte nicht der Programmierung eines Computers ähneln. Die wahre Bedeutung von Erziehung ist »herausholen«, die Weisheit, die unsere Kinder bereits besitzen, herauszuholen – und nicht, ihnen unseren Willen aufzuzwingen.

Wenn Ihr Kind ein Problem hat, gibt es einige Richtlinien, die besonders nützlich sind.

- Versuchen Sie nicht, aus einem Gefühl von Ärger heraus zu sprechen.
- Versuchen Sie, die Vorgehensweise nicht durch Ihre persönliche Irritation bestimmen zu lassen.
- Konzentrieren Sie sich darauf, wie Sie ihm helfen können, das Problem zu lösen, anstatt darauf, wie wütend Sie das macht.

Tara Singh erteilt Eltern in ihrem Buch *How To Raise A Child of God* einen ganz besonderen Ratschlag.

Das Kind wird mit seiner eigenen Sphäre und seinen eigenen Ressourcen geboren. Es ist die Verantwortung der Eltern, nicht in diese Unschuld einzudringen, indem sie ihre eigenen Frustrationen und Kenntnisse dem Kind aufdrücken. Es ist mit seiner eigenen Sphäre geboren. Lassen Sie ihm diese Sphäre.

Die Funktion der Eltern liegt darin, das Kind für seine eigene Ewigkeit, seine eigene Heiligkeit zu erwecken, zur Vervollkommnung dessen, was Gott erschuf... nicht für verlogene Bücher und Verschwendung.

Ein Kind muß spielen... mentale Fähigkeiten müssen in der ihnen eigenen inneren Art und Weise erwachen und sollten niemals erzwungen werden. Wenn das Kind davor geschützt wird, daß ihm etwas aufgezwungen wird, wird es über die Unterscheidungskraft seiner eigenen Überzeugung verfügen und wird das, was in ihm wahr ist, nicht verletzen.

Es wäre so überaus gut, wenn Sie Ihre Kinder mit in einen Gebets- oder Meditationsraum in Ihrem Haus nehmen könnten... ein geräumiges Zimmer, nicht allzu überfüllt, mit einigen Kissen, einer Schüssel Wasser, einer Pflanze und den Bildern von zwei Göttlichen Wesen. Die Reinheit des Raumes kann dieses Zimmer lebendig machen. Nehmen Sie Ihr Kind jeden Tag mit in diesen Raum, und finden Sie Frieden in sich.

Hier noch einige andere der herrlichen Lehren von Tara Singh:

Lehren Sie Ihr Kind keine Fertigkeiten, sondern Liebe zu teilen.
Lehren Sie Ihr Kind, mehr Raum in seinem Leben zu haben sowie den Reichtum der Stille.
Lehren Sie Ihr Kind, die Lücken der Stille zwischen den Gedanken mit Entspannung zu weiten.
Lehren Sie Ihr Kind, daß alle Dinge ursprünglich aus einer Quelle stammen.
Lehren Sie Ihr Kind, für seine Feinde zu beten, um seinen eigenen Frieden und seine eigene Harmonie wieder zu erlangen.
Lehren Sie Ihr Kind, nicht von anderen kontrolliert zu werden.
Lehren Sie Ihr Kind, alle Dinge mit seinem Frieden zu segnen.
Lehren Sie Ihr Kind, nichts zu verschwenden und die Erde zu schützen... ein Freund der Bäume, der Dämmerung und des Zwielichts zu sein.
Lehren Sie Ihr Kind Einfachheit und Dankbarkeit... Tugend zu lieben.
Lehren Sie Ihr Kind, sein eigener Freund zu sein.

Der Sinn der Elternschaft liegt darin, das Kind Gott zurückzugeben. Ein Kind Gottes zu erziehen, heißt, Gott zu erlauben, an Ihrer Erziehung teilzuhaben: Wollen Sie diese Gesellschaft wahrhaft groß machen? Wollen Sie, daß Ihre Kinder fähig sind, diesem Traum Gestalt zu verleihen? Dann lehren Sie Ihre Kinder das eine: daß *Gedanken kreativ sind.* Negative Gedanken produzieren negative Ergebnisse und positive Gedanken produzieren positive Ergebnisse. Lehren Sie Ihre Kinder, diese Wahrheiten in jeden Aspekt ihres Lebens zu tragen. Bestehen Sie darauf, daß diese Vorstellungen in den Schulen vermittelt werden. (Warum haben wir das nicht in der ersten Klasse in der Schule gelernt?)

Stellen Sie sich eine Gesellschaft vor, in der jeder Mensch diese Wahrheiten *weiß* und sie *praktiziert*! Setzen Sie gleich heute ein Exempel. Erhöhen Sie die Qualität Ihrer eigenen Gedanken. Räumen Sie mit Ihren negativen unterbewußten Gedanken auf. Helfen Sie Ihren Kindern, immer höhere Gedanken zu erlangen. Lassen Sie sich von Ihrer Liebe führen.

Die Sache mit meinen Beziehungen

Wenn Sie meine anderen Bücher gelesen haben, sind Sie mit meinen Beziehungen zum anderen Geschlecht vertraut. Wie jeder andere Mensch auch, mußte ich meine Ängste und meine Wut überwinden sowie ein negatives Gedankensystem, das unüberwindlich schien. Die Wahrheit ist, daß wir alle Hindernisse überwinden müssen – das zu tun, erfordert jedoch Zeit und harte Arbeit.

Viele Menschen sind überzeugt davon, daß sie die größten Nachteile hatten, die schlimmste Kindheit. Wenn wir uns ein erfolgreiches Leben schaffen wollen, so hängt das davon ab, wie wir mit diesen Herausforderungen umgehen. Manchmal hatte ich das Gefühl, mit einem riesigen Handicap geschlagen zu sein, weil mein Vater starb, als ich gerade als Teenager aufblühte. Dennoch wußte ich auch, daß manche Frauen mit alkoholsüchtigen Vätern aufwachsen mußten, mit Vätern, die sie mißbrauchten, oder völlig ohne Vater.

Ich brauchte Jahre, bis ich mich vom Tod meines Vaters erholt hatte. Bis mir das gelang, schuf ich Männer, die mich verließen – sogar solche, die noch schworen, mich zu lieben, als sie bereits durch die Tür gingen – weil mich Männer in meiner Erfahrung immer verließen. Mein Vater verließ mich ständig, um ins Krankenhaus zu gehen. Ich wußte nie, ob er zurückkommen würde.

Mein Vater starb in der Nacht vor meiner High-School-Abschlußfeier, bei der ich die Ehre hatte, die Grußrede halten zu dürfen. In unserer Schule hielten die auserwählten Schüler traditionsgemäß eine Grußrede mit dem Titel »Botschaft an die Eltern«. Ich hielt zwar diese Rede, aber während der ganzen Zeremonie war ich völlig teilnahmslos. Und obwohl ich mich nicht erinnern kann, was genau ich sagte, weiß ich noch, daß das ganze Auditorium weinte – insgesamt 300 Menschen – die ganze Bevölkerung meiner Stadt. Jeder, den ich kannte, seit ich ein kleines Mädchen war, nahm teil. Meine Abschlußfeier wurde in eine schmerzvolle vorgezogene Begräbnisfeier verwandelt.

Es überrascht nicht, daß diese Ereignisse mich tief beeindruckten. Diesen Eindrücken konnte ich nicht gegenübertreten. Ich floh vor diesen schmerzvollen Erinnerungen und verschloß sie in meinem Unterbewußtsein. Sie waren prädestiniert, sich immer und immer wieder neu zu ereignen. Elf Jahre nach meiner High-School-Abschlußfeier erschuf ich beispielsweise den Tod meines Vaters erneut. Am Tag der Graduiertenfeier meiner Hochschule verließ mich mein Ehemann. Unsere Ehe endete beziehungsweise »starb« an diesem Tag. Zu dieser Zeit stellte ich noch keine Verbindung zwischen dem schmerzlichen Verlust und dem Tod meines Vaters her. Später lernte ich mehr über meine eigenen Verhaltensmuster, und die Verbindung trat deutlich zutage. Dieses Verständnis führte mich auch zu der Erkenntnis, warum ich als Studentin unerklärlicherweise meine College-Abschlußfeier verpaßt hatte: Schlußfeiern und Feiern anläßlich von Ereignissen waren zuviel für mich; ich konnte sie nicht ertragen.

Wie viele andere Menschen auch, durchlief ich nach meiner Scheidung die Hölle. Ich fühlte Panik aufsteigen, war einsam und bisweilen verlor ich jegliches Gefühl für meinen eigenen Selbstwert. Meine Haare fielen aus. Glücklicherweise war ich während dieser Phase in der Lage, das Wunder des Rebirthing zu erleben. In der Folge entdeckte ich das *Human Potential Movement* und wohnte verschiedenen Seminaren bei. Schritt für Schritt begann ich zu heilen, mich von meinem Fall zu erholen.

Während dieser Zeit entsprach mein persönliches Leben meinem öffentlichen. Berauscht von neuen Vorstellungen und Wahrnehmungen tauchte ich kopfüber in eine Phase der Selbsterforschung. Ich hatte viele Beziehungen; ich lernte viele Dinge. Die Zeit verging. Alles in allem verbrachte ich 20 glückliche Jahre als alleinstehende Frau. Ich gelangte zu der Überzeugung, daß ich die Kunst, ein Single zu sein, gemeistert hätte. Ich mochte es. Ich wollte niemals wieder heiraten.

Ich sonnte mich in meiner Freiheit und bewunderte alleinstehende Frauen. Natürlich war ich erfreut und fühlte mich von Shirley Mac Laines Kommentar in der Zeitschrift *New Woman* bestätigt, in der sie sagte: »Ich treffe mich mit keinem einzigen Mann, und ich bin sehr zufrieden. Ich habe viele gute Freunde, und ich mag das. Wenn Sie in mein Alter kommen und schon ein paar heftige Liebesaffären und tiefe Verbindungen hatten und schon ein paarmal mit einem Mann zusammengelebt haben, dann wird Ihnen klar, daß Sie keinen Mann mehr brauchen, um Ihre Existenz zu erklären. Ich bin zufrieden mit meiner Freiheit und meinen Freunden überall in der Welt.«

Ich schätzte die Aussage von Shirley MacLaine sehr. Sie drückte haargenau meine Gefühle aus. Ich war sicher, ich könnte ewig auf dieselbe Weise weiterleben und zufrieden sein. Auch wenn mir manche Menschen das Leben schwer machten, weil ich als Gründerin des *Loving Relationships Training* nicht verheiratet war, ließ ich mich dadurch nicht verwirren. Ich wußte, ich konnte eine gute Lehrerin zum Thema ernsthafter Bindungen sein, ob ich nun ein legales Dokument besaß, das meine eigenen, wichtigen Beziehungen anerkannte, oder nicht. Da ich meinen eigenen Weg ging, hielt ich meine Erfahrungen für umso wertvoller.

Gelegentlich fragte ich mich jedoch, ob ich eine Phobie gegen die Ehe hatte. Schließlich räumte ich ein, daß dies eventuell der Fall war, aber für mich war das in Ordnung. Warum sollte ich heiraten? Ich wußte, das Wichtigste war, auf meinem Weg zu bleiben und den Menschen zu dienen. Und da ich wußte, daß ich keine Kinder haben würde, warum sollte ich dann heiraten?

Aber hier hört die Geschichte nicht auf, denn unterdrückte Ängste kommen früher oder später immer an die Oberfläche. Eines Tages entdeckte ich voller Schrecken die wahre Quelle meiner Ansichten über die Männer und die Ehe. Die Erfahrung mit dem »Verlassen« meines Vaters war nur ein Aspekt meiner Angelegenheit. Was mich *in Wirklichkeit* hemmte, war eine zutiefst unterdrückte Haß-Liebe-Abhängigkeit von Ärzten. Ich hatte alle Ärzte immer für Männer gehalten, denn meiner Erfahrung nach waren sie das auch.

Es erstaunt mich immer noch, daß ich so lange brauchte, um das herauszufinden. Vielleicht war ich noch nicht bereit oder nicht in der Lage gewesen, dieses Verhaltensmuster zu verarbeiten und loszulassen; es hätte mich zu sehr geängstigt, und ich war nicht stark genug, um es in jener Zeit zu überleben. Um dieses Muster aufzugeben, hätte ich äußerst tiefe Ängste und beunruhigende Gefühle verarbeiten müssen.

Nach all den Jahren, die ich mit der Suche nach Erleuchtung verbracht hatte und nach all meinen Forschungen auf dem Gebiet der zwischenmenschlichen Beziehungen, hätte man annehmen können, daß es mir früher auffallen würde. Und doch, wenn ich diese Erfahrungen nicht gemacht hätte, wäre es mir vielleicht *niemals* aufgefallen. Wie auch immer, die Angelegenheit erreichte eines Tages ihren Höhepunkt, als ich einen Arzt wegen eines geringfügigen lokalen Eingriffs in meinen Nebenhöhlen aufsuchen mußte. Ich suchte den Arzt zu der Zeit auf, in der ich auch über den Tod meiner Schwester zu trauern begonnen hatte. Mehrere Stunden nach dem Termin bekam ich eine heftige allergische Reaktion auf die Antibiotika, die der Arzt mir verschrieben hatte, und ich war mehrere Tage krank. Das unterstützte meine Vorstellung, die ich seit meiner Geburt hatte und die besagte, daß Ärzte zwar heilen, aber dabei auch verletzen. (Die Ärzte waren schließlich nicht in der Lage gewesen, meinen Vater oder meine Schwester zu retten, und ich fühlte mich schändlich im Stich gelassen.)

Meine extreme Reaktion auf die Antibiotika und die verzögerte Reaktion auf den Tod meiner Schwester machten mich äußerst schwach. Schließlich mußte ich eine ganze Reihe von Ärzten aufsuchen, etwas, was ich unter allen Umständen vermieden hatte, seit ich nicht mehr als Krankenschwester arbeitete.

Meine körperlichen Komplikationen erwiesen sich allerdings im nachhinein als Segen. Als ich nicht länger vor den Ärzten fliehen konnte, mußte ich plötzlich der Tatsache ins Gesicht sehen, daß ich in sie verliebt war. Ich hatte eine heimliche psychologische Abhängigkeit von Ärzten entwickelt, obwohl ich selten krank war und sie kaum brauchte. Unter meiner kühlen und häufig distanzierten Haltung lag die Angst zu sterben, wenn es keine Ärzte gäbe – aber ich vertraute ihnen auch nicht.

Nach einer vierzehnjährigen Karriere im Bereich der Medizin, bei meiner Arbeit als Krankenschwester, gab es viele Punkte, die ich mit den Ärzten niemals bereinigt hatte. Da mein Vater krank war, wurde die Welt meiner Kindheit von Ärzten beherrscht. Das war mir nicht bewußt, und so unterdrückte und rebellierte ich schließlich gegen mein Gefühl der Abhängigkeit von Ärzten, indem ich als Erwachsene meine Krankenversicherung kündigte. Ich war entschlossen, es ohne sie zu schaffen und studierte spirituelle Selbstheilungsmethoden.

Unglücklicherweise wurde das zugrundeliegende Problem nicht gelöst, obwohl meine körperlichen Symptome verschwanden. Obwohl ich sowohl einfühlsame als auch riskante Versuche unternommen hatte, um meine Bindungen an Ärzte zu lösen, blieb der Kernpunkt unberührt.

Dann gab Gott mir ein Geschenk und eine Lektion in Form eines Lebenspartners, der einmal Arzt gewesen war. Dieser Mann war ein Yogi, ähnelte sehr einem Guru und erinnerte mich stark an den Arzt in der kleinen Stadt, in der ich aufgewachsen war. Mein neuer Partner schien über jeden Menschen Macht zu haben. Diese Art von Macht zog mich an. Zur selben Zeit stieß sie mich ab.

Meine Gefühle und Stimmungen schwankten auf und ab und forderten ihren Tribut von unserer Beziehung. An einem Tag strahlte ich Wärme, Liebe, Empathie und Toleranz aus – am nächsten Tag zog ich mich mit kühlem Desinteresse zurück. Dieses Wechselspiel erschöpfte mich, und ich beschloß, den Grund für mein Verhalten zu untersuchen, anstatt meinem Gefährten die Schuld zu geben. Ich beobachtete gewissenhaft meine Gefühle und mein Verhalten und hatte ein wachsames Auge, sowohl auf offensichtliche als auch auf subtile Muster. Ich durchkämmte mein Gedächtnis nach Hinweisen, die meine Handlungen und Entscheidungen erklären würden und folgte jeder einzelnen Spur. Dann plötzlich, nach Monaten der Suche, war mir die Antwort bestürzend klar. Eines Tages sah ich, daß ich meine Haß-Liebe-Beziehung zu Ärzten auf meine intimen Beziehungen mit Männern projizierte. Ich war immer mehr davon überzeugt, daß diese Projektion mir wirklich im Weg stand. Eines Nachts im Frühherbst hatte ich einen Traum, der meine Überzeugung bestätigte.

In einem nur schemenhaft angedeuteten Klassenzimmer taucht ein umwerfender Mann mit viel Sex-Appeal neben mir auf. Er ist mir gegenüber sehr liebevoll und aufmerksam. Ich wende mich ihm zu und frage: »Woher kommst du? Hast du dich einfach materialisiert?« Er sagt mir, wie groß sein Wunsch ist, bei mir zu sein und bittet mich, ihn nach dem Unterricht zu treffen. Ich sage zu, ihn zu treffen, und er erklärt mir, wo wir uns treffen sollen. Aber als ich nach dem Unterricht gehen will, springt mich jemand an. Ich werde von einem Fremden zu Boden geworfen und falle in Ohnmacht. Als ich wieder zu mir komme, wird mir klar, daß man mich zu einem Arzt gebracht hat. Eine Stelle an meiner Hüfte mußte genäht werden (eben jene Stelle, an der mich der Geburtshelfer nach meiner Geburt geschlagen hatte!). Als ich nach dem Ende der Operation zum Arzt hochsehe, sagt er ganz deutlich zu mir: »Ich glaube, Sie haben sich das alles ausgedacht, nur damit Sie bei einem Arzt sein können.« »Sie haben recht«, erwidere ich. In diesem Augenblick war mir klar, daß ich den aufregenden Mann, der sich mir anfangs genähert hat, verloren habe. Es ist zu spät. Ich habe es zerstört, indem ich dieses Spiel mit Ärzten geschaffen habe. Da wache ich auf.

Bei der Verarbeitung meines Falles durchlief ich andere Träume, andere Ängste, andere Erinnerungen. Ich machte Rebirthing und schließlich, nach einer verwirrenden und oft schwierigen Zeit, vergab ich den Ärzten. Als Bob, der Direktor von LRT, mich drängte, einen Abschlußbrief an die Ärzteschaft zu schreiben, tat ich dies sofort. Es war eine zutiefst emotionale Erfahrung für mich. Als ich damit fertig war, endete schlagartig der Durchfall, unter dem ich einen Monat lang gelitten hatte. Die Angst war vorbei. Vielleicht hilft Ihnen dieser Brief, wenn Sie sich einer ähnlichen Herausforderung gegenübersehen. Der Brief dokumentiert die Reise, die ich antreten und abschließen mußte.

Abschlußbrief an alle Ärzte

Sehr geehrte Herren Ärzte,

ich möchte Sie alle, die Sie jemals in mein Leben getreten sind, ehren. Manchmal habe ich Sie wirklich gebraucht. Dann wieder war ich süchtig nach dem Gedanken, ich würde Sie zum Überleben benötigen. Ich war in Sie verliebt, war fasziniert von Ihnen, wehrte mich gegen Sie, verachtete Sie, war wütend auf Sie.

Ich hatte das Gefühl, Sie hätten mich gerettet, aber dann haben Sie mich verletzt. Ich hatte das Gefühl, daß Sie sich irrten, wenn Sie den Menschen, wie meinem Vater, sagten, sie müßten sterben. Ich hatte das Gefühl, Sie handelten, als wären Sie Gott. Ich war wütend, weil Sie meinen Vater nicht gerettet haben. Ich war erleichtert, daß Sie ihn so lange, wie Sie es getan haben, am Leben erhielten. Ich habe Sie gehaßt, weil Sie mir bei meiner Geburt Schmerz zufügten. Ich habe Sie geliebt, weil Sie alle retteten, die Sie retteten, und besonders, weil Sie sich um die Menschen in meiner Stadt kümmerten. Ich habe versucht, die Medizin abzulehnen. Ich habe versucht, Sie zu vergessen. Ich fühlte mit Ihnen, weil Sie das Medizinstudium durchstehen mußten.

Ich war derart festgefahren, was Sie betrifft, daß mich das von vollkommenen Beziehungen zu Männern abhielt. Ich hatte Beziehungen, auf die ich nicht stolz bin. Ich habe Sie angebetet. Ich hatte das Gefühl, Sie hätten alle Macht und deswegen müßte ich bei Ihnen sein. Ich habe gedacht, Sie wären Gurus. Ich habe geglaubt, ich könnte nicht ohne Sie leben. Ich habe versucht, zu beweisen, daß ich ohne Sie leben könnte, indem ich zehn Jahre lang nicht krankenversichert war. Daraufhin kehrte ich zurück und versuchte, Ihnen zu vergeben. Dann jedoch widerstand ich dem Wunsch, Ihnen zu vergeben. Ich übertrug meine Sucht statt dessen auf Heiler und Hellseher. Und dann wiederum verliebte ich mich in einen von Ihnen.

Als ich noch ein kleines Mädchen war, war ich dankbar, daß Sie Hausbesuche machten und zu unserem Haus kamen, um uns sanft zu heilen. Ich dachte, Sie wären immer da. Zumindest war immer jemand für mich da, wenn mein Vater es nicht war. Ich wurde Krankenschwester, damit ich bei Ihnen sein konnte. Ich wollte Ihnen nahe sein und Ihnen dienen und Ihre Macht haben. Ich wollte einen Arzt heiraten. Dann entschloß ich mich, niemals einen Arzt zu heiraten. Ich haßte die Tatsache, daß Sie niemals zu Hause bei Ihren Familien waren, daß Sie immer, Tag und Nacht, im Krankenhaus waren. Ich wollte nicht länger die Anrufe Ihrer Ehefrauen entgegennehmen, die Sie anflehten, endlich nach Hause zu kommen. Ich war traurig, wenn ich sah, wie Sie über den Tabellen einschliefen. Als ich später in fremde Länder flüchtete und heiratete, mußte ich nicht länger an Sie denken. Mein Ehemann konnte statt dessen der Arzt sein, obwohl er nicht wirklich Arzt war.

Das Komische daran ist, daß ich selbst so gut wie nie krank war! Ich brauchte niemals viel Hilfe von Ihnen; meistens strotzte ich vor Gesundheit. Daß ich Sie bräuchte, war nur eine Zwangsvorstellung meines Geistes.

Es war jedoch seltsam, sich die ganze Zeit so wohl zu fühlen, weil ja alle anderen krank waren. Ich dachte, man müsse krank sein, um »normal« zu sein. Manchmal dachte ich mir Dinge aus, damit ich Sie sehen konnte. Menschen, denen es dauernd gut ging und die so völlig lebendig waren, waren eigenartig. Dies führte mich in ein Dilemma: ich wollte wie alle anderen sein, wollte akzeptiert werden. Und doch wollte ich gleichzeitig auch anders sein. Aber der Teil von mir, der Angst hatte, daß ich eines Tages sterben könnte, blieb psychologisch von Ihnen abhängig.

Um Sie doch zu sehen, richtete ich es so ein, daß ich statt dessen zu Zahnärzten ging. Ich schuf eine Menge Löcher in meinen Zähnen und verliebte mich in meinen Zahnarzt. Er schenkte mir kleine Gipsengel. Er behandelte mich wie eine kleine Königin. Wenn ich schon nicht krank sein konnte, wußte ich unbewußt, so konnte ich doch durch ihn Kontakt zur Ärzteschaft halten. Ich hätte beinahe einen Zahnarzt geheiratet. Dann beschloß ich, niemals einen Zahnarzt heiraten zu wollen – unter ihnen herrscht die höchste Selbstmordrate, und außerdem eigne ich mich nicht als Vororthausfrau.

Einmal mußte ich einen kleinen Eingriff an meiner Hand vornehmen lassen, und Sie gaben mir eine Narkose, auf die ich allergisch reagierte. Am Ende sah ich aus wie ein Monster. Es war erschreckend. Auf viele der Medikamente, die Sie mir über die Jahre verabreichten, reagierte ich äußerst allergisch, und sie verschlechterten meinen Zustand nur. Dies bekräftigte meine Überzeugung, daß Ärzte einen erst heilen, um ihn dann zu verletzen.

Und dann nahmen mir fünf von Ihnen auf einen Schlag meine Jungfräulichkeit in einem Operationsraum. Ich kann es nicht ertragen, an die Auswirkungen dieser Tat auch nur zu denken. Das ist etwas, was ich völlig unterdrücke. Vielleicht habe ich deswegen mit meiner Periode 13 Monate lang ausgesetzt, um eine Ovarosostomie zu bekommen. Es war natürlich alles in Ordnung mit mir. Mit mir stimmt fast immer alles. Ich war einfach nach dem Tod meines Vaters völlig am Boden. Ich schuf Symptome, die nicht diagnostiziert werden konnten. Einmal wies ich Symptome rheumatischen Fiebers auf, hatte aber nicht einmal Spirochäten. Ich versuchte einfach, wie mein Vater zu sein. Neuerdings versuche ich, wie meine Schwester zu sein, die Krankheiten zu bekommen, die sie hatte, damit sie mich liebt. Ich habe all diese Symptome produziert, um wie andere zu sein oder um Ihnen nahe zu sein. Keines der Symptome ist real. Ich habe das nicht absichtlich geplant. Es geschah alles unbewußt.

Ich bin stolz darauf, daß ich nur ein paar Mal wegen äußerst geringfügiger Probleme im Krankenhaus war. Aber ich verbrachte viel Zeit damit, meinen Vater im Krankenhaus zu besuchen. Immer war er bei Ihnen im Krankenhaus!

Bitte vergeben Sie mir meine Verwirrung, meine Projektionen und meine Wut. Einmal war ich auf Sie alle besonders wütend. Ich fuhr am National Institute of Health (US-Bundesgesundheitsamt) in Washington vorbei, kurbelte das Autofenster herunter und rief laut: »Wann kapiert Ihr Jungs endlich, daß Gedanken kreativ sind und daß negative Gedanken die Ursache aller Krankheiten sind?«

Bei medizinischen Konferenzen hegte ich gegenüber einigen von Ihnen einen richtigen Abscheu, weil Sie den Rednern, die über die metaphysischen Aspekte des Heilens sprachen, nicht zuhörten und Ärzte wie Bernie Siegel schlecht machten, der den Mut hatte, neue Ansätze zur Sprache zu bringen. Müssen wir nicht alle offen sein für Veränderungen? Was, wenn wir ein Vermögen für unsere medizinische Ausbildung ausgegeben haben? Was, wenn ein Teil davon schlecht war? Müssen wir verteidigen, was schlecht sein könnte? Ich war wirklich beunruhigt, als einige von Ihnen während einer Konferenz jenen Arzt zum Schweigen brachten, der aufstand und beichtete, daß einer der größten Fehler, die je in der Medizin gemacht wurden, darin bestand, Neugeborene aus Bequemlichkeit der Ärzte in ein Babyzimmer zu legen, anstatt sie bei ihren Müttern zu lassen. Einige von Ihnen waren wütend über seinen Wagemut. Warum? Was, wenn er recht hat?

Was, wenn wir *wirklich* nur den Gesetzen Gottes gehorchen müssen? Es gibt Menschen, die keine acht Stunden Schlaf brauchen. Es gibt Menschen, die keine drei Mahlzeiten am Tag brauchen. Es gibt Frauen, die über 40 sind, die Anti-Babypille nehmen und trotzdem in Ordnung sind. Können wir uns Gehör verschaffen?

Ist es richtig, Chiropraktiker abzulehnen? Ist es richtig, Homöopathie und Ayurveda-Medizin oder Heiler, die gute Ergebnisse erzielen, abzulehnen, nur weil sie irgendwie eine Bedrohung für die etablierte Ärzteschaft darstellen? Können wir denn nicht alle zusammenarbeiten?

Ich möchte weiterhin gute Beziehungen zu Ihnen haben. Ich möchte Sie so akzeptieren, wie Sie sind, und mir fällt auf, wie schwer das ist, weil ich jetzt das Gefühl habe, Sie ändern zu wollen. Ich schätze Sie und möchte Ihre Arbeit unterstützen. Ich möchte Ihnen danken. Ich möchte mit Ihnen auf eine neue Art arbeiten, um die Gesundheit dieser Welt zu verbessern. Aber was ich nicht möchte, ist der Gedanke, daß ich Sie brauche, um zu überleben. Ich möchte ganz klarstellen, daß ich genau jetzt sicher und unsterblich bin, und ich kann leben und weiterleben, ob ich einen Arzt habe oder nicht. Ich lebe durch das Licht Gottes. Ich vergebe mir dafür, daß ich Ihnen die Schuld gab. Ich vergebe mir dafür, daß ich Sie brauchte. Ich vergebe mir dafür, daß ich in Sie verliebt war. Ich vergebe mir und meiner

Familie, daß wir süchtig nach Ihnen waren. Ich vergebe mir dafür, daß ich wütend auf Sie war. Werden Sie mir vergeben?

Können wir nicht zusammenarbeiten und versuchen, die eigentliche Wahrheit über Verjüngung, spirituelle Heilung und Langlebigkeit zu verstehen? Werden Sie meinen Büchern und unserer Forschung im Rebirthing gegenüber offen sein und dies nicht zurückweisen, nur weil unsere Erkenntnisse sich von den Theorien in Ihren Büchern unterscheiden? Wollen Sie bitte Rebirthing erst dann niedermachen, wenn Sie es ausprobiert haben? Wollen wir nicht alle dasselbe – vollkommene Gesundheit für uns selbst und alle Menschen, Frieden, Liebe und Glück für jeden Mann und jede Frau? Ich beschäftige mich seit fünfzehn Jahren mit spirituellem Heilen, seit ich meinen Beruf als Krankenschwester aufgegeben habe. Ich will nicht von Ihnen getrennt sein, nur weil ich andere Techniken praktiziere. Ich will auch die Medizin nicht ablehnen. Warum sollten wir nicht alle zusammenarbeiten können?

Ich bete, daß meine Beziehung zu Ihnen jetzt vollkommen heil und vollständig und neu sein kann. Die eigentliche Wahrheit liegt darin, daß ich mein ganzes Leben dem Versuch gewidmet habe, zu verstehen, warum Menschen krank werden und warum Menschen sterben. Es machte keinen Sinn für mich, in der Medizin zu arbeiten und zu versuchen, Menschen zu heilen, ohne das Verständnis für die Ursachen. Vielleicht hatte ich Angst, das auszusprechen, was ich gelernt habe – aufgrund meiner Angst vor der Konfrontation mit Autorität. Ich weiß, daß viele Menschen vor der *American Medical Association* (Amerikanischer Ärzteverband) richtiggehend Angst haben. Ich werde trotzdem alle Ärzte und die American Medical Association als liebevoll und hingebungsvoll gegenüber der Wahrheit sehen und als bereit und offen für wahres, spirituelles Wissen.

Damit will ich Ihnen sagen, daß ich tatsächlich den Wagemut habe oder wie immer Sie es nennen wollen – Sie können es auch Mut nennen – ein Buch über körperliche Unsterblichkeit zu schreiben. Ich lade Sie ein, das Buch erst zu lesen, bevor Sie es ablehnen. Was, wenn das Aufgeben der Todessehnsucht der wahre Schlüssel zur Gesundheit ist? Bitte machen Sie es nicht nieder, bevor Sie es versucht haben. Bitte versuchen Sie zu verstehen, daß es meine spirituelle Mission ist, diese Information mitzuteilen, und alles, worum ich Sie bitte, ist, meine Versuche, jedem Menschen mehr Leben und mehr Gesundheit zu vermitteln, zu respektieren. Ich wiederum werde den Teil von Ihnen respektieren, der dasselbe will. Danke.

In Liebe, SONDRA RAY

Zusammenfassung

1. Entwickeln und pflegen Sie immer viele Freundschaften.
2. Übergeben Sie Ihre besondere Beziehung dem Heiligen Geist zur Läuterung.
3. Gelangen Sie hinsichtlich des Geldes ins Gleichgewicht: Weisen Sie die Gier zurück, aber vermeiden Sie auch den Geldablehnungskomplex.
4. Klären Sie Ihren Widerstand gegen das Annehmen. Verstehen Sie, daß Substanz die Ursache und Geld die Auswirkung ist.
5. Vermeiden Sie Streit ums Geld. Die Sucht nach Konflikt ist der wirkliche Grund für Geldprobleme.
6. Lassen Sie Schuldgefühle los, und denken Sie an Ihre Unschuld.
7. Räumen Sie Ihr Leben auf; beginnen Sie mit Ihrer Wohnung. Werfen Sie alles weg, was keinen Sinn hat. Reparieren Sie alles. Lassen Sie jedes Zimmer strahlen. Prüfen Sie Ihren Kleiderschrank sorgfältig. Reinigen Sie Ihr Auto, Ihren Hof und den Planeten.

Teil VII

Wichtige spirituelle Dinge

Überblick über *Ein Kurs in Wundern*

Ich habe mich entschlossen, eine Sammlung bedeutender Lektionen aus *Ein Kurs in Wundern* hier einzufügen, weil ich glaube, daß ein tiefes Verständnis dieser Arbeit wesentlich ist für das Streben, uns selbst und unsere Beziehungen zu bereinigen.

Als einer meiner spirituellen Lehrer *A Course in Miracles* als das wichtigste Schriftenwerk seit der Bibel bezeichnete, war ich entschlossen, es gewissenhaft zu studieren. Ich habe das getan und stimme aus ganzen Herzen mit der Einschätzung meines Lehrers überein. Es wird für den Leser ein Leichtes sein, *Ein Kurs in Wundern* zu schätzen; das Buch zu beschreiben ist dagegen nicht ganz so leicht. *Ein Kurs in Wundern* kann nicht als Weg definiert werden; es ist auch keine Religion. Am Ende wird es vielleicht am besten als Korrektur beschrieben. Der Text ist in christlichem Ton gehalten, da das Christentum als erstes korrigiert werden muß, aufgrund seines großen Einflusses auf die Industriegesellschaften, die den Planeten bedrohen. Ob es Ihnen klar ist oder nicht: indem Sie im Zeitalter westlicher Vorherrschaft aufwuchsen, wurden Sie stark durch das Christentum beeinflußt – auch wenn Sie nicht im christlichen Glauben erzogen wurden.

Gleichzeitig erklärt *Ein Kurs in Wundern* ausdrücklich, daß seine christlichen Bezüge universelle Bezüge darstellen:

> *Der* NAME JESU CHRISTI *als solcher ist nur ein Symbol. Aber er steht für Liebe, die nicht von dieser Welt ist. Er ist ein Symbol, das sicher verwendet werden kann als Ersatz für die vielen Namen all der Götter, zu denen du betest. – Dieser Kurs ist von ihm gekommen, weil seine Worte dich in einer Sprache erreichen, die du lieben und verstehen kannst (29).*

Der Kurs stellt das, was er das »Gedankensystem des Ego« nennt, dem »Gedankensystem des Heiligen Geistes« gegenüber. Das Gedankensystem des Ego hat uns getäuscht, hat uns zu der Ansicht verleitet, wir hätten uns von Gott getrennt und Gott wäre daher darauf aus, uns für diese »Sünde« zu bestrafen. Als Ergebnis fürchten wir ununterbrochen, bestraft zu werden. Unter diesen Bedingungen wird unser Körper zur Verteidigungfeste gegen Gott und zur Fluchtburg vor Gott.

Wenn wir aus dem Einzugsbereich des Heiligen Geistes fliehen, enden wir mit einer gewaltigen Furcht vor Gott – und so fängt das Verhandeln an. Wir flehen Gott an, nachsichtig zu sein und unterbreiten ihm ein Angebot: »Du mußt dir nicht die Mühe machen und mich bestrafen – ich werde mich selbst bestrafen.«

In der traditionellen jüdisch-christlich-islamischen Theologie ist Leiden der einzige Weg, unserem zornigen Gott zu gefallen. Diese Einstellung führt uns direkt zur Vorstellung des Opfers: »Ich werde leiden und mir selbst alles nehmen, um zu beweisen, daß ich gut bin. Dann wirst du nicht allzu wütend auf mich sein, Gott.« Krankheit ist eines der Mittel, durch das wir uns selbst kasteien. Schmerz ist ein anderes. Das Gedankensystem des Ego pflegt die wahnsinnige Vorstellung, Opfer sei Errettung: Opfer sei heilig. Leiden sei heilig. Für das Ego besteht Gottes Wille für uns in vollkommenem Elend. Wir verdienen es nicht, glücklich zu sein, und je mehr wir hier leiden, desto besser wird es später sein. Das macht keinen Sinn. Wie können wir unter diesen Umständen irgend eine Art positiver Beziehung zu uns selbst oder zu anderen Menschen haben? Das ist ein Ding der Unmöglichkeit.

Die Genesis hat die Geburt des Ego aufgezeichnet. Als die Schlange Eva dazu drängt, die verbotene Frucht zu nehmen, verspricht sie ihr, »wie Gott zu sein«; Eva erliegt der Versuchung. In dem Moment, als Eva einräumt, daß sie etwas tun müsse, um »wie Gott« zu sein, hat sie bestätigt, daß sie getrennt von Gott ist. Und so wurde Eva »aus dem Garten verjagt«, was bedeutet, sie trennte sich vom Einzugsbereich des Heiligen Geistes. In diesem Augenblick betrat sie den Einzugsbereich des Ego, trennte sich von Gott, anstatt eins zu sein mit ihm. Auf diese Weise schuf Eva ihre eigene Hölle, *…denn die Hölle ist nur das, was das Ego aus der Gegenwart gemacht hat (30)*, während der Himmel der Zustand vollkommener Einheit ist.

Das Alte Testament ist voll von Sünde, Schuld und Bestrafung. Es zeichnet ein Bild des zornigen und rachsüchtigen Gottes, und es sagt uns, daß wir dereinst alle vergehen müssen. Die Bibel selbst ist ein Sammelwerk, in dem egoistische Gefühle und Ausdrücke der Liebe wild durcheinandergemischt sind. Sie sendet Doppelbotschaften aus: »Ich liebe dich« *und* »Ich werde dich fürchterlich strafen«; »Gott ist Liebe« *und* »Seine Strafen sind furchtbar«; »Gott schuf Liebe und Frieden« *und* »Er schuf auch Schmerz, Leiden und Tod«. Diese Widersprüche, wie die Paarung Himmel und Hölle, ergeben keinen Sinn. Wenn sie ein wahres Bild der Welt beschreiben würden, dann wäre Gott tatsächlich grausam.

Wir müssen unsere Vorstellung von Gott überdenken. Wenn falsche Vorstellungen im Zentrum unseres Gedankensystems liegen, wird das ganze System zur Täuschung. Die Lüge im Herzen der renommiertesten religiösen Lehren behauptet, daß die Menschen von Gott getrennt seien. Nichts im Universum ergibt einen Sinn, wenn wir diese Behauptung für wahr halten. Denn es ist in der Tat unmöglich für uns, getrennt von Gott zu sein.

Die herkömmliche Auslegung der Kreuzigung Jesu, die wir geerbt haben, hat uns extrem verwirrt. Dieser Bericht wurde in Wirklichkeit von Jesajas Geschichte, der vom leidenden Diener, ausgeliehen. Das Durcheinander hört hier nicht auf. Die traditionelle Version führt uns zu der Schlußfolgerung, daß nur *ein* Mensch leiden muß, um alle sündigen Menschen zu retten. Wir wollen einmal darüber nachdenken, welche Auswirkungen das auf uns hat. Wie würden Sie sich fühlen, wenn Sie einen schwerwiegenden Fehler oder ein Verbrechen begangen hätten, aber ein anderer – ein völlig unschuldiger und wirklich guter Mensch – müßte dafür sterben? Welche Auswirkungen würde es außerdem auf Sie haben, wenn man Ihnen seit frühester Kindheit eine solche Interpretation eingetrichtert hätte? Höchstwahrscheinlich würden Sie ein überwältigendes Schuldgefühl verspüren. Dennoch soll uns die Erlösung angeblich von unserer Schuld *befreien*!

In einem solchen Gedankensystem dient das Leiden des Heilands keinem Zweck, da es genau das, was es angeblich korrigieren soll, noch verstärkt. Stattdessen verdreht das menschliche Ego die Botschaft Jesu von Liebe und Frieden und Vergebung in das Evangelium der Trennung.

Einer der größten Irrtümer des Christentums war die Darstellung Jesu als Opfer. Da die Berichte des Neuen Testaments über Jesu Worte und Taten Jahrzehnte später niedergeschrieben wurden, in manchen Fällen über ein Jahrhundert nach seinem Tod, stellen sie nicht immer einen zutreffenden Auszug seines Lebens und seiner Lehren dar. Die Autoren des Neuen Testaments filterten das Evangelium durch ihr eigenes Ego und durch ihre Schuldgefühle und förderten so bisweilen die Vorstellung, die Menschen seien jämmerliche Wesen und nur Jesus sei jemand »Besonderes«. Nachfolger wie Paulus predigten beispielsweise, daß wir auf Erden nicht gut genug seien, anstatt die erhebende und vergebende Botschaft zu verkünden, die Jesus so liebevoll und großzügig offerierte.

In Wahrheit war die Gegenwart Jesu so rein, daß es einfach umwerfend war. Für seine Jünger brachte es alle ihre Angelegenheiten ans Licht. Sie mußten die Bedeutung seines Lebens und seiner Arbeiten in den Schatten der Vergangenheit verbergen. Daraufhin verbrachten die Menschen 2000 Jahre mit etwas, was wir beim LRT eine »Reaktionssäule« nennen. »Reaktionssäulen« sind negative Reaktionen, die Sie auf eine Affirmation haben – jeder Widerstand oder jede Debatte darüber, die Sie davon abhält, diese Affirmation anzunehmen. Es ist jeder Protest, den Sie erfinden, um sich selbst von der Integration der Wahrheit abzuhalten. Wir sagen, »die Liebe bringt alles ans Licht, was ihr nicht ähnlich ist«. Da die Gegenwart Jesu eine Präsenz der totalen Reinheit war, brachte sie alles ans Licht, was nicht Reinheit war, und dies hatte zwei Jahrtausende der Ego-Reaktion zur Folge. Nun ist Jesus wiedergekommen, um uns noch eine Chance zu geben, dies zu begreifen. Er sagt: »Seht, ich habe euch vor 2000 Jahren gesagt, das Königreich des Himmels in euch selbst zu suchen. Ich habe euch gelehrt, daß ich und der Vater eins sind, aber ihr habt es nicht begriffen. Also versuche ich es noch einmal.«

> *Alles, was wir wissen, ist falsch. Wir müssen neu beginnen, ohne unsere imaginäre Trennung von Gott. (Wie kann ein Sonnenstrahl getrennt von der Sonne existieren?) Es kann keine Trennung geben; das ist unmöglich. Daher existiert die Sünde nicht, weil jede Handlung, die wir begehen, verbunden ist mit der Heiligen Quelle (31).*

Es ist weise, Jesus zu folgen, weil er sich selbst vervollkommnet hat und weil er Befreiung lehrt. Diese Praxis hat nichts zu tun mit der herkömmlichen Anbetung, wie wir sie kennen. Weil unsere Identität Geist ist, sind alle Sünden für Jesus bereits im heiligen Augenblick vergeben. In der Ewigkeit sind wir gar nicht so anders als Er, weil wir alle Söhne Gottes sind.

Durch die bedrückende Sichtweise des traditionellen Christentums werden wir durch unsere eigenen Körper, durch unsere Eltern und durch die Natur selbst zu Opfern. *Ein Kurs in Wundern* zeigt, daß es keine Opfer gibt und daß die Wahrnehmung von sich selbst als Opfer niemals gerechtfertigt ist. Dies ist in Wirklichkeit die Lehre der Wiederauferstehung. Christus lehrte, daß es möglich ist, Sühne zu leisten, ohne sich selbst als Opfer zu bringen. Wahre Buße bedeutet, es dem Heiligen Geist zu erlauben, all Ihr falsches Denken zu korrigieren.

Ein Kurs in Wundern lehrt, daß es außerhalb von uns selbst keine Welt gibt, nur eine Projektion dessen, was in uns ist. Unser Körper ist eine Projektion unseres Geistes. Der einzige Zweck der Welt oder unseres Körpers liegt darin, uns zu lehren, daß es außerhalb unserer eigenen Wahrnehmung keine Welt und keinen Körper gibt. Der Tempel des Heiligen Geistes manifestiert sich selbst nicht in einem Körper, sondern indem er unseren Körper liebevoll benutzt, um mehr über die Liebe zu lernen. Und so ist es unser Ziel, all unsere Beziehungen heilig zu machen.

Sie müssen bereit sein, jede Wertvorstellung, die Sie jemals hatten, zu hinterfragen. Dies ist die einzige Möglichkeit, wie Sie schließlich verstehen können, daß Sie *unschuldig* sind. Anfangs werden Ihre Reaktionen verwirrend scheinen. Sie werden nicht glauben, daß Sie es verdienen, eine wirklich liebevolle Beziehung zu haben oder zu halten. Sie werden der Ansicht sein, weder Erfolg noch körperliche Unsterblichkeit zu verdienen. Sie werden denken, Sie seien schuldig, und Schuldgefühle können Ihre Versuche, vorwärts zu kommen, sabotieren. Wenn Sie besessen sind von Dingen, die Sie getan haben, und die Sie für »schlecht« halten, so fällt es Ihnen möglicherweise schwer, Ihre Unschuld zu akzeptieren.

Schließlich kommt es nur darauf an, sich daran zu erinnern, daß Sie in dem heiligen Augenblick Vergebung *erfahren*. Diese Vorstellung ist Ihnen nicht gänzlich fremd. Stellen Sie sich vor, Sie gehen in das Zimmer Ihres Kindes und sehen, daß es sich im Bett vor Alpträumen hin und her wirft. Wie würden Sie mit dieser Situation umgehen? Wie jede liebevolle Mutter und jeder liebevolle Vater wollen Sie das Unbehagen Ihres Kindes möglichst verringern. Sie schalten sich in den Traum selbst nicht ein, machen den Alptraum nicht real. Stattdessen drehen Sie das Licht an, rufen den Namen Ihres Kindes und erinnern es daran, wo es sich befindet. Auf genau diese Weise sorgt auch Gott für uns. Er hat keinen Anteil an unserem Ego, dem Wesen, das uns »schlechte« Dinge tun läßt. Da er weiß, daß wir nur alpträumen, mit unserem Ego ringen, macht er unsere sogenannten Sünden nicht einmal real. Mit seiner größeren Wahrnehmung sieht Gott unsere eigentliche Wirklichkeit. In diesem heiligen Augenblick trägt keiner die Schuld, und daher gibt es nichts zu vergeben. Darum sind Sie unschuldig.

(Vielleicht müssen Sie den vorstehenden Text mehrmals lesen, um ihn in aller Fülle zu verstehen und die Konsequenzen dieser Wahrheiten auf Ihre Beziehungen zu begreifen.)

Heilige kontra unheilige Beziehungen

Wir ermutigen alle, *Ein Kurs in Wundern* immer wieder ganz zu lesen. Dieses Kapitel faßt all das zusammen, was die Lehren des Kurses zum Thema Beziehungen sagen. Obwohl es in *Ein Kurs in Wundern* eigentlich immer um Beziehungen geht, habe ich mich auf die Kapitel 15, 16, 17, 20 und 22 konzentriert, in denen die Tyrannei der »besonderen Beziehung« beschrieben wird. Der Kurs behandelt auch eine – wie es dort heißt – »besondere Haßbeziehung«. *Ein Kurs in Wundern* warnt uns davor, uns vor dem Blick auf diese dunkleren und schwierigeren Beziehungen zu fürchten, denn unsere Freiheit beruht auf unserer Fähigkeit, diese Punkte anzugehen.

Ein Kurs in Wundern erklärt, daß wir in einer besonderen Beziehung ein Individuum für »jemand Besonderen« halten, anders als andere, wertvoller als wir selbst und sogar wertvoller als Gott. Aber diese Vorstellung ist eine Täuschung. Alle Menschen sind Kinder Gottes und stellen zusammen die Sohnschaft dar. Wenn wir nach einer besonderen Beziehung zu einem einzigen Menschen verlangen, begrenzen wir unsere Liebe auf ein kleines Segment der Sohnschaft. Und irgendwo in uns sind wir uns unweigerlich bewußt, daß wir die Ganzheit der Sohnschaft vergessen haben. Dies trägt Schuldgefühle in unsere Beziehung, und Schuldgefühle bergen Furcht.

Die besondere Liebesbeziehung ist eine unwiderstehliche Ablenkung, die wir einsetzen, um unsere Anziehung zu Gott dem Vater zu verbergen. Mit anderen Worten, innerhalb der besonderen Beziehung leugnen wir unser Bedürfnis nach Gott, indem wir das Bedürfnis nach besonderen Menschen und besonderen Dingen an seine Stelle setzen. Die Hoffnung auf Erlösung hängt ausschließlich von einem einzigen Individuum ab, und daher scheint die Aufmerksamkeit, die unser Partner Aktivitäten außerhalb der Beziehung schenkt, für unser Wohlgefühl eine Bedrohung zu sein. Da besondere Beziehungen uns zu der Ansicht verführen, sie könnten Erlösung bieten, akzeptieren wir auch die irrige Vorstellung, Trennung sei Erlösung. In der Tat ist eine solche exklusive Beziehung die Hauptwaffe des Ego, uns von einer himmlischen Existenz abzuhalten.

Eine unheilige Beziehung lebt von Unterschieden; jeder Partner empfindet, daß sein Gefährte über Eigenschaften oder Fähigkeiten verfügt, die er selbst nicht besitzt. An der Oberfläche scheint eine solche Partnerschaft den alten Spruch zu erhärten, daß »Gegensätze sich anziehen«. Wenn man dies jedoch genauer unter die Lupe nimmt, erscheint ein gänzlich anderes Bild. In Wirklichkeit geht jeder der Partner eine solche Verbindung mit der Vorstellung ein, sich selbst zu vervollständigen und den anderen zu berauben. Sie bleiben nur so lange in dieser Beziehung, bis Sie sich entscheiden daß es nichts mehr zu stehlen gibt; dann trennen sie sich.

Innerhalb dieser Art von Beziehung stellt all das, was den Menschen an vergangene Mißstände erinnert, für ihn eine Anziehung dar. Beim *Loving Relationships Training* nennen wir das, »von ihren Mustern angezogen werden«. Es ist offensichtlich, daß Partner in dieser Art von Beziehung nicht da sind aufgrund des Verlangens, sich im Geiste mit ihrem Gefährten zu vereinen. Allerdings überrascht die Tatsache, daß solche Menschen nicht einmal versuchen, sich mit dem *Körper* ihres Gefährten zu vereinen. Stattdessen suchen Sie die Vereinigung mit den Körpern jener, die *nicht* da sind – wie beispielsweise ihrem Vater oder ihrer Mutter oder anderen. Auf der Basis unspiritueller Impulse hat dieses unheilige Bündnis wenig zu tun mit wirklicher

Liebe. Dieser Versuch einer Vereinigung schließt letztendlich genau den Menschen aus, mit dem die Partnerschaft eingegangen wurde.

Die besondere Liebesbeziehung hat also ihre Kehrseite. In der besonderen Haßbeziehung sind die negativen Impulse einfach nur transparenter, denn die Beziehung besteht eindeutig aus Wut und Angriff. In dieser Anordnung wird ein einzelner Mensch zum Fokus unserer Wut; wir klammern uns an all das, womit er uns verletzt hat. Die besondere Haßbeziehung läßt ihre Rache an der Vergangenheit aus: *Das Ego lastet dir nämlich die Vergangenheit an, und wenn du der Vergangenheit entrinnst, sieht es sich der Rache beraubt, von der es glaubt, du verdienest sie zu Recht (32). – Und sie beinhaltet viel Beängstigung, Verzweiflung, Schuld und Angriff, sie alle gehen in sie ein und sind von Phasen unterbrochen, in denen es so aussieht, als seien sie nicht mehr da (33).*

Jede besondere Beziehung, die Sie haben, ist ein Ersatz für den Willen Gottes und glorifiziert stattdessen Ihren eigenen Willen. Jede besondere Beziehung schadet Ihnen, denn Sie beschäftigt Ihren Geist derart, daß Sie den Ruf der Wahrheit nicht hören können.

Eine besondere Beziehung gründet sich auf der Annahme, daß etwas in uns fehlt und wir daher besondere Bedürfnisse haben. Um diese Bedürfnisse zu befriedigen, gelangen wir zu der Ansicht, daß ein anderes Individuum fähig sei, uns das zu geben, was in uns selbst fehlt. Die Überzeugung von unserer eigenen Kleinheit liegt im Herzen jeder besonderen Beziehung, denn wenn zwei Gefährten sich bemühen, eine Einheit zu werden, haben Sie die Gegenwart Gottes in Ihrer Beziehung vergessen. Anstatt die Beziehung wachsen zu lassen, verringert dies ihre Größe.

In scharfem Gegensatz zu der »besonderen Beziehung« ruht eine »heilige Beziehung« auf festem Grund. Jeder Partner hat in sich selbst hineingesehen und nichts Inhärentes als fehlend wahrgenommen. Er akzeptiert seine eigene Vollständigkeit und findet Vergnügen daran, sie zu erweitern. Daher verbindet er sich mit einem anderem Menschen, der ebenfalls vollständig ist. Da beide sich in demselben Maße entwickelt haben, existieren zwischen ihnen keine großen Unterschiede. Diese Beziehung enthält himmlische Heiligkeit und spiegelt diese wider.

Durch die Vereinigung mit Gott sowie durch die Ausweitung dieser Vereinigung auf andere wird man vollständig. Als solche spiegelt eine heilige Partnerschaft die reiche Beziehung zwischen dem Sohn Gottes und seinem Vater wider; sie hat die Macht, alles Leiden zu mildern. In einer solchen Partnerschaft kann Sünde nicht existieren, da Gott selbst jede heilige Vereinigung in Übereinstimmung mit seinem eigenen Plan herbeigeführt hat.

Eine heilige Beziehung erfordert es, daß beide Partner zusammen auf ein gemeinsames Ziel hinstreben. Wenn zwei Menschen dieselbe Absicht teilen und sie die Liebe Gottes suchen, findet Heilung statt. Endlose Ströme fließen. Keine Wünsche oder Bedürfnisse hindern sie, denn da sie sich selbst geben, sind beide gesegnet. Darüber hinaus erblühen diese Segnungen und breiten sich auf andere aus. Ein Licht erstrahlt nach außen, erhellt die Welt. In einer heiligen Beziehung werden alle scheinbar schwierigen Situationen als Segnung angenommen. Anstatt den Partner zwanghaft zu kritisieren, ständig auf irgendwelche Unvollkommenheiten hinzuweisen, die verändert oder abgelegt werden sollen, gibt es einen Drang nach Lobpreisung und Dankschätzung. Beide Partner haben eine Atmosphäre der Liebe geschaffen und sehen mit der Zeit Christus im anderen.

Ein Kurs in Wundern über Beziehungen

Die Vorstellung der Sohnschaft muß als eine der wichtigsten Ideen gesehen werden, die in *Ein Kurs in Wundern* präsentiert werden. Die Sohnschaft besteht aus allen Kindern Gottes, das heißt, aus Jesus und der gesamten Menschheit. Seine Ganzheit und Integrität bieten eine solide Basis für den Weltfrieden:

> *Es sollte insbesondere beachtet werden, daß* GOTT *nur einen* SOHN *hat. Wenn alle* SEINE *Schöpfungen* SEINE SÖHNE *sind, dann muß ein jeder ein integraler Teil der ganzen* SOHNSCHAFT *sein. Die* SOHNSCHAFT *ist in ihrem Einssein mehr als die Summe ihrer Teile. Das ist der Grund, weshalb der Konflikt nicht endgültig gelöst werden kann, bevor nicht alle Teile der* SOHNSCHAFT *zurückgekehrt sind (34).*

Der Erzähler von *Ein Kurs in Wundern*, bei dem es sich vermutlich um Jesus handelt, ermahnt uns, Trennung von unseren Brüdern zu meiden. Wenn wir einander anerkennen, ehren wir den Heiligen Geist am stärksten:

> *Du kannst dich nicht allein verstehen. Das liegt daran, daß du losgelöst von deinem rechtmäßigen Platz in der* SOHNSCHAFT *keine Bedeutung hast, und der rechtmäßige Platz der* SOHNSCHAFT *ist* GOTT *(35).*

> *Deine Dankbarkeit deinem Bruder gegenüber ist die einzige Gabe, die ich mir wünsche. Ich werde sie für dich zu* GOTT *bringen, in der Erkenntnis, daß deinen Bruder erkennen* GOTT *erkennen ist. Wenn du deinem Bruder gegenüber dankbar bist, bist du* GOTT *dankbar für das, was* ER *erschaffen hat. Durch deine Dankbarkeit lernst du deinen Bruder erkennen, und ein einziger Augenblick wirklichen Erkennens macht jeden zu deinem Bruder, weil ein jeder von deinem* VATER *ist (36).*

Wenn Krisen unser Leben aus dem Gleichgewicht bringen, spüren wir ironischerweise oft einen fremdartigen, inneren »Drang«, uns von Freunden und Bekannten zu trennen – in dem Moment, wo wir die gegenseitige Hilfe eigentlich am meisten brauchen. Aber *Dissoziation ist keine Lösung*, sie ist ein Wahn (37). *Ein Kurs in Wundern* lehrt uns:

> *Allein können wir nichts tun, gemeinsam aber verschmilzt dein Geist mit meinem zu etwas, dessen Macht die Macht seiner getrennten Teile weit übersteigt (38).*

> *Unsere Funktion ist es, zusammenzuarbeiten, weil wir getrennt voneinander überhaupt nicht funktionieren können. Die ganze Macht von* GOTTES SOHN *liegt in uns allen, doch nicht in einem von uns allein. – Die* GOTT *verbunden hat, können nicht getrennt werden, und* GOTT *hat alle* SEINE SÖHNE *mit* SICH *verbunden (39). – Du kannst nicht*

mit den dunklen Gefährten neben dir in Gottes Gegenwart *treten, aber du kannst auch nicht allein eintreten. Alle deine Brüder müssen mit dir eintreten, weil du erst dann eintreten kannst, wenn du sie angenommen hast. Denn Ganzheit kannst du nicht verstehen, wenn du nicht ganz bist, und kein Teil des* Sohnes *kann ausgeschlossen werden, wenn er die Ganzheit seines* Vaters *erkennen möchte (40).*

Sie müssen Ihren Bruder als Ihren Retter und Ihren Freund erkennen, mit dem Sie ins Paradies reisen, dem »Heim, das Sie gerufen hat«:

Gib freudig deinem Bruder die Freiheit und die Stärke, dich dorthin zu führen. Und tritt vor seinen heiligen Altar, wo Stärke und Freiheit darauf warten, das strahlende Bewußtsein zu schenken und zu empfangen, das euch nach Hause führt. Die Lampe ist in dir für deinen Bruder angezündet. Und von den Händen, die sie ihm gegeben haben, sollst du an der Angst vorbei zur Liebe hingeleitet werden (41).

Nur Ihr Bruder hat die Macht, Ihnen Ihre Irrtümer zu vergeben. Und er wiederum muß Vergebung von jemand anderem als sich *selbst* suchen. Niemand von uns kann sich selbst allein vergeben:

Neben dir ist einer, der dir den Kelch der Sühne *reicht, denn in ihm ist der* Heilige Geist. *Möchtest du ihm seine Sünden vorwerfen oder seine Gabe für dich akzeptieren? Ist dieser Geber der Erlösung dein Freund oder Feind? Wähle, was er ist, und erinnere dich daran, daß du entsprechend deiner Wahl von ihm empfangen wirst (42).*

Es gibt keine Gnade des Himmels, *die du nicht deinem Bruder schenken und von deinem allerheiligsten* Freund *empfangen kannst. – Bedenke, wer dein Bruder ist, bevor du ihn verurteilst. Und danke* Gott, *daß er heilig ist und ihm die Gabe der Heiligkeit für dich gegeben wurde. Verbinde dich freudig mit ihm, und entferne jede Spur der Schuld aus seinem verstörten und gequälten Geist. – Schenk deinem Bruder Glauben, denn Glaube, Hoffnung und Barmherzigkeit sind dein, damit du sie verschenkest. In die Hände, die geben, wird die Gabe gegeben (43).*

Es ist nicht unsere Aufgabe, so heißt es in *Ein Kurs in Wundern*, unseren Bruder zu ändern, vielmehr ihn so, wie er ist, zu akzeptieren, denn: *seine Fehler kommen nicht aus der Wahrheit, die in ihm ist, und nur diese Wahrheit ist dein (44).*

Wir müssen genau prüfen, wo wir unsere wertvolle Energie investieren. Wenn wir auf die Irrtümer unseres Bruders so reagieren, als wären sie real, machen wir sie tatsächlich zu einer Wirklichkeit. Wenn wir bestätigen, daß die Sünden unseres Bruders real sind, verurteilen wir uns selbst – denn alle von uns sind Teil der Sohnschaft.

Wenn wir unseren Bruder *bedingungslos* akzeptieren, öffnen wir andererseits die Tür, durch die die ganze Menschheit zur Liebe gelangt. Akzeptanz heißt allerdings nicht die bloße Abwesenheit von Verurteilung. So gut gemeint eine *Korrektur* auch sein mag, kann sie auch eine Form des Angriffs darstellen:

Die Entscheidung, zu urteilen, statt zu erkennen, ist die Ursache für den Verlust des Friedens. (...) – Du hast keine Ahnung von der außerordentlichen Befreiung und dem tiefen Frieden, die eintreten, wenn du dir selber und deinen Brüdern völlig ohne jedes Urteil begegnest. (...) In der Gegenwart der Erkenntnis wird jedes Urteil von selbst eingestellt, und das ist der Prozeß, der ermöglicht, daß das Wiedererkennen die Wahrnehmung ersetzt (45).

Wenn du einen Bruder berichtigst, dann sagst du ihm, daß er sich irrt. Vielleicht ist er zu dem Zeitpunkt unvernünftig, und es steht fest, daß er unvernünftig ist, wenn er aus dem Ego spricht. Deine Aufgabe bleibt es aber dennoch, ihm zu sagen, daß er recht hat. (...) Er hat trotzdem recht, weil er ein GOTTESSOHN *ist. – Wenn du auf die Fehler des*

Ego deines Bruders hinweist, dann mußt du durch das deine sehen, weil der HEILIGE GEIST *seine Fehler nicht wahrnimmt. (...) Das Ego ergibt keinen Sinn, und der* HEILIGE GEIST *versucht nicht, irgend etwas von dem zu verstehen, was aus ihm entsteht. – Verhält ein Bruder sich wahnsinnig, so kannst du ihn nur dadurch heilen, daß du die geistige Gesundheit in ihm wahrnimmst (46).*

Ein Kurs in Wundern sagt:

> *...alle Konflikte stammen aus dem Ego, nur der* HEILIGE GEIST *kann Konflikte lösen, weil nur der* HEILIGE GEIST *konfliktfrei ist (47). –*
>
> *Ich habe schon gesagt, daß (...) das Ego sich als im Krieg befindlich wahrnimmt und daher glaubt, Verbündete zu brauchen. Du, der du nicht im Krieg bist, mußt nach Brüdern Ausschau halten und alle, die du siehst, als Brüder wiedererkennen, weil nur diejenigen, die gleich sind, in Frieden sind. Weil* GOTTES *gleiche* SÖHNE *alles haben, können sie nicht konkurrieren. Wenn sie jedoch in irgendwelchen ihrer Brüder irgend etwas anderes wahrnehmen als ihnen vollkommen Gleichgestellte, hat die Idee der Konkurrenz Einlaß in ihren Geist gefunden (48). –*
>
> *Jede Reaktion auf das Ego ist ein Aufruf zum Krieg, und Krieg entzieht dir unweigerlich den Frieden. – Diejenigen, die du als Gegner wahrnimmst, sind Teil deines Friedens, den du dadurch aufgibst, daß du sie angreifst. – Wenn du den Frieden aufgibst, schließt du dich von ihm aus (49).*

Lassen Sie uns zwei der Hauptursachen von Konflikten betrachten: Schuldgefühle und Schuldzuweisungen. Woher stammen sie? Sind sie real oder imaginär? *Ein Kurs in Wundern* erklärt, daß Schuldgefühle und Schuldzuweisungen aus derselben Quelle stammen – dem Ego – und daß keines von beiden wirklich in den Bereich des Unendlichen gehört:

Das Ego sagt dir, daß in dir alles schwarz vor Schuld ist, und heißt dich, ja nicht hinzusehen. Vielmehr heißt es dich, auf deine Brüder zu schauen und die Schuld in ihnen zu erblicken (50). – Wenn deine Brüder Teil von dir sind und du ihnen die Schuld für deinen Entzug zuweist, dann weist du dir selbst die Schuld zu. Und du kannst nicht dir die Schuld zuweisen, ohne ihnen die Schuld zuzuweisen (51). – Wenn GOTT SEINE *Kinder als gänzlich ohne Schmerz kennt, dann ist es gotteslästerlich, irgendwo Leiden wahrzunehmen (52).*

Das Ego drückt sich sowohl in offener als auch in weniger offener Weise aus. Obwohl uns eventuell bewußt ist, wie das Ego uns dazu treibt, anzugreifen oder Konflikte zu verursachen, befinden wir uns häufig »im Dunkeln«, wenn es darum geht, die schleichendere Rolle des Ego als führenden Kopf unserer Projektionen zu erkennen. Was sind Projektionen, und wie funktionieren sie? Wenn wir projizieren, verdrängen wir unbewußt all unsere eigenen Gefühle – unsere Ängste, unsere Wut, unsere Liebe, unsere Verachtung, unser Desinteresse – auf einen anderen Menschen. Wir gelangen ganz ernsthaft zu der Überzeugung, dieser andere Mensch, anstatt wir selbst, habe in Wirklichkeit diese Gefühle:

(...) das Ego ist nicht fähig, zu vertrauen. Indem es seine wahnsinnige Überzeugung, daß du deinen SCHÖPFER *verraten hast, projiziert, glaubt es, daß deine Brüder, die dessen ebenso unfähig sind wie du, darauf aus sind,* DIR GOTT *wegzunehmen. Jedesmal, wenn ein Bruder einen anderen angreift, ist es genau das, was er glaubt. Die Projektion sieht deine Wünsche immer in anderen. Wenn du beschließt, dich von* GOTT *zu trennen, dann wirst du denken, daß andere dir das antun (53).*

Wie Sie wissen, lösen Sie in Ihrer Beziehung ein wildes Durcheinander aus, wenn Sie Ihrem Partner Gefühle zuschreiben, die er gar nicht hat:

Das Ego kann eine Befreiung von der Vergangenheit nicht ertragen (...) Es diktiert dir deine Reaktionen auf jene, denen du in der Gegenwart begegnest, von einem vergangenen Bezugspunkt aus und verschleiert ihre gegenwärtige Wirklichkeit. Tatsächlich reagierst du, wenn du dem Diktat des Ego folgst, auf deinen Bruder so, als sei er jemand anderes, was mit Sicherheit verhindert, daß du ihn so wahrnimmst, wie er ist. – Wahrheitsgemäß wahrnehmen heißt, (...) daß du einen Bruder nur so wahrnimmst, wie du ihn jetzt siehst. Seine Vergangenheit hat in der Gegenwart keine Wirklichkeit, und deshalb kannst du sie nicht sehen (54).

Es ist ein ganz schöner Kraftakt, die Vergangenheit und alle Projektionen, die mit ihr zusammenhängen, loszulassen. Es erfordert einen Akt des Glaubens – und Glauben ist genau das, gemäß dem wir laut *Ein Kurs in Wundern* handeln sollen. Der Glaube, so wird uns gesagt, ist der einzige Weg zum Frieden:

Glaube an deine Brüder, weil ich an dich glaube, und du wirst lernen, daß mein Glaube an dich gerechtfertigt ist. Glaube an mich, indem du an sie glaubst um dessentwillen, was GOTT *ihnen gab. (...) Bitte nicht um Segen, ohne sie zu segnen (...) (55). – Als du die Wahrheit als Ziel für deine Beziehung akzeptiertest, bist du so sicher zu einem Friedensbringer geworden, wie dein* VATER *dir den Frieden gab. Denn das Ziel des Friedens kann nicht losgelöst von seinen Bedingungen angenommen werden (...) (56).*

Wie alle alten spirituellen Schriften bescheinigen, müssen wir auf dem Weg zum Frieden große Hindernisse überwinden. Das größte dieser Hindernisse ist das Ego. Es versucht, unseren Weg zu verbergen. Das Ego spielt nicht nur mit dem Verstand und dem Geist Spiele, sondern auch mit unserem Fleisch. Wenn wir auf dieser Straße reisen, werden wir möglicherweise in zwei Richtungen gezogen. Während der Heilige Geist uns dahin führt, unsere Körper nur dazu einzusetzen, die Hand nach unseren Brüdern auszustrecken und uns miteinander *zu verbinden*, benützt das Ego unseren Körper, um uns zu *trennen*, indem es uns dazu ermutigt, unsere Brüder anzugreifen:

> *Der* HEILIGE GEIST *dehnt sich durch ihn zu anderen aus. Du nimmst deine Brüder nicht wie der* HEILIGE GEIST *wahr, weil du Körper nicht ausschließlich als Mittel betrachtest, um Geister zu verbinden und sie mit dem deinen und dem meinen zu vereinen. – Setzt du den Körper zum Angriff ein, so ist er für dich schädlich. – Kommunikation beendet die Trennung. Angriff fördert sie (57).*
>
> *Denke daran: Die angreifen, sind arm (58).*
>
> *Wenn du begreifst, daß jeder Angriff, den du wahrnimmst, in deinem eigenen Geist ist und sonst nirgendwo, dann hast du endlich seine Quelle aufgespürt, und da, wo er beginnt, da muß er enden (59).*
>
> *Du hast keinen Feind außer dir selbst (...) Hüte dich vor der Versuchung, dich als ungerecht behandelt wahrzunehmen (60).*
>
> Die Starken greifen nicht an, weil sie keine Notwendigkeit dafür sehen. Bevor die Idee des Angriffs in deinen Geist eindringen kann, mußt du dich selber als schwach wahrgenommen haben. (...) *Und da du dich und deine Brüder nicht mehr als gleich wahrnimmst und dich selbst als schwächer ansiehst, versuchst du die Situation »auszugleichen«, die du gemacht hast (61).*

Aber was sollen wir tun, wenn die Handlungen eines anderen Menschen uns geschadet haben – haben wir kein Recht, ihm die Schuld dafür zu geben? *Ein Kurs in Wundern* beantwortet diese Frage auf verblüffende Weise:

> *Wenn ein Bruder unvernünftig handelt, bietet er dir eine Gelegenheit, ihn zu segnen. – Sein Bedürfnis ist das deine. Du brauchst den Segen, den du ihm anbieten kannst (62).*

Es gibt keine andere Möglichkeit für dich, ihn zu erhalten, außer dadurch, daß du ihn gibst. Das ist das Gesetz GOTTES, *und es kennt keine Ausnahmen (63).*

Aber schließe niemanden von deiner Liebe aus, sonst hältst du einen dunklen Ort in deinem Geist verborgen, an dem der HEILIGE GEIST *nicht willkommen ist (64).*

Wie weit sollten wir gehen, wenn wir die Hand nach einem anderen Menschen ausstrecken? Was haben wir davon, es weiter zu versuchen, wenn wir für die Probleme unseres Bruders keine mögliche Lösung sehen?

In der Bibel steht, daß du mit einem Bruder doppelt so weit gehen sollst, wie er dich bittet. (...) Hingabe an einen Bruder kann auch dich nicht zurückwerfen. Sie kann nur zu gegenseitigem Fortschritt führen. Die Folge aufrichtiger Hingabe ist Inspiration, ein Wort, welches das Gegenteil von Erschöpfung ist, wenn man es richtig versteht (65).

Es ist unmöglich, den Wert deines Bruders zu überschätzen. (...) Es wird dir gegeben sein, den Wert deines Bruders zu sehen, wenn Frieden das einzige ist, was du für ihn willst. Und was du für ihn willst, wirst du empfangen (66).

Der Weg der Liebe webt sich beständig durch jeden Paragraphen von *Ein Kurs in Wundern*. Zweifelsohne ist die Verpflichtung zur Liebe das größte Geschenk dieses Buches an uns sowie auch das zentrale Thema der Texte:

Jeder liebevolle Gedanke ist wahr. Alles andere ist ein Ruf nach Heilung und nach Hilfe, ungeachtet der Form, die es annimmt. Kann irgend jemand berechtigt sein, dem Hilferuf eines Bruders mit Ärger zu begegnen? Keine Reaktion kann angemessen sein, außer der Bereitwilligkeit, ihm die Hilfe zu gewähren, denn das – und nur das – ist es, worum er bittet (67).

Wenn du jemandem begegnest, so erinnere dich daran, daß es eine heilige Begegnung ist. Wie du ihn siehst, wirst du dich selber sehen. Wie du ihn behandelst, wirst du dich selbst behandeln. Wie du über ihn denkst, wirst du über dich selbst denken. Vergiß dies nie, denn in ihm wirst du dich selbst finden oder verlieren. Jedesmal, wenn zwei GOTTESSÖHNE *einander begegnen, ist ihnen eine neue Gelegenheit zur Erlösung gegeben (68).*

Nur Würdigung ist eine angemessene Reaktion auf deinen Bruder. Dankbarkeit gebührt ihm sowohl für seine liebevollen Gedanken als auch für seine Hilferufe, denn beide vermögen es, dir Liebe ins Bewußtsein zu bringen, wenn du sie wahrheitsgemäß wahrnimmst (69). – Schenke ihnen die Würdigung, die GOTT *ihnen immer zuteil werden läßt, weil sie seine geliebten* SÖHNE *sind, an denen* ER SEIN *Wohlgefallen hat. Du kannst von ihnen nicht getrennt sein, weil du nicht von ihm getrennt bist. (...) Du kannst deine eigene Vollkommenheit nicht erkennen, solange du nicht all jene geehrt hast, die wie du erschaffen wurden (70).*

Wenn Ihre Beziehungen frei von Schuldzuweisungen sind, kann nichts Ihnen schaden. Wenn Ihre Mitte intakt und Ihr Herz bei Gott ist, werden Sie in der Lage sein, sich auch den plötzlichsten und fundamentalsten Veränderungen anzupassen.

Du kannst nicht verletzt werden und solltest deinem Bruder nichts außer deiner Ganzheit zeigen. Zeige ihm, daß er dich nicht verletzen kann, und wirf ihm nichts vor, sonst wirfst du es dir selbst vor. Das ist die Bedeutung der Worte »die andere Wange hinhalten« (71).

Die Fehler unseres Bruders zu übersehen, heißt nicht, verwundet und grollend von dannen zu gehen. Wir dürfen uns nicht von ihm trennen. Wir müssen seinen Arm nehmen und mit ihm zusammen gehen. Auf diese Weise kommen wir ihm noch näher:

Indem du ihm (dem Heiligen Geist) folgst, wirst du zu GOTT *zurückgeführt, wo du hingehörst – und wie kannst du den Weg denn finden, wenn du nicht deinen Bruder mitnimmst? (…) Du verläßt dich selbst und* GOTT, *wenn du irgendeinen deiner Brüder verläßt. Du mußt lernen, sie so zu sehen, wie sie sind, und verstehen, daß sie genau wie du zu* GOTT *gehören (72).*

Alle meine Brüder sind besonders. Wenn sie glauben, daß ihnen irgend etwas entzogen ist, wird ihre Wahrnehmung verzerrt. Wenn das geschieht, wird die gesamte Familie GOTTES *– oder die* SOHNSCHAFT *– in ihren Beziehungen beeinträchtigt. –* GOTT *ist unparteiisch. Alle* SEINE *Kinder haben* SEINE *totale* LIEBE, *und alle* SEINE *Gaben werden uneingeschränkt allen gleich gegeben. – Die Tatsache, daß ein jeder vollständig über diese Macht verfügt, ist ein Umstand, der dem Denken der Welt völlig fremd ist. Die Welt glaubt, daß nichts übrigbleibt, wenn irgend jemand alles hat (73).*

Ist es nicht wunderbar, daß *jeder* von uns wirklich *alles haben kann* – daß wir alle gleichzeitig die *absolute* Macht haben können? Stellen Sie sich vor, was wäre, wenn jeder Mensch auf der Welt dies verstehen würde! Stellen Sie sich vor, wie es wäre, wenn wir das teilen, was wir besitzen, und dadurch nichts verlieren. Teilen wäre einfach ein Akt der Liebe und keineswegs eine Bedrohung unserer eigenen Ressourcen:

Um deinen Bruder als solchen wahrzunehmen, mußt du den HEILIGEN GEIST *in ihm wahrnehmen. – Die Idee des* HEILIGEN GEISTES *teilt die Eigenschaften anderer Ideen, weil sie den Gesetzen des* UNIVERSUMS *folgt, dessen Teil sie ist. Sie wird dadurch gestärkt, daß sie weggegeben wird. Sie wächst in dir, wenn du sie deinem Bruder gibst. Dein Bruder braucht sich des* HEILIGEN GEISTES *in sich oder in dir nicht bewußt zu sein, damit dieses Wunder geschieht. – Sieh ihn durch den* HEILIGEN GEIST *in seinem Geist, so wirst du* IHN *in deinem wiedererkennen. Was du*

> *in deinem Bruder anerkennst, das erkennst du in dir selbst an, und was du mit andern teilst, bestärkst du (74).*
>
> *Nichts Wirkliches läßt sich vermehren außer durch Miteinanderteilen. Deshalb hat* GOTT *dich erschaffen (75).*

Die Christus-gleiche Stimme, die *A Course in Miracles* diktierte, besteht darauf, unsere Brüder zu lieben, den Heiligen Geist zu lieben und uns selbst zu lieben sei *ein- und dasselbe*. Keine Lehre kann die Welt effektiver verändern:

> GOTTES MAJESTÄT *als deinen Bruder zu erfassen heißt, dein eigenes Erbe anzunehmen.* GOTT *gibt nur in gleicher Weise. Wenn du* SEINE *Gabe in irgend jemandem erfaßt, so hast du anerkannt, was* ER *dir gab (76).*
>
> *Wenn du einem Bruder näherkommst, näherst du dich mir, und wenn du dich von ihm zurückziehst, werde ich dir fern. Die Erlösung ist ein Unterfangen, das auf Zusammenarbeit beruht. Es kann nicht erfolgreich von denen angegangen werden, die sich von der* SOHNSCHAFT *losmachen, weil sie sich von mir losmachen.* GOTT *wird nur so zu dir kommen, wie du* IHN *deinen Brüdern gibst. Lerne zuerst von ihnen, dann wirst du bereit sein,* GOTT *zu hören. Das rührt daher, daß die Funktion der* LIEBE *eins ist (77).*

Hingabe: Als Paar zusammen beten

Anbetung bedeutet, »den Wert« von etwas oder jemandem »verehren«. Anbetung ist natürlich. Anbetung ist die höchste, urteilsfreieste Form der Liebe. Nicht anzubeten ist unnatürlich.

Wenn wir eine Person verehren, sehen wir in ihr absolut nichts Falsches. Wir öffnen uns dieser Person völlig. Wenn wir eine Lehrerin verehren, werden wir sehr schnell lernen, denn wir sind offen und aufnahmebereit für alles, was sie zu sagen hat. Um die Weisheit unseres Bruders anzunehmen, müssen wir sorgfältig darauf achten, wie wir ihn verehren; denn diskriminierende Anbetung führt uns auf einen bedeutungslosen Weg. Stattdessen müssen wir *alles Leben* verehren, denn Gleichheit ist die einzige Wahrheit. Durch Anbetung holen wir das Meiste aus dem Leben heraus, und wir fühlen uns so gut wie wir nur können. Durch unsere Anbetung können wir zu einer zivilisierteren Gesellschaft beitragen.

Sobald Sie Ihre eigenen Vorstellungen über die Anbetung, die durch traditionelle religiöse Perspektiven durcheinander geraten sein können, klargestellt haben, können Sie neu anfangen – mit einem neuen, frischen Blick auf Anbetung und Hingabe. Schaffen Sie Ihre eigenen Formen und Ihren eigenen Altar, mit denen Sie Ihre heiligsten Gefühle ehren.

Hingabe reinigt unser Wesen und bringt uns dem Heiligen Geist näher. Hier folgen einige Vorschläge, wie Sie mit Ihrem Partner Hingabe üben können. Diese Vorschläge werden Ihre Beziehung und Ihr ganzes Leben bereichern:

○ Atmen Sie zusammen
○ Lesen Sie einander *Ein Kurs in Wundern* laut vor (versuchen Sie, dieses Buch einmal die Woche statt der Zeitung, die ja doch nur weitere innere Konflikte hervorruft, zu lesen.)
○ Singen Sie zusammen
○ Meditieren Sie zusammen
○ Schreiben Sie zusammen Affirmationen
○ Fasten Sie zusammen
○ Würdigen Sie zusammen die Stille
○ Beten Sie zusammen, laut oder still für sich
○ Entfachen Sie zusammen die Läuterung
○ Besuchen Sie zusammen heilige Stätten
○ Hören Sie zusammen spirituelle Musik
○ Rasieren Sie sich gleichzeitig den Kopf
○ Suchen Sie zusammen eine Sauna oder ein Schwebe-und-Entspannungs-Becken auf
○ Besuchen Sie gemeinsam Seminare
○ Verbreiten Sie zusammen Erleuchtung und netzwerken Sie gemeinsam
○ Verpflichten Sie sich gemeinsam einem Friedensprojekt

Liebe

Es gibt viele Möglichkeiten, über die Liebe zu sprechen. Beim *Loving Relationships Training* beschreiben wir die Liebe als eine allgegenwärtige Substanz, die am stärksten in der Abwesenheit negativer Gedanken wahrgenommen wird. Laut *Ein Kurs in Wundern* entzieht sich die Liebe jeglicher Definition. Auf jeden Fall und wie auch immer wir die Liebe ausdrücken, wir wissen, daß sie eine der stärksten Kraftquellen ist, die der Menschheit bekannt sind. Durch sie können körperliche und geistige Krankheiten geheilt werden; sie kann zur Lebensverlängerung beitragen. Die meisten von uns spüren den Wert der Liebe, und viele von uns verbringen einen Großteil ihres Lebens auf der Suche nach der Liebe. Trotzdem ist es nicht wirklich unsere Aufgabe, die Liebe zu suchen, heißt es in *Ein Kurs in Wundern*, sondern wir sollen alle Blockierungen, die wir gegen die Liebe errichtet haben, abbauen.

In dem Buch *A Spiritual Approach to Man/Woman Relations*, herausgegeben von Scott Miners, entdecken wir, daß Platos philosophische Entdeckungen hinsichtlich der Liebe weitgehend mißverstanden wurden. Der Philosoph schätzte die körperliche und romantische Liebe zwischen zwei Individuen nicht gering ein, wie viele Menschen denken. Stattdessen war er der Ansicht, daß alle Formen der Liebe Teil einer nach oben, auf das Spirituelle, das Unsterbliche hin gerichteten Zugkraft seien. Er betrachtete die Liebe als eine Leiter, die aus sieben Stufen besteht, von der Liebe zu einem einzelnen Menschen bis hin zu der Liebe zu den höchsten Wirklichkeiten des Universums:

1. Sich in die herausragende Form eines anderen verlieben.
2. Alle schönen physischen Formen lieben.
3. Die Schönheit des Geistes lieben, ungeachtet seiner physischen Form.
4. Schöne Theorien wie Ethik, Fairness, Gerechtigkeit und Güte lieben.
5. Liebe zu schönen Einrichtungen entwickeln – Familie, Gesellschaft, ganzheitliches Fühlen, und so weiter.
6. Liebe zum Universalen und Abstrakten entwickeln, einschließ-

lich der Wissenschaften. Den ganzen Kosmos, Harmonie und Ordnung und die Gesetze des Universums lieben.

7. Die Liebe zu immerwährenden Manifestationen der Schönheit selbst – das Absolute – erfahren.

Für Plato waren Liebe und Schönheit untrennbar miteinander verbunden. Körperliche Liebe war der erste Schritt in einer Aufeinanderfolge, die dazu führte, sich in das gesamte Universum zu verlieben. Der letzte Schritt vereint uns mit der Unendlichen Quelle des Seins und der Unsterblichkeit. Selbsttranszendenz ist der Höhepunkt der größeren Mysterien der Liebe.

Körperliche Unsterblichkeit

Ich kenne nichts, was eine Beziehung so vitalisiert wie das Ziel der körperlichen Unsterblichkeit. Die meisten Menschen fühlen sich unwohl bei dem Gedanken, ewig zu leben, und die Vorstellung scheint uns vielleicht sogar »anti-spirituell«, da sie sich so signifikant von der herkömmlichen Kirchenlehre unterscheidet. Nichts könnte weiter von der Wahrheit entfernt sein. Das Leben ist heilig. Wenn Sie mehr Leben wählen, werden Sie heiliger. Eine solche Wahl ist absolut spirituell.

In meinem vor kurzem erschienenen Buch *How to Be Chic, Fabulous, and Live Forever* habe ich die körperliche Unsterblichkeit ausführlich behandelt. Der Titel wurde bewußt so ausgewählt, um die Leser wachzurütteln und es schick zu machen, über Unsterblichkeit nachzudenken und darüber zu diskutieren. Andere Unsterblichkeitsdenker wie Anna Lee Skarin erschließen Neuland in dieser Debatte. Skarin ist eine Unsterblichkeitsmeisterin, die sich willentlich dematerialisieren und rematerialisieren kann. Sie tritt für das heilige Geschenk des Lebens in ihrem Buch *The Celestial Song of Creation* ein (sie ist außerdem die Autorin von *Beyond Mortal Boundaries*):

> *Der Tod beginnt bei den Zellen und dem Gewebe, das durch die Vibrationen aller negativen, bösen Gedanken*

und Ängste allmählich unterminiert und zerstört wird. Der Tod kommt, weil das Individuum selbst das Geschenk des Lebens preisgibt. Der Mensch läßt zu, daß die Lebenskraft aus seinen eigenen müden, unmutigen, selbstbemitleidenden Gedanken herausgedrängt wird; seine negative Einstellung, sein entartetes Verlangen und seine von Gier bestimmten Handlungen. Jedes unharmonische, negative Wort und jede unharmonische, negative Einstellung sind rein destruktive Kräfte des Todes, die das Leben des Menschen unter Beschuß nehmen. Das Lebensprinzip wird langsam herausgedrängt und durch die Ignoranz des Menschen besiegt.

Das Geschenk des Lebens wird durch Freude, richtiges Denken und die positive Kraft richtigen Handelns verstärkt und vergrößert. Skarin fährt mit der Erklärung fort, daß der Alterungsprozeß und die zunehmende körperliche Gebrechlichkeit enden, wenn die heiligen Lebenskräfte stärker werden. Sie werden besiegt, wenn die Zellen des Körpers spiritualisiert und vom Tod befreit werden. Dies meint die Bibel mit »überwinden« – der Tod wird durch die Vergrößerung von Liebe, Lobpreisung und Dankbarkeit automatisch besiegt.

Denken Sie daran, daß jeder einzelne Mensch in den Schwingungen seiner eigenen Gedanken und seiner geistigen Gewohnheiten ruht. Schwingungen der Ekstase und der inneren Lobpreisung nähren die Schwingungen des Lichts. Wir können jederzeit das Leben über den Tod wählen.

Was könnte Sie davon abhalten, diese Wahl zu treffen? Wenn Sie wüßten, daß Sie in Ihrem physischen Körper ewig leben könnten, ohne zu sterben, würde Sie das freuen? Wenn nicht, entspricht Ihr Leben wahrscheinlich einer der folgenden Beschreibungen:

- ○ Sie genießen weder Ihren Alltag, noch sind Sie im Spiel des Lebens auf der »Gewinnerseite«
- ○ Ihr Alltag ist in Ordnung, dennoch glauben Sie, es gebe einen »höheren Ort«

Wenn Sie zur ersten Kategorie gehören, dann werden Sie sich fragen: »Warum sollte ich ewig leben wollen, wenn ich mich augenblicklich nicht mal gut fühle?« Eine sehr gute Frage und doch legt die Antwort darauf ein Paradox offen: Die einzige Möglichkeit, sich *wirklich* gut zu fühlen, ist, die Todessehnsucht aufzugeben, das Leben fortan wirklich so sehr zu lieben, daß die Vorstellung, ewig zu leben, Sie begeistert! Dies ist eines der wichtigsten Geheimnisse, gesund und glücklich zu sein.

Wenn Sie zur zweiten Kategorie gehören, geht es Ihnen zwar gut, aber Sie warten auf ein glorreiches Jenseits. Stellen Sie sich vor, wieviel herrlicher das Leben sein könnte, wenn Sie sich nicht länger an die Überzeugung klammern würden, daß es anderswo schöner sei. Tod ist keine Lösung; er führt Sie nicht notwendigerweise zu einem höheren Ort, sobald Sie Ihren Körper freigegeben haben. Ruby Nelson sagt uns in ihrem Buch *The Door of Everything* (*Das Tor zur Unendlichkeit*, Aquamarin Verlag, Grafing):

> *Wenn man sich dafür entscheidet zu sterben, befreit der Tod vom Gewicht der Schwerkraft, und vorübergehend ist die Seele von der Erde befreit. Aber der Tod verändert nicht die Schwingung des Bewußtseins auf der menschlichen Ebene. Es gibt keine Fluchtmöglichkeit vor Ihrer eigenen Schwingung, außer durch das Üben veränderter Gedanken. Der Tod läßt das freigesetzte Bewußtsein auch nicht auf himmlische Ebenen steigen. Wenn sich das Bewußtsein vom Körper trennt, strebt es automatisch nach seiner eigenen Ebene.*
>
> *Jedes Leben ist eine neue Gelegenheit, erleuchtet zu werden, sich mit Licht zu salben und sich über die Todesfalle zu erheben. Denn wer mit dem Unsterblichen verbunden ist, wird selbst unsterblich.*

Achten Sie darauf, daß Ruby Nelson über die *Entscheidung zu sterben* spricht. Dies ist die Schlüsselfrage: unsere Überzeugungen bestimmen unsere Wirklichkeit. Was wir als wahr annehmen, erschaffen wir. Obwohl man es uns anders beigebracht hat, ist der Tod eine *Wahl*. Tod ist daher fakultativ.

Wir müssen uns bewußt machen, wie die Todessehnsucht – offenkundig in allen Gedanken, die sich gegen das Leben richten – jeden Aspekt unseres Lebens durchdringt. Die Tatsache, daß sich unser Körper momentan vollkommen gesund anfühlt, bedeutet nicht notwendigerweise, daß wir die körperliche Unsterblichkeit »in den Griff bekommen« haben. Unsere Todessehnsucht kann sehr wohl unterdrückt worden sein oder wir leben sie in anderen Bereichen unseres Lebens aus. Letztendlich ist diese destruktive Sehnsucht die Wurzel von allem »da draußen« in Ihrem Leben, das nicht funktioniert. Sie wird von den folgenden Handlungsweisen und Gedankenmustern noch unterstützt:

- Außerkraftsetzung der persönlichen Göttlichkeit
- Mangel an Unsterblichkeitsphilosophien
- Glaubenssysteme, die Krankheiten fördern
- Falsche religiöse Lehren
- Familientraditionen
- Freßsucht und andere Süchte
- Ungelöste Spannungen und Geburtstrauma

Die Todessehnsucht untergräbt die Vitalität und schadet unserem Urteilsvermögen. Wir sehen ihren destruktiven Impuls in vielen Aspekten unserer Gesellschaft auftauchen. Mein Freund Leonard Orr hat dieses Phänomen beobachtet und auf die Gefahr hingewiesen, die darin liegt, alte Männer – deren Nähe zum Tod ihre Paranoia noch verstärkt – in politische Ämter zu wählen. Wenn die Todessehnsucht eine Persönlichkeit beherrscht, blockiert sie unsere Weisheit und hemmt unsere Kreativität.

Der Krieg ist die offensichtlichste und zerstörerischste Manifestation der Todessehnsucht. Der Schlüssel zu einer erfolgreichen, dauerhaften Friedensbewegung liegt im Abbau unserer Pro-Tod-Mentalität. Abrüstungsbewegungen, die die Auswirkungen dieser Einstellung unterschätzen, werden nur eine vorübergehende Erscheinung sein. Jene Bewegungen, die den Kreislauf von Geburt und Tod entwirren, werden dauerhaft sein und zu einer *Lösung* unserer größten sozialen und politischen Probleme beitragen.

In der Tat wird durch die Verschmelzung von Geist und Körper im Dienst Frieden geschaffen. Und weil Geist nicht zerstört werden kann, können auch wir nicht aufgehalten werden, wenn wir einen klaren Kopf behalten und uns weigern, in Ideologien der Trennung zu schwelgen. Der traditionelle Weg ermutigt uns, durch Kontrolle und Manipulation Frieden anzustreben und Konflikte zu lösen, ob persönlich oder global. Diese Methode hat sich ganz eindeutig als katastrophal erwiesen. Nur aus Verhandlungen und aus Verständnis wird sich ein neuer Weg zeigen, der die Furcht aus unserem Bewußtsein entfernt.

Einige Kritiker meinen, die Vorstellung körperlicher Unsterblichkeit stelle die ultimative Selbst-Erhöhung dar. Ganz offen gesagt, wenn Unsterblichkeitsdenker nur danach strebten, eine endlose, bedeutungslose Existenz zu führen, würde ich ihnen zustimmen. Aber das ist nicht der Fall. Die wahre Leidenschaft für die Unsterblichkeit erwächst aus der selbstlosen Hingabe an den göttlichen Dienst. Oder wie ein Verfechter es einmal beschrieb: Körperliche Unsterblichkeit ist »ein Zustand allerhöchster Effizienz bei der Erlangung des wahren Zieles, nämlich in der Welt der Schöpfung einen Beitrag zu leisten«.

Robert Coon, mein Berater auf diesem Gebiet, ist der Ansicht, daß wir ein Gelübde ablegen und unseren Willen der Erlangung körperlicher Unsterblichkeit widmen müssen. Dieses Gelübde schließt die Verpflichtung ein, in aller Fülle zu leben; es bedeutet, nichts zwischen uns und unsere Spiritualität kommen zu lassen und bewußt unsere falschen religiösen Überzeugungen loszulassen. Wir müssen den irrigen Glauben ablegen, daß wir von Gott getrennt sind, daß wir sterben und in den Himmel kommen, und daß Gott bestimmt, wann wir sterben müssen.

In meinen Büchern habe ich geschrieben, daß das Altern vom Bewußtsein kontrolliert wird. Die Binsenweisheit der Astrologin Linda Goodman – »keine Wut, kein Zorn, kein Alter!« – drückt diese Vorstellung haargenau aus. Sie spricht auch darüber, daß der Körper eine sich selbst regenerierende Batterie ist. Man kann gar nicht genug die Bedeutung der Erkenntnis betonen, daß dies die Wahrheit ist. Sie können nicht einfach daran *glauben* – solche Vorstellungen liegen jenseits aller Glaubenssysteme. Sie müssen es in Ihren Knochen spüren.

Sobald Sie einmal Ihre religiöse Programmierung abgelegt und sich selbst dazu verpflichtet haben, in aller Fülle zu leben, sollten Sie die Wahrheit immerwährenden Lebens auf Ihre eigene kreative Weise kommunizieren. Sie selbst können dabei helfen, unser Universum vom Tod auferstehen zu lassen.

Es ist wertvoll, von der Weisheit der Unsterblichkeitsdenker zu allen Themen, über die sie schreiben und sprechen, zu lernen. Studieren Sie Linda Goodmans Schritte in Richtung auf körperliche Unsterblichkeit, und bitte beachten Sie die Bücher zu diesem Thema, die in der Literaturliste aufgeführt sind. Bevor ich schließe, möchte ich die nachfolgende wunderbare Passage von Haridas Chaudhuri zitieren. Sie stammt aus seinem Buch *Being, Evolution and Immortality*:

Körperliche Unsterblichkeit: Die letzte Phase der Initiation

Schließlich impliziert die Vorstellung der Unsterblichkeit eine Harmonisierung der gesamten Persönlichkeit sowie eine Transformation des körperlichen Organismus als einem wirksamen Kanal zum Ausdruck höherer Werte. Dies könnte man materielle Unsterblichkeit nennen (rupaniar mukti).

Es gibt einige Mystiker und spirituelle Erleuchtungssuchende, die ihre Körper gerade genug stärken und läutern, um die packende Berührung des Göttlichen erfahren zu können. Sie benützen den Körper als Leiter. Wenn man diese Leiter erklimmt, kann die reine, sprirituelle Ebene – die Sphäre der Unsterblichkeit – erlangt werden. Wenn man diese Ebene erlangt, fühlt sich der Körper als Last an, als Gefängnis, als Kette, die einen fesselt. Die Loslösung von dieser letzten Bürde des Körpers wird als sine qua non zur völligen Befreiung betrachtet. Eine fortgesetzte Bindung an den Körper wird als Ergebnis einer letzten, noch verbliebenen Spur der Ignoranz angesehen (avidya leia). Wenn diese verbliebene Spur von Ignoranz verschwindet, ist der Geist schließlich frei von den Fesseln des Körpers.

Die obige Sicht basiert auf dem subtilen Mißverständnis hinsichtlich des Sinns des Lebens und der Bedeutung des Körpers. Der Körper ist nicht nur eine Leiter, die zum Reich der Unsterblichkeit führt, sondern auch ein hervorragendes Instrument zum Ausdruck des Ruhms der Unsterblichkeit in Leben und Gesellschaft. Er ist fähig, gründlich vom Licht des Geistes durchdrungen zu werden. Er ist in der Lage, in etwas verwandelt zu werden, was der »diamantene Körper« genannt wurde. Als Ergebnis einer solchen Transformation erscheint der Körper dem befreiten Selbst nicht länger als eine Last. Im Gegenteil, er wird zu einem vollkommenen Bild des Selbst.

Er scheint wie der zu Fleisch verwandelte Geist. Er funktioniert als ein sehr effektives Instrument zur kreativen Handlung und Realisation höherer Werte in der Welt. Er ist gereinigt von allen inneren Spannungen und Konflikten. Er ist befreit von der Angst unterdrückter Wünsche. Er ist auch befreit von dem gefährlichen Griff des Todesimpulses, der aus der Selbstunterdrückung geboren ist. Jene Mystiker, die den Körper als Last ansehen, leiden unter der Angst der Selbstunterdrückung und der Verlockung der Todessehnsucht.

Materielle Unsterblichkeit meint den entscheidenden Sieg über beide Dämonen. Sie besiegt den latenten Todesinstinkt im Menschen und stärkt den Willen, so lange, wie es nötig ist, als Kanal zum Ausdruck des Göttlichen zu leben. Sie beendet auch alle Formen der Selbstunterdrückung, der Selbstfolter und der Selbstverstümmelung. Als Ergebnis wird das ganze Wesen dieses Menschen stark und fest, ganz und gesund. Die psychische Energie kann frei strömen. Sie wird immer mehr in Wege bedeutsamen Selbstausdrucks kanalisiert. Unter der Leitung des innewohnenden Lichts der Ewigkeit produziert sie zunehmend Manifestationen des Geistes in der Materie.

Zusammenfassung

1. Lassen Sie Trennung los – geben Sie die Besonderheit auf. Nehmen Sie Ihre Vollständigkeit an; vereinen Sie sich mit einem anderen Menschen, der ebenfalls ganz ist!
2. Geben Sie Ihre Beziehung in die Fürsorge des Heiligen Geistes; bieten Sie an, sie ausschließlich zu seinen Zwecken zu nutzen.
3. Teilen Sie mit Ihrem Gefährten ein gemeinsames Ziel, beispielsweise die Liebe zu Gott oder das Licht mit der Welt zu teilen.
4. Erkennen Sie den Heiligen Geist in allen Ihren Brüdern. Nehmen Sie Ihren Bruder als gleichwertig wahr. Lassen Sie ihm nur Ehre und Wertschätzung zukommen. Vergessen Sie niemals, daß Sie Ihrem Bruder Dankbarkeit schulden.
5. Geben Sie Urteile auf. Lernen Sie, wie Sie hilfreiches und unterstützendes Feedback geben können im Gegensatz zu Kritik. Nehmen Sie Ihren Bruder so an, wie er ist; übersehen Sie seine Fehler.
6. Wenn Sie mit anderen teilen und ihnen Gutes erweisen, so erinnert sie das daran, wer Sie sind.

7. Wenn Sie einen Menschen treffen, denken Sie daran, daß es sich um eine heilige Begegnung handelt. Akzeptieren Sie Vertrauen als Ziel Ihrer Beziehung. Geben Sie einander Glauben.
8. Denken Sie daran, daß der Sinn Ihrer körperlichen Existenz in der Kommunikation besteht.
9. Reagieren Sie auf Hilferufe. Bieten Sie Ihrem Bruder die Befreiung von seinem Ego an.
10. Machen Sie Hingabe und Anbetung auf die Ihnen gemäße Art und Weise zu Ihrer gemeinsamen Gewohnheit.
11. Legen Sie ein Gelübde ab, Ihren wahren Willen der Erlangung körperlicher Unsterblichkeit zu widmen.
12. Kommunizieren Sie anderen die Wahrheit immerwährenden Lebens auf Ihre eigene, kreative Weise.
13. Denken Sie daran, daß Ihr wahrer Sinn darin liegt, sich der Mission göttlichen Dienstes selbstlos zu widmen.
14. Denken Sie daran, daß Frieden aus der Verschmelzung von Körper und Geist, vereint im Dienst, kommt.
15. Vergessen Sie nicht, daß der Schlüssel darin liegt, das Leben in Fülle zu leben und nichts zwischen Sie und Ihre Spiritualität kommen zu lassen.

Teil VIII

Sich dem New Age verpflichten

Verpflichten Sie Ihre Beziehung dem New Age

Heutzutage verpflichten Tausende von uns ihre Beziehung einer besseren Zukunft. Ich kann mir keine evolutionäre Bewegung vorstellen, die der Verpflichtung mehr wert wäre als das New Age. Richtig verstanden symbolisiert das New Age eine heilige Vorstellung, einen *Aspekt des Heiligen Geistes*. Mein Kollege David Spangler unterstreicht diese Vorstellung, wenn er das New Age »einen Diamanten mit vielen Facetten« nennt und erklärt, daß Jesus selbst den Samen für diese aufregende, neue Ära gestreut hat.

Doch allzu oft wird die New Age Bewegung auf sehr seichte Weise dargestellt oder nur auf einer äußerst oberflächlichen Ebene verstanden. Sie haben vielleicht von den sichtbareren Erscheinungen der New Age Bewegung gehört: von Kristallen und Kräutern, von der Kraft der Pyramiden und von der andersweltlichen Faszination der UFOs. Möglicherweise gehören Sie jedoch zu den Glücklichen, die auch mit einer tieferen Ebene der Erforschung in Kontakt gekommen sind: der transformatorischen Ebene. Hier zeigt sich die wichtige Bedeutung des New Age als einer Ära weitreichender spiritueller Veränderung im Universum.

David Spangler glaubt, daß die Geburt eines neuen Bewußtseins die spirituellen Auswirkungen des New Age erhöht und uns ein neues Bewußtsein des Lebens selbst vermittelt. Unter seinem Einfluß nehmen wir eine andere Sichtweise des Universums an: Alles ist heilig. Wir entwickeln auch ein positives Bild der Zukunft. Der mystische Aspekt des New-Age-Bewußtseins bestätigt einmal neu, daß Wunder geschehen, und der holistische Aspekt zeigt, daß alles auf Erden voneinander abhängt. Wenn wir die Grenzen sprengen, weist uns der globale Aspekt darauf hin, daß wir als Menschen tatsächlich mit anderen Menschen auf diesem Planeten mehr Gemeinsames als Trennendes haben.

Im New Age geht es vor allem um Handlung und darum, daß wir unsere Rolle als *Dienende* sehen. Die Bewegung ist die Vorhut der Evolution. Als Menschen, die sich dem Ideal des New Age verpflichtet haben, müssen wir die Erde spiritualisieren und Krieger gegen die Dunkelheit werden. Wenn wir das tun, werden wir in einer Flutwelle unwiderstehlichen Wachstums nach oben gespült. Wir werden Architekten der Veränderung und verwandeln den Planeten. Wenn Sie mehr Informationen über David Spangler wünschen, lesen Sie das Kapitel über ihn in meinem Buch *Inner Communication*.

Beziehungen der Zukunft

Es ist aufregend, an Beziehungen in der Zukunft zu denken und wichtig, eine Vision zu haben, wie wir alle sein könnten. Wir müssen uns entschlossen an den Schöpfer wenden und um Führung bitten, um eine solche Vision zu formen. Wir müssen Gottes Intelligenz bitten, in unsere Beziehungen und in unser Leben zu treten. Dann können wir beginnen.

Wenn ich mir ein Bild der Zukunft mache, stelle ich mir gern vor, wie die Menschen lebendiger werden, sicher, friedlich, unschuldig und präsent, wie sie ihre eigene Größe erfahren. Sie wären sich bewußt, daß sie ein Ausdruck Gottes sind und erinnerten sich an ihren Zweck als Dienende und Hüter des Planeten. Diese »Superwesen« würden von exzellenter Gesundheit sein und wären in der Lage, Alterung und Tod von sich fernzuhalten. Ihr Leben und ihre Anstrengungen würden eine natürliche Fülle hervorbringen, und selbstverständlich hätten sie in ihrem Leben eine großartige Zeit! Diese Menschen würden sich mit ihnen ähnlichen Menschen paaren und ihre Christus-Natur in einer heiligen Beziehung ausdrücken, die absolut fürsorgend und gebend und selbstlos wäre. Die gemeinsame Energie von zwei solchen Menchen wäre extrem erregend und höchst produktiv. Die Gegenwart eines solchen Paares wäre ungeheuer erhebend. Das Paar würde viel mit Gruppen an wichtigen planetaren Angelegenheiten arbeiten und wäre sehr in lokale wie auch in globale Gemeinschaften weltweit involviert. Wo immer solche Menschen auftauchen und interagieren, fließt ein ungeheurer Strom von Kreativität und Verherrlichung.

Die Zukunftsvisionärin Barbara Marx Hubbard, eine international bekannte Verfechterin der sozialen Evolution, spricht von einer »Supra Sex Revolution«. In einer solchen Bewegung tun sich hochentwickelte Wesen mit anderen zusammen und offerieren ihre Arbeit, ihre Taten und Geschenke der Welt. Indem sie dies tun, entwickeln sich diese erleuchteten Menschen zusammen mit der Gesellschaft weiter. Es treibt sie, »Teamgefährten« auf diesem Planeten zu finden, mit denen sie »gemeinsam schöpferisch tätig« sein können. Dieses gemeinsame Erschaffen ist so stimulierend, daß es laut Barbara tatsächlich eine »Erregung aus innerer Berufung« hervorbringt! Mit anderen Worten, die Kreativität des einen Gefährten ruft die Kreativität des Partners hervor, was wiederum die kreative Energie des ersten Gefährten aktiviert, und so weiter. Wir werden Neubelebung, Verjüngung und viel längere Lebenszeiten erfahren. Barbara schreibt derzeit an einem Buch über die Supra Sex Revolution. Wir können uns schon darauf freuen, mehr von dieser unglaublichen Visionärin zu lernen!

Zusammenfassung

1. Werden Sie Teil des *Love Corps* (einem Team beziehungsweise einer Gruppe wie dem Ohana, das seine Stärke aus der Qualität und dem Gleichgewicht in den Beziehungen seiner Mitglieder bezieht).
2. Seien Sie sich bewußt, daß Sie mehr Stabilität haben und stärkere Energien heranziehen können, wenn Sie sich mit anderen verbinden.
3. Werden Sie Teil der Vorhut humanitärer Evolution; ehren Sie stets die Heiligkeit der Erde.
4. Werden Sie zu einem Superwesen!

Nachwort

Den Kreis schließen

Wir wollen uns am Schluß noch einmal der Diskussion um den *Sinn* zuwenden und einem ganzen Lebensweg, der die größte Bedeutung auf unsere Spiritualität legt. Die eigene Beziehung sollte immer im Kontext dieses höheren Zieles gesehen werden. Unsere Ideale sind für uns ein Bezugspunkt und ein Fokus, wenn wir im Alltag Entscheidungen treffen müssen. Wenn wir uns jeden Tag an unseren Sinn erinnern, werden alle Elemente unseres Lebens auf bedeutende Weise zusammenhängen.

Was lehren uns die Mystiker über den Sinn? In seinem Buch *The Supreme Ambition* (*Der Ruf des Universums*. Herder Verlag, Freiburg) schreibt der Spiritualist Eknath Easwaran, daß die Erfüllung des Lebenssinns die Selbsterkenntnis ist, die er mit einem »Meer der Freude, das wir alle Gott nennen« vergleicht. Wie so viele Meister sagt uns auch Easwaran, die »persönliche Entdeckung, daß wir alle eins und untrennbar in Gott sind«, müsse unser höchstes Lebensziel sein. Die Heiligen, so erinnert er uns, haben versichert, daß das Leben nur *einen* alles übersteigenden Sinn hat: die Quelle der Unendlichen Liebe zu entdecken und diese Liebe im Alltagsleben auszudrücken. Easwaran stellt uns klar vor die Wahl: Wir können uns durch Millionen Jahre des Sterbens und der Reinkarnationen kämpfen, um das Göttliche zu erreichen, oder wir können die Verantwortung für unsere eigene Evolution übernehmen, indem wir uns nach innen wenden, um die Quelle aller Bedeutung zu entdecken.

In *The Supreme Ambition* beschreibt er genau seine eigenen Techniken und Gewohnheiten der Meditation und des Gebets, die aus verschiedenen spirituellen Traditionen stammen. Er versichert, daß der Zweck der Meditation *Samadhi* sei oder die Verbindung mit Gott. Easwaran rät uns, über das Gebet des Heiligen Franziskus von Assisi zu meditieren: »Herr, mache mich zum Instrument deines Friedens…«. Der Mensch, der *Samadhi* erlangt, so lehrt uns Easwaran, hat einfach entdeckt, wer er ist. Wenn er das getan hat, hat dieser

Mensch nur noch ein Ziel – anderen Menschen bei der Erforschung, wer sie sind, zu helfen.

Easwaran warnt uns davor, einen allzu großen Teil unseres Lebens damit zu verbringen, nach Geld und materiellen Besitztümern, nach Vergnügen und Prestige zu streben. Es besteht die Gefahr, so fixiert auf unseren persönlichen Wohlstand zu werden, daß wir leicht jede Sorge um das Wohlergehen anderer verlieren. Er erklärt, daß jeder Mensch sich zwischen zwei Wegen entscheiden kann. Ein Mensch, der den ersten Weg wählt, lebt nur für sich selbst, für sein eigenes Vergnügen und seine eigene Befriedigung. In harten Zeiten klammert er sich an das, was er hat, verteidigt es, wenn er muß, gegen die Bedürfnisse der anderen. Andererseits entscheidet sich der Mensch, der den zweiten Weg wählt, für das Beste in der ganzen Welt, von der er nur ein kleiner Teil ist. Indem er das tut, hat er sich für den Weg der Liebe entschieden.

Eknath Easwaran sagt, wir müssen das Leben als ein untrennbares Ganzes sehen. Wir müssen unsere eigene individuelle Konditionierung besiegen und auf das »Ich« verzichten, das uns vom Rest der Welt trennt. Vielleicht meinte Mahatma Gandhi dies, als er sagte, sein größter Ehrgeiz sei es, sich auf Null zu reduzieren (kein Ego) – und daß es unmöglich sei, völlig glücklich zu sein, solange nicht jeder Mensch auf dieser Welt glücklich ist.

Fragen Sie sich mit diesen Gedanken im Hinterkopf jeden Tag selbst: »Wieviel kann ich heute geben?« anstatt »Wieviel kann ich heute machen?« Die Menschen hungern nach Macht, doch viele haben vergessen, was wirkliche Macht ist. Während die meisten Menschen an materieller Macht interessiert sind, interessieren sich die Rishis – die großen Weisen – für die Macht des Bewußtseins beziehungsweise für die bewußte Erleuchtung. Sie lehnen den Materialismus ab und glauben, daß *wirkliche* Macht näher an der Quelle liegt. Wenn ein Mensch authentische von falscher Macht unterscheiden kann, wenn er die spirituelle Macht der Liebe, der Sicherheit und der Absicherung kennt, folgt er dem Weg der *Rishis* und wird dabei wahre Fülle erlangen.

Der schwedische Staatsmann Dag Hammarskjöld sagte einmal: »Spiritualität ist die höchste aller menschlichen Bedürfnisse und Tugenden; und die ultimative Erfüllung des Menschen. Nur die Spiritualität wird Frieden und Gerechtigkeit bringen.« Sobald wir das spirituelle Leben in uns wahrhaft ehren, erholen wir uns von Langeweile, Krankheit, Unsicherheit und Unglückseligkeit. Unsere persönliche Liebesbeziehung sollte nicht zum Ersatz für ein gesundes, spirituelles Leben gemacht werden. Vielmehr müssen wir unsere Beziehungen in die Fülle unserer Spiritualität einbinden.

Innerhalb der westlichen Gesellschaft haben viele von uns aufgrund des sogenannten spirituellen Lebens, das unsere Eltern führten, alle Illusionen über Spiritualität verloren. Die Predigten in der Kirche waren häufig scheinheilig, die schönen Worte stimmten selten mit großen Taten überein, und der Glaube schien im Grunde uneffektiv, wenn es darum ging, Krankheiten, Unglück, Scheidung oder Tod abzuhalten. Wenn ich über spirituelles Leben spreche, kehre ich nicht zu diesen Beispielen zurück, die Sie in der Vergangenheit beobachtet haben. Ich spreche über eine sehr leidenschaftliche Erfahrung, die in Ihnen entsteht, wenn Ihr Geist rein ist, wenn Sie sich vom Ego losreißen. Diese Erfahrung tritt auf, wenn Sie daran denken, wer Sie sind, wenn Sie Ihre Konditionierung ablegen und in der Gegenwart leben. Diese Erfahrung tritt in tiefer Meditation auf, wenn Sie Ihre ganze Energie in den Rebirthing-Prozeß fließen lassen oder wenn Sie andere Läuterungstechniken ausüben. Sie tritt auf, wenn Sie wirklich *leben* wollen.

Die grundlegenden Prinzipien aller großen Religionen bleiben ein wichtiger Schatz an Macht und Wahrheit. Sie lehren uns universelle Weisheit:

○ Alles Leben, die ganze Welt der Erscheinungen, gründet sich auf einer Quelle, die absolut göttlich ist.
○ Jeder Mensch kann diese heilige Basis in seinem Leben erfahren.
○ Das Leben hat nur einen Sinn: die Verbindung mit einer heiligen Präsenz, die wir »Gott« nennen, zu kennen und zu erfahren.

Sie dürfen die Göttliche Essenz niemals aus den Augen verlieren; sie ist der Kern Ihres Wesens. Sie dürfen sich durch nichts aus dem Gleichgewicht bringen lassen. Wenn Sie diesen Grundregeln folgen, werden Sie eine fortwährende Freude erfahren, die nicht von äußerlichen Geschehnissen abhängig ist. Stellen Sie sich vor, wieviel besser

Sie Ihre Beziehungen auf einer solch soliden Basis handhaben können! Es geht Ihnen gut, selbst wenn eine Beziehung endet oder sich verändert. Sie machen einfach den nächsten Schritt in Ihrem Leben, ohne Ihr Glück zu opfern. Babaji pflegte uns zu sagen: »Mach dir keine Sorgen um Lobpreis oder Mißbrauch. Tue einfach deine Arbeit.«

Am Schluß möchte ich Sie bitten, folgende Fragen ehrlich zu beantworten:

- ○ Ist Ihnen der Sinn Ihres Lebens nun klar?
- ○ Sind Sie bereit, zu all dem zu werden, was Sie werden können?
- ○ Sind Sie bereit, Ihre eigene Evolution in die Hand zu nehmen und Erleuchtung zu erlangen?
- ○ Machen Sie die spirituelle Erleuchtung zu Ihrer obersten Priorität?
- ○ Tun Sie alles, was Sie tun können, um Ihr eigenes Wohlbefinden und das der anderen zu unterstützen?
- ○ Wollen Sie wirklich leben? Stärken Sie fortwährend Ihren eigenen Lebensdrang?
- ○ Sind Sie bereit, alles zu tun, was nötig ist, um klar zu bleiben?
- ○ Dienen Sie der Menschheit?
- ○ Haben Sie derzeit einen Gefährten beziehungsweise sind Sie bereit, einen Gefährten zu haben, der diesem Ziel gleichermaßen verpflichtet ist?

Liebevolle Beziehungen hängen von zwei Menschen ab, die beide bereit sind, ihre eigene Vollkommenheit zu erfahren. Wie Babaji sagt: »Wir sind Hüter hier auf Erden, und wir haben eine Pflicht. Wir müssen allen Lebensformen zu einem Zustand größerer Entwicklung und Wohlbefindens verhelfen. Der Dienst am anderen ist unsere größte Pflicht.«

Ich hoffe, Sie werden Teil der LRT-Familie, damit wir zusammen auf dieses Ziel hinarbeiten können. Es wäre sehr aufregend, Sie bei uns zu haben.

Om Namaha Shivai!
Sondra Ray

Anhang

Zum Thema liebevolle Beziehungen

In *Auch Lieben will gelernt sein*, dem ersten Band dieser Reihe (ebenfalls im Verlag Peter Erd erschienen), legte ich die Grundlagen für die in diesem Buch vorgestellten Ideen. Band eins hilft uns, tiefe Einblicke in unsere Beziehungen zu Lebensgefährten, Eltern, Freunden, Kindern, Vorgesetzten und uns selbst zu tun. Er führt uns zu der Erkenntnis, warum unsere Beziehungen so sind, wie sie sind. Band eins lehrt uns, all unsere Beziehungen zu verbessern.

Obwohl die Mechanik einer erfolgreichen Beziehung leicht genug verstanden werden kann, ist es viel schwieriger, eine solche Beziehung aufrecht zu erhalten. *Auch lieben will gelernt sein* schenkt dem Punkt eine besondere Beachtung, eine tiefere, erfüllendere Beziehung zu unserem Gefährten zu finden, zu erlangen und aufrecht zu erhalten. Die Autorin führt uns durch die Tiefen der Selbsterkenntnis zu einem neuen, positiven Selbstbild.

Auch Lieben will gelernt sein deckt so unterschiedliche Themen ab wie persönliche Erleuchtung, den Gebrauch von Affirmationen, Rebirthing, uns selbst und unseren Körper zu lieben, destruktive Verhaltensmuster zu klären, alte Beziehungen in den Griff zu bekommen und vieles mehr. Persönliche Berichte zum *Loving Relationships Training* und Lebensberichte von LRT-Trainern und Unsterblichkeitsdenkern runden das Buch ab.

Ich habe einmal eine Studie der Hazelton Clinic gelesen. Darin wurde behauptet, es gebe fünf »normale« Phasen einer Beziehung:

Phase I	Traumwelt	(Dauer: sechs Wochen bis sechs Monate)
Phase II	Phase der Desillusionierung	(Dauer: bis zu zwei Jahren)
Phase III	Phase des Elends	(Dauer: sechs Wochen bis dreißig Jahre!)

Phase IV	Erleuchtung	
Phase V	Gegenseitiger Respekt	

Das hat mich erschüttert. Es hatte den Anschein, bis man die letzten beiden Phasen erreicht hat, war man zu alt, um sie zu genießen.

Beim LRT versuchen wir, Ihnen dreißig Jahre Elend zu ersparen. Wir wollen jedem helfen, schnell aus der Desillusionierung zu kommen und zur Erleuchtung überzugehen.

Unsere Zentren sind am Ende des Buches aufgelistet.

Berichte von LRT-Teilnehmern

Welchen Gewinn haben die Menschen nun wirklich vom *Loving Relationships Training*? Hier sind einige Antworten auf diese Frage, aus Briefen, die uns von LRT-Teilnehmern erreicht haben:

> *»Das Gefühl, daß das Leben wert ist, gelebt zu werden – für immer.«*
> *»Eine Möglichkeit herauszufinden, wie ich jeden einzelnen Aspekt meines Lebens handhaben kann.«*
> *»Durch das LRT habe ich mich wieder mit Gott verbunden, und ich kann diese Verbindung spüren.«*
> *»Ich habe meinen Idealpartner für eine Liebesbeziehung angezogen, und es ist wunderbar.«*
> *»Ich habe einen praktikablen Weg in Richtung Erleuchtung gefunden.«*
> *»Ich habe gelernt, meine Wünsche schnell zu verwirklichen! Es ist ein Wunder, eine ›Weltfamilie‹ wie diese zu haben.«*
> *»Ich war leicht und mühelos in der Lage, eine sehr destruktive Beziehung zu beenden, die mich jahrelang ausgesaugt hat.«*
> *»Ich habe mit der Gewohnheit gebrochen, Frauen als Nicht-Personen zu betrachten, als Sexobjekte, die kochen und saubermachen und mit denen man einmal die Woche*

Sex hat. Ich habe das Geschenk geschaffen, in der Lage zu sein, mein Leben mit einer wunderbaren, gleichwertigen Frau zu teilen.«

»Ich war fähig, die Mittel zu verstehen und zu bekommen, wie ich mit der Blockierung, eigene Kinder zu haben, umgehen kann.«

»Ich bin von meinem lebenslangen Muster abgerückt, nur fähig zu sein, mit einem oder zwei Menschen gleichzeitig zu sprechen, mich auf Parties in eine Ecke zu verziehen, und bin nun in der Lage, mich in eine Führungsrolle einzubringen und regelmäßig öffentlich zu sprechen.«

»Ich war fähig, meine Beziehung zu meinen Töchtern in Ordnung zu bringen. Eine von ihnen hatte ein Jahr lang nicht mit mir gesprochen! Ich bin auch viel lebendiger!«

»Ich habe meine Beziehung zu Gott geheilt.«

»Ich habe gelernt, meinen Eltern und mir selbst zu vergeben.«

»Ich hatte ein ungeheures Wachstum in meinem Wohlstandsbewußtsein zu verzeichnen. Mein Einkommen hat sich um 150 Prozent erhöht, seit ich am LRT teilgenommen habe.«

»Für mich ist es ein Wunder, Teil dieser internationalen, miteinander verbundenen Gemeinschaft zu sein, die sich gemeinsamen Zielen und dem spirituellen Wachstum widmet.«

»Ich habe das Wunder erfahren, in eine Beziehung mit einem gutaussehenden, erleuchteten, sexuell erregenden Mann zu treten, der immer die Wahrheit sagt, der bereit ist, seine Angelegenheiten in den Griff zu bekommen und der mich darin unterstützt, dasselbe bei mir zu tun.«

Die Ergebnisse sind überall in der Welt in etwa gleich. Hier einige Beispiele von LRT-Teilnehmern in Europa, die über die Ziele geschrieben haben, die Sie durch das *Loving Relationships Training* erreicht haben:

»Ein Gefühl des ›Wohlbehagens‹.«
»Die Kraft, den Tod zu überwinden.«
»Die Verbindung mit meinem innersten Wesen.«
»Wohlstand bei meiner Arbeit.«
»Die Erschaffung eines vollkommenen Partners.«
»Die Entdeckung der universellen Liebe.«
»Heilung von Trennung.«
»Vertrauen in mich selbst.«
»Klärung mit den Menschen, mit denen ich lebe.«
»Lernen, zu empfangen.«
»Die Freude, wieder Teil einer Familie zu sein.«

Es ist eine Sache, ein Buch zu lesen. Es ist eine ganz andere Sache, Ihr Leben zu ändern. Wenn Sie vom Inhalt dieses Buches inspiriert wurden und nun die Erfahrung machen möchten, ein strahlendes, neues Leben zu führen, so haben Sie die Möglichkeit, dies zu tun, indem Sie an einem Loving Relationships Training (LRT) in Ihrer Nähe teilnehmen.

Nachfolgend unsere Kontaktadressen. Falls sich diese Adressen bis zu dem Zeitpunkt, an dem Sie versuchen, mit ihnen in Kontakt zu treten, geändert haben, so setzen Sie sich bitte mit LRT International in Verbindung:

P.O. Box 1465, Washington, CT 06793, USA
+1-800-INTL-LRT
Telefaxnummer +1–203–868–9151

Kontaktadressen

Nordosten der USA

Jordan Hovey
+1–203–266–0423
+1–212–873–1908

Arne Rantzen
+1–203–264–4217

Christa Rivelli
+1–518–453–9252

Barbara Johnson
+1–212–889–5813

Jeanie Loomis
+1-203-481-6091

Maria Ruiz
+1-617-666-3920

Region Mittelatlantik

Lea Adler
+1-908-495-4383

Valerie McCabe
+1-908-291-1488

Tony LoMastro
+1-215-424-4444

Dean Hochman
+1-410-542-6892

Der mittlere Westen der USA

Jim Parker
+1-517-694-3662

Shelagh Keleyhers
+1-402-551-0795

Der Süden der USA

Jeffrey Baker
+1-404-977-3043

Debi Miller
+1-404-299-1575

Der Westen der USA

Peter und Dana Delong
+1-310-545-5405

Großbritannien

Diana Roberts
+44-71-834-6641

Ben Renshaw
+44-71-223-0218

Spanien

Adolfo Dominguez und Carmen Enguita
+34-1-542-1961

Frankreich

Patrice Elleguain und Beatrice Santos
+33-1-43-59-53-03

Deutschland

Bernd Schroeder
(030) 785–4196

Irland

Patsy Brennan
+353–12–841–660

Polen

Krystyna Cwartosz
+48–41–25–330

Schweden

Lars Eric Bergman
+46–8–31 40 63

Norwegen

Solveig Arntsen
+47–2–50 85 52

Österreich

+61–75–922–247

Nachweis der Zitate aus
Ein Kurs in Wundern
(Greuthof Verlag, Gutach i. Br., 1994)

T = Textbuch
Ü = Übungsbuch
H = Handbuch für Lehrer

Die erste arabische Zahl im **Textbuch** (T-17 … T-28) gibt das *Kapitel* an. Die römische Zahl (T-17.IV, Ü-II) gibt den *Abschnitt* an, im **Übungsbuch** den *Teil* (I, II). Die erste arabische Zahl nach der römischen gibt im **Textbuch** den *Absatz* an (T-17.IV.3:), im **Übungsbuch** die *Lektion* (Ü-I.121.) und im **Handbuch für Lehrer** die *Frage*. Die zweite arabische Zahl im **Übungsbuch** und im **Handbuch** gibt den *Absatz* an (Ü-I.121.3:/H-23.4:). Die Zahlen nach dem Doppelpunkt geben den *Satz* (oder die Sätze) an.

Was Liebe vermag	**Ein Kurs in Wundern**
(1)	T–1.I.15:3
(2)	T–24.VI.4:1
(3)	T–30.VI.1:2
(4)	T–19.IV-D.5:3
(5)	T–6.Einl.1:2–7
(6)	T–30.VI.1:1
(7)	T–30.IV.1:1, T–26.X.4:1
(8)	T–16.V.2:3
(9)	T–3.VI.2:1
(10)	Ü-II.14.1:1–6
(11)	T–24.I.7:1–2
(12)	T–24.II.2:7
(13)	T–13.VI.7:1–3
(14)	H–4.2:1
(15)	T–15.III.1:1
(16)	Ü-I.7.Titel
(17)	Ü-I.5:Titel
(18)	T–3.IV.7:2/T–9.III.6:4, 7:8/T–19.I.1:1
(19)	T–12.III.10:1
(20)	T–12.I.3:3–4

(21) Ü-I.121.2:1–2/Ü-I.121.3:1/Ü-I.121.9:1
(22) Ü-I.121.7:5/T–24.III.1:2/Ü-I.46.2:4–5/
Ü-I.62.1:4–5
(23) Ü-I.121.6:1–3
(24) Ü-I.121.Titel/T–1.VI.1:1/Ü–I.62.2:2
(25) T–26.IX.6:1
(26) T–19.IV-C.2:15
(27) T–16.V.2:3
(28) T–13.X.11:1–2
(29) H–23.4:1–3/H–23.7:1
(30) T–15.I.7:2
(31) T–18.VIII.3:3–4
(32) T–16.VII.3:5
(33) T–16.V.1:2
(34) T–2.VII.6:1–3,5
(35) T–5.III.8:1–2
(36) T–4.VI.7:2–5
(37) T–8.V.1:2
(38) T–8.V.1:6
(39) T–8.VI.8:4–5/T–8.VI.9:4
(40) T–11.III.7:8–10
(41) T–20.II.11:4–7
(42) T–19-IV-D.13:1–4
(43) T–19.IV-D.15:5/T–19.IV-D.16:2–4/
T.19.IV-D.17:1–2
(44) T–9.III.6:5
(45) T–3.VI.2:3/T–3.VI.3:1+6
(46) T–9.III.2:4–6,9/T–9.III.3:1+3/T–9.III.5:1
(47) T–6.II.11:8
(48) T–7.III.3:1–4
(49) T–8.I.3:1/T–8.I.3:4+7
(50) T–13.IX.8:2–3
(51) T–11.IV.5:1–2
(52) T–10.V.12:2
(53) T–7.VII.9:1–5
(54) T–13.IV.5:3–5/T–13.VI.1:1,3–4
(55) T–9.II.8:1–2,4

(56)	T–17.VIII.6:1–2
(57)	T–8.VII.2:4–5/T–8.VII.3:1/T–8.VII.4:1–2
(58)	T–12.III.3:3
(59)	T–12.III.10:1
(60)	T–26.X.3:6/T–26.X.4:1
(61)	T–12.V.1:2–3,5
(62)	T–7.VII.2:1–3
(63)	T–7.VII.2:4–5
(64)	T–13.III.9:2
(65)	T–4.Einl.1:1+3–5
(66)	T–20.V.3:1,6–7
(67)	T–12.I.3:3–6
(68)	T–8.III.4:1–6
(69)	T–12.I.6:1–2
(70)	T–7.VII.6:2–3,6
(71)	T–5.IV.4:4–6
(72)	T–5.IV.6:2,6–7
(73)	T–1.V.3:6–8/T–1.V.3:2–3/T–3.V.9:5–6
(74)	T–5.III.1:1/T–5.III.2:5–8/T–5.III.3:4–5
(75)	T–4.VII.5:2–3
(76)	T–7.XI.5:4–6
(77)	T–4.VI.8:1–6

Literatur

Jose Arguelles. *Surfers of the Zuvuya.* Bear & Company, Santa Fe, 1988

Ken Carey. *Sternenbotschaft.* Falk Verlag, Hamburg

D.H. Chaudhuri. *Being, Evolution and Immortality.* Theosophical Publishing House, Wheaton, 1984

Dr. Deepak Chopra. *Die unendliche Kraft in uns.* BLV-Verlag, München

Ein Kurs in Wundern, Greuthof Verlag, Gutach im Breisgau, 1994

Eknath Easwaran. *Der Ruf des Universums.* Herder Verlag, Freiburg i.Br.

Virginia Essene, Hrsg. *New Teachings for an Awakening Humanity.* SEE Publishing, 1986

Dion Fortune. *The Esoteric Philosophy of Love and Marriage: The Problem of Purity,* Thorsons, 1987

Linda Goodman. *Sternstunden der Liebe.* Goldmann Verlag, München

Swami Kriyananda. *How to Spiritualize Your Marriage.* Crystal Clarity, Nevada City, 1982

Rhonda Levand. *Sexual Evolution.* Celestial Arts. Berkely, 1991

Scott Miners, Hrsg. *A Spiritual Approach to Male/Female Relations.* Theosophical Publishing House, Wheaton, 1984

Charles und Caroline Muir. *Tantra: Die Kunst bewußten Liebens.* Heyne Verlag, München

John R. Price. *Deine Zukunft ist jetzt!* Goldmann Verlag, München

Sondra Ray. *I Deserve Love.* Celestial Arts. Berkeley, 1976

Sondra Ray. *Schlank durch positives Denken.* Kösel Verlag, München

Sondra Ray. *Auch Lieben will gelernt sein.* Peter Erd Verlag, München

Sondra Ray. *Drinking the Divine.* Celestial Arts, Berkeley, 1984

Sondra Ray. *Ideal Birth.* Celestial Arts. Berkeley, 1985

Sondra Ray und Bob Mandel. *Birth and Relationships.* Celestial Arts, Berkeley, 1987

Sondra Ray. *Pure Joy*. Celestial Arts, Berkeley 1988
Sondra Ray. *Bewußt im Körper leben, solange Sie wollen*. Integral Verlag, Wessobrunn
Ruby Nelson. *Das Tor zur Unendlichkeit*. Aquamarin Verlag, Grafing.
Dr. Frank Pittman. *Angenommen, mein Partner geht fremd*. Kreuz Verlag, Stuttgart
Anne Wilson Schaef. *Die Flucht vor der Nähe. Warum Liebe, die süchtig macht, keine Liebe ist*. dtv Verlag, München
Anne Wilson Schaef. *When Society Becomes an Addict.* Harper, San Francisco, 1987
Dr. Bernie Siegel. *Prognose Hoffnung. Heilerfolge aus der Praxis eines mutigen Artzes*. Econ Verlag, Frankfurt
Dr. Bernie Siegel. *Peace, Love and Healing*. Harper and Row, San Francisco 1989
Tara Singh. *How to Raise a Child of God*. Life Action Press, Los Angeles, 1987
Annalee Skarin. *The Celestial Song of Children*. DeVorss and Company, Marina Del Ray, 1962
Robert Skutch. *Journey without Distance*. Celestial Arts. Berkeley 1984 (erscheint demnächst im Greuthof Verlag, Gutach i. Br.)
Roger Woolger. *Die vielen Leben der Seele. Wiedererinnerung in der therapeutischen Arbeit*. Hugendubel Verlag, München
Howard J. Zitko. *New Age Tantra Yoga: The Sexual Gateway to Spiritual Fulfillment*. World University, Arizona, 1985

Toncassetten

Marianne Williamson. *Return to Love*. New York: Harper Audio, 1992
Spiritual Marriage: ein informelles Gespräch mit Bruder Anandamoy über die Lehren von Paramahansa Yogananda. Boulder, Co.: Self-Realization Fellowship

Zeitschriftenartikel

»*The Human Aura*« von Bob Tillett. Erschienen in *Intent*, Band 1, Nummer 3 (Australien)

Auch Sie können eine bessere Beziehung führen

In *Loving Relationships II* setzt Sondra Ray ihre Reise fort, die sie 1980 mit der Veröffentlichung von *Loving Relationships I* (*Sag Ja zur Liebe, Auch Lieben will gelernt sein*) begonnen hat. In diesem völlig neuen Buch teilt sie ihre Entdeckungen und Abenteuer zu den Geheimnissen der Liebe, des Lebens und der Spiritualität mit den Lesern. Sie finden in diesem Buch Kapitel zum Wesen von Beziehungen, wie man größere Intimität erlangt, die Auswirkungen unserer frühen Kindheitsjahre auf unser Sexualverhalten, wie man mit Beziehungskrisen umgeht und wie man Spiritualität, Liebe und Sex integriert.

Sondra Rays Bücher und Seminare haben über einer Million Menschen geholfen, neue Einsichten zu gewinnen und ihr Leben neu zu gestalten. Sondra ist die Gründerin der *Loving Relationships Trainings* (LRT) und Autorin zahlreicher Bücher, darunter *The Only Diet There Is* (*Schlank durch positives Denken*, Kösel-Verlag), *Pure Joy*, *I Deserve Love*, *Drinking the Divine*, *Interludes with the Gods* und *Inner Communion*. Sie reist häufig durch die ganze Welt und war früher Freiwillige beim Peace Corps. Sondra ist Lehrerin, Seminarleiterin, eine charismatische Rednerin und engagierte Schülerin der spirituellen Disziplinen. Sondras Arbeiten wurden in zahlreichen Ausgaben in viele Sprachen der Welt übersetzt, einschließlich deutsch, niederländisch, spanisch, französisch und schwedisch. Derzeit sind über eine Million Exemplare ihrer Bücher erhältlich.

Weitere Bücher von Sondra Ray:
Der Reiki-Faktor
Selbstheilung durch Homöopathie
Die persönliche Magie der Farben
Mit Farben meditieren
Paradies II Projekt

Sônia Café/Neide Innecco

Mit Engeln meditieren

Engel, Geschöpfe Gottes, können für den Meditierenden zum inneren Partner werden. Ihre Gegenwart inspiriert und öffnet das Bewußtsein für die Fülle des Lebens. Die bisher erschienenen vier Bände der Reihe „Mit Engeln meditieren“ sind das ideale Geschenk für Menschen, die auf der Suche nach Klarheit und innerer Ruhe sind.

Jede Doppelseite eines Bandes konzentriert sich in Text und farbiger Illustration auf einen Engel sowie auf einen Meditationsgedanken. Jeder Engel verkörpert mit seinen besonderen Eigenschaften den jeweiligen Leitgedanken und leistet Meditationshilfe, z.B. „Engel der Fülle“, „Engel der Liebe“, „Engel des Lichts“, „Engel der Wahrheit“ usw. Jeder Band enthält neue Engel-Meditationen.

Band 1, 32 Seiten, gebunden,
ISBN 3-8138-0280-9

Band 2, 32 Seiten, gebunden,
ISBN 3-8138-0281-7

Band 3, 32 Seiten, gebunden,
ISBN 3-8138-0282-5

Band 4, 32 Seiten, gebunden,
ISBN 3-8138-0283-3

NEU

Bücher aus dem Peter-Erd-Programm finden Sie überall im Buchhandel.
Fordern Sie das kostenlose Gesamtverzeichnis an bei:

Verlag Peter Erd · Gaißacher Straße 18 · 81371 München
Telefon (089) 725 30 04, Fax (089) 725 01 41